지금 생각하는 대로 산다

생각학 콘체르토

지금 생각하는 대로 산다

생각학 콘체르토

천광노 지음

이담
Books

서문

　현재 밝혀진 인간의 두뇌 세포는 약 140억 개라고 합니다. 이 세포한 개는 약 200가지(개)를 기억하고 그 200가지를 동시에 200가지의 다른 상황으로 분석·판단·선택이 가능하다 합니다.

　① 140억 곱하기, ② 200가지(개) 기억 곱하기, ③ 200가지 분석(궁리) 곱하기, ④ 200가지 판단 곱하기, ⑤ 200가지 중 한 가지 선택……이라고 한다면 한참을 계산해야 답이 나옵니다. 일단 ①부터 ③까지를 곱하면 5경 5천조라는 답이 나옵니다.

　숫자는 동서양이 다르지만 '억' 다음은 '조'인데 참고로 '兆' 이상의 숫자를 보면 경－京·해－垓·자－秭·양＝穰·구－溝·간－澗·정－正·재－載·극－極·항아사－恒河沙·아승기－阿僧祇·나유타－那由他·불가사의－不可思議·무량대수－無量大數·겁－劫·억겁－億劫…….

　동양의 숫자 최정상은 '겁'이라고 하는 숫자로 1겁은 1이라는 숫자 뒤에 동그라미가 72개입니다. '억겁'은 겁이 억이라는 뜻이니까 동그라미 80개를 달아야 억겁입니다. 허나 서양의 숫자의 경우 하나만 예를 들면 동그라미 100조 개를 붙여야 한다는 숫자에 그레이엄 수 (Graham's number)라는 것도 있습니다.

지금은 생각이란 무엇인가를 말하자니 나온 말일 뿐 무의미할 정도라 할 것이나 억겁 다음이 '영겁'입니다. 영겁은 영생이라 부르는 천국의 시간을 가르친다고 보아도 될 것입니다. 영원무궁 영생과 영겁…… 아무튼, 이제 5경 5천조를 다시 ④부터 ⑤까지를 곱하기하면 22'해'이며, 220,000,000,000,000,000,000라고 쓰게 됩니다.

이는 곧 생각의 실체 내면의 세계가 현재 밝혀진 바로만 1인당 이렇게 복잡하다고 보아도 될 정도로 다양하고 다수라는 뜻인데, 여기에도 몇 배를 곱할까의 문제는 지구인구가 70억이고 70억의 생각이 다 다르므로 이번에는 '해' 다음의 '자'를 지나서 '양'이라는 숫자가 기다립니다. 답은 1천4백양입니다.

이 책이 하고자 하는 말은 간단합니다. '생각만 잘하면 생각한 대로 살게 된다'라는 것입니다. 어떻게 하는 것이 생각을 잘하는 것이냐고 하는 생각분석입니다.

생각은 이렇게도 저렇게도 할 수 있어 선택의 문제입니다. 그러나 즉시, 단방, 빨리, 순식간에 생각한 대로 되지는 않지만 반드시 생각한 대로 살게 되더라고 하는 사실을 증거하기 위해 썼습니다.

청소년 학생 여러분 생각을 잘하세요. 나쁜 생각이면 바로 버리세요. 잘 생각해 보고 좋은 생각을 하면 좋은 일이 생길 것입니다. 결론은 꿈꾸고 생각한 대로 됩니다.

영어를 배우고 미국 가서 살고 싶다는 생각을 하면 결국 미국 가서 살게 됩니다. 불어나 스페인어를 배우고 나는 거기서 살고 싶다는 쪽으로 생각을 굳히면 답은 생각한 대로 현실이 되어 그대로 됩니다.

과학자, 교수, 연구원, 의사, 판검사, 정치인, 경영인, 예술인, 연예인, 종교인, 외교관이나 환경운동가나 체육인 또는 인권운동가를 마음에 두고 그 생각만 하면 나도 모르는 사이에 내가 그 자리에 서 있는 날이 오게 됩니다. 좋은 생각을 하면 좋아지지만 나쁜 생각에서 벗어나지 못하면 좋은 날이 오지 않습니다.

먼저 내가 나를 잘 생각해 나를 알아내야 합니다. 나는 남자인데 여자가 할 생각을 하면 남자로서 부족한 내가 됩니다. 나는 노래를 잘 못하는데 가수가 되겠다는 선택을 하면 생각을 잘 못한 것이 되어 아까운 나의 가능성을 살려 내지 못하여 그만 삶이 힘들어집니다. 생각이 중요합니다.

그럼 저와 함께 생각 속으로 들어가 잘하는 생각이 무엇인지 찾아냅시다. 그러기 위해 생각이라고 하는 물질이 아닌 정신세계로 들어가 보겠습니다.

잡은 손 놓지 마세요. 참 좋은 생각가이드로서 최선을 다하겠습니다.

2012년 7월
저자 천광노

contents

/제1장/

총 론

당신의 인생은 당신 생각대로다

인생에는 풀리지 않는 비밀이 많습니다만 그 비밀을 푸는 열쇠가 있습니다. 바로 『생각을 잘하는 것』입니다. 생각만 잘하면 인생의 고통은 때로 나와 아무런 상관도 없게 됩니다.

이 신비롭고 놀라운 인생의 비밀스러운 생각을 탐구하는 새로운 학문이 고고성을 지르고 이제 『신개념정신문화시리즈 '생각학 콘체르토'』로 문을 엽니다.

『생각한 것만큼 사는 인생』, 『생각하는 대로 살 수 있는 인생』 '생각학 콘체르토'란 『무엇을 위하여 어떻게 살까』를 『바르게 생각하자』라고 하는 신개념 학문입니다.

이는 『인생을 보는 눈』이며 『갈림길에서의 선택노선』입니다.

눈은 사물을 보지만 뜨지 못한 눈은 영어를 보지 못하고 한문을 보지 못합니다. 그러므로 인생의 눈을 뜨지 못한 사람은 확연히 존재하는 생각과 인생을 보지 못합니다. 분명 '생각'만이 곧 『인생을 값지게 살게 하는 길』입니다.

생각은 또 만사의 근원입니다. 사람이 세상을 사는 천만사가 전부 생각에서부터 출발합니다. 그러니 생각학 콘체르토 앞에서는 이 세상 어떤 학문도 "내가 먼저다"라거나 "내가 상석이다"라고 말하면 안 됩니다. 생각은 그 모든 것의 시초가 되는 분자보다 더 정밀한 원자요 원자 중에서도 원자핵이 되기 때문입니다.

그럼 우선 신개념정신문화연구시리즈가 계획하고 초석을 놓은 생각에 의해 많은 생각을 하고 공부하자는 작심을 하였습니다. 그러면 그게 뭔지 과목만이라도 살펴보실까요? 아래의 모든 학과목들은 들은 모두 이 『생각으로부터 출발된다』고 하는 것을 말하려 합니다.

일단은 생각학 콘체르토가 첫 번째 자리에 배치되어는 있습니다. 생각학 콘체르토가 1번이라고 보아도 되고 동시에 출판되는 부부학을 1번으로 봐도 되고요. 한편 부모 없는 사람이 없으니 부모학을 1번으로 볼 수도 있겠습니다.

생각학 콘체르토	대화학	품위학	정체학	관계학	습관학
스승학	제자학	친구학	상사학	동료학	후배학
행복학	결혼학	침상학	이혼학	재혼학	취 미 여가학
사이학	정 신 장애학	지 체 장애학	삶 의 가치학	종 교 개요학	불 교 개요학
인 생 교육학	인 생 교습학	원리와 사 리 분별학	인 생 심리학	심성교정 계 도 학	CEO학
사이존 인생학	인 생 경제학	환 란 방지학	환 란 대처학	고전과 인생학	고전과 인생.2

세정신문화연구시리즈	성공학	실패학	사랑학	재물학	미래학
직장학	조상학	후손학	밥상학	인생잡학	욕설학
고고학	유언학	연의학	토론학	분쟁학	착각학
기독교 개요학	T.V 종합학	P.C 종합학	여행 레저학	건 연 요리학	채 권 채무학
용모학	명상학	기도학	감사학	양 심 도덕학	근 심 걱정학
국제학	과부학	독 신 인생학	모 자 인생학	독 거 노년학	고독학

위 표에서 보시면 12개 과목씩 6줄이므로 72개 과목입니다. 또 아래에 12개 과목이 있습니다.

부모학	아버지학	어머니학	부부학	남편학	아내학
청년학	자녀학	며느리학	시부모학	노년학	불륜학

자, 이제 그럼 총론의 첫 번쨉니다. 인생에서 첫째는 생각학 콘체르토라 하기도 했으나 한편으로는 부모인 줄 아는 것이 정신문화연구시리즈 및 신개념정신문하연구시리즈의 이념입니다.

허나 알고 보면 부모가 첫째라는 것에 강력한 도전자는 생각일 것 같습니다. 어렵습니다. 헛갈립니다. 아무튼 이 귀중한 생각이 무엇이냐? 말했듯이 인생은 생각하는 만큼 산다는 것입니다. 생각이 고루하면 고루하게 살고 생각이 고상하면 고상하게 산다는 것이 인생이라는 뜻입니다.

물론 단방으로 인생에 가장 큰 문제가 무엇이냐고 물으시면 곤란합니다. 한 번에 전체를 말하려면 입이 터질까도 걱정입니다. 그러나 우선 급하니까 한마디 하고 보겠습니다. 『생각한 만큼 사는 것이 인생』이다 하였으며 곁들여 『듣는 만큼 사는 것이 인생』이라는 말씀입니다.

책을 많이 보는 것이 중요하므로 『읽은 만큼』, 『아는 만큼』 사는 것이 인생이라고도 하겠습니다. 대학에서 교수님의 강의를 많이 들으면 교수님의 말씀만큼, 교수님만큼 삽니다. 그러나 시장에서 상인의 말을 많이 들으면 상인과 같이 그만큼 삽니다.

노름꾼의 이야기를 많이 들으면 그렇게 살고 건달, 깡패, 도둑놈의 말을 많이 들으면 그의 인생은 보고 들은 그대로 그렇게 산다는 것이라는 말씀입니다. 그래서 얼마만큼 어떻게 살게 될 것인가를 깊이 생각하는 우리정신문화연구시리즈의 이 생각학 콘체르토가 중요합니다.

또 이런 게 있습니다. 똑같은 말을 들어도 다르게 듣는 사람이 있습니다. 같이 듣고도 엉뚱하게 전하는 사람이 있습니다. 거짓말을 한 게 아닌데도 실제로 엉뚱한 거짓말인 양 그렇게 듣습니다. 하필이면 또 말꼬리 잡을 말만 듣는 사람이 있고 틀린 말만 듣는 사람이 있습니다.

관심이 어디에 있느냐의 문제라고 보이는데 가령 목사하고 전도사가 간통했다는 말이라면 그만 귀가 번쩍 뜨이는 사람이 있으며 백일기도 가면 스님의 아기를 낳는다고 하는 묘한 말만 듣고 이런 것만 깊이 간직하는 사람이 있습니다. 남의 추행만 찾아 들추는 그런 인생은 반듯하기 어렵습니다.

하나님과 부처님의 복된 말은 다 흘려 내던지고 고약하고 못된 것만 골라 듣고 그것만 간직하는, 이렇게 듣고 그래서 하는 생각 자체가 잘못된 사람은 사람 환장하게끔 시아버지가 며느리를 어쨌다는 썩어 문드러질 말을 입에 달고 떠벌리며 살아갑니다.

생각에 대한 생각이 잘 안 돼서 그렇거든요. 고매하고 정숙한 아내와 남편의 말을 안 듣고 인간파철 쌍것들의 이야기를 듣거든요. 바로 이런 것이 우리정신문화연구시리즈가 생각할 생각학 콘체르토의 문제입니다.

무엇을 보느냐? 무엇을 듣느냐? 그리고 무슨 생각을 어떻게 하느냐? 정신문화연구시리즈의 생각학 콘체르토는 이런 쪽을 떠받칠 것입니다.

생각의 시원·근원·발원은 무엇인가?

어디서부터 어떻게 생각이 솟아나는가?

솟아난 그 생각의 본질은 무엇인가?

본질의 특성은 무엇인가?

생각의 재료는 무엇이며 어떤 성질을 가지고 있는가?

생각이 만들어지는 과정은 존재하는가?

존재한다면 어떤 과정으로 만들어지는가?

만드는 사람은 누구인가?

나는 이런 사실을 아는가 모르는가?

모른다면 그것은 배울 가치가 무엇인가?

과연 이 생각학 콘체르토를 마치면 생각으로 인한 효과는 무엇인가?

그것은 얼마나 중요하고 유익한가?

생각이 인생을 어떻게 만드나?

'이 모든 것의 해답을 찾아가자'라고 하는 것이 바로 생각학 콘체르토입니다.

첫 발자국을 내딛는 어찌 보면 참 이상한 학문 같지만 이 세상의 어떤 학문과도 견줄 수 없는 인생학문 중 제일 우수한 학문이라고 해도 될 것입니다. 자신을 가지고 열심히 하겠습니다. 할 수 있습니다. 해 보겠습니다. 왜 하느냐고요? 인류의 행복을 찾자는 뜻에서입니다.

행복 어렵습니다만 정신이 더 어렵고 생각도 쉬운 것 같지만 참 어렵습니다. 그러나 단 한 가지는 걱정합니다. 개척의 길이라고 하는 누구도 모르는 새 천지를 찾아가야 하기 때문에 거의 맨손으로 도전해 올라가야 하는 목적지가 너무 높은 정상이라는 이유입니다.

두 번째입니다. 먼저 생각의 시원(始原)부터 알아야겠습니다. 어머니(생각의 근원)가 있어야 자식(생각)이 태어납니다. 생각의 어머니(始原)는 기독교에서는 영(靈)입니다.

타 종교 중에 불교는 생각의 시원을 무엇이라고 하는지 알려 주시기 바랍니다. 기독교도 아니고 불교도 아닌 타 종교나 무종교에서는 생각을 시원을 무엇이라고 하는지도 아직은 확실하지 않습니다. 생각학 콘체르토가 태동하는 단계라 저자는 일반적인 생각의 시원으로 '혼'과 '넋'과 '얼'과 '기(氣)' 중에서 하나이거나, 아니면 생명 속에 들어 있는 '생명의 성'이라고 하고자 합니다.

기독교식으로 생각의 시원을 영이라고 말하는 것도 아직은 생각학 콘체르토를 접한 바가 없고 우리 정신문화연구시리즈가 첫 문을 열고 개척하는 학문이라서 제가 처음으로 하는 말이라고도 생각합니다. 그러면 이제 이쯤에서 이제 『생각 표㉮』를 만들어 보겠습니다.

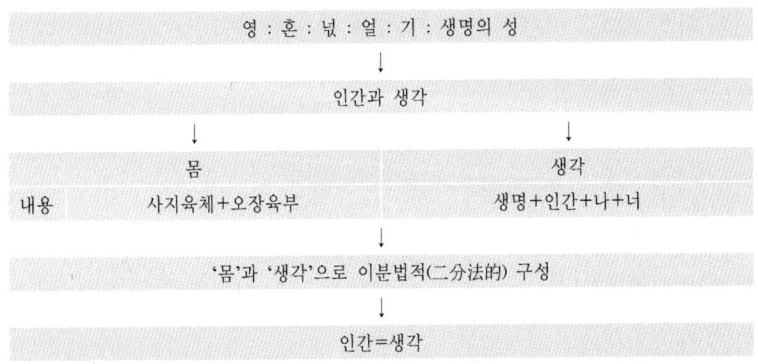

위 표에서 본 것처럼 생각은 스스로 있지 않습니다. 이 세상에 스스로 있는 것이란 없다는 사실은, 내가 스스로 있는 것 같으나 어머니가 계셨고 어머니의 모태가 있었으며, 그 안에서 태아기를 거쳐서 세상에 나왔으나 나 자신이 나의 모태를 기억하지 못하여 없다고 생각하는 것과 같은 무지함이라고 잘라 말해도 무리가 아닐 것입니다.

이처럼 생각도 어딘가에서부터 왔다고 하는 것이 생각학 콘체르토의 시발(始發)이며 그 '어딘가'라고 하는 것을 『생각의 시원』이라고 하겠습니다.

이미 위에서 보신 것과 같습니다. 생각은 사람의 혼에서 오거나 살아 있는 생명의 그 생명성이 생각이라고 하겠으며 넋이나 얼도 생각의 시원이라 하겠습니다.

그런데 저는 기독교인인 관계로 이유 조건 없이 생각은 영이신 하나님의 속성으로 하나님이 생기를 불어넣어 생령이 되게 하시는 그 순간 우리의 호흡을 따라 하나님의 영이 우리의 생각으로 분배되어 우리 속에 거한다고 하는 신앙에 근거하여 말씀드리게 될 것입니다. 이에 마침 기독교인들은 저자의 이런 주장에 아멘으로 동감하신다면 참 잘 된 일입니다.

그러나 하나님은 없다거나 믿지 않는다고 하시는 분이라면 위 표에 기록된 하나님이 아닌 무엇이든 하나를 선택하셔서 그로부터 생각이 온다고 생각하시고 견주어 동참해 주셔도 괜찮습니다. 중요한 것은 우리가 애초부터의 우리 생각의 근원을 찾아야 하는 것이 목적이기 때문입니다.

한편 혹자는 생각이 어디에선가로부터 온다는 것 자체를 부정하는 분이 계실 거라고도 염두에는 두겠습니다.

그러나 생각이란 누구의 도움 없이 그저 나 스스로가 만들어 내는 것이라고 한다면, 생각보다 만들기가 쉽다고 보아도 되는 육체도 내가 만든다거나 그러니 육체가 병들면 무슨 병이든 다 내가 고칠 수도 있다고 해야 설득력이 있을 것이므로 이 정도에서 일단 『생각에는 그 시원이 있다』라고 인정해 주시기 바랍니다.

그게 아닐 경우에는 모처럼 첫발을 내딛는 생각학 콘체르토라고 하는 이 학문이 어디에 뿌리를 내릴 근거가 없기 때문에 위의 표가 일순간에 만들어진 것이 아니라고 하는 것도 인정해 주셔야 다음으로 넘어가게 될 것입니다.

세 번쨉니다. 분명 생각에는 시원이 있습니다. 시원에는 아기가 자라는 모태와도 같은 태반이 있습니다. 생각은 그 안에서 만들어집니다. 어떻게 만들어지느냐고 하는 것도 급한 질문이지만 잠시 미루고 차근차근 살펴보겠습니다.

이렇게 저렇게(잠시 후 논할 것임) 일단 생각이 만들어지면 육체가 생기는 순간 호흡이 드나듦과 동시에 생각이 거기에 안착합니다.

생각은 이렇게 우리의 육체가 육체로서의 기능을 발휘(사는)하는 동시에 육체와 더불어 상생·공생의 원리를 권리로 행사하면서 육체에 버금가는 생명활동의 주관자로 자기에게 부과된 임무를 수행해 갑니다. 바로 생각하는 인간으로 살게끔 태어난 저자와 여러분과 우리들이라고 하겠습니다.

그러므로 생각은 육체에 기생하며 공생함으로 육체가 그 기능을 잃으면(죽으면) 생각은 그때 육체를 떠나 영이나 넋이나 혼이 되어 같이 떠나게 되는 것이 생각의 시(始)요 생각의 종(終)입니다.

이로써 우리는 생각의 시종을 알았습니다. 동시에 또 한 가지 중요한 사실도 알았습니다. 그것은 바로『생각이란 보이지 않는 또 하나의 나 자신이다』라고 하는 사실입니다.

이것은 사람이란 누구나 몸을 이루는 육체와 몸을 명령하는 기관으로 생각이라고 하는 것을 가지고 있다는 사실입니다. 이 말이 틀림없다는 것은 몸이 죽으면 생각도 죽는다는 것과 몸이 병들어서 의식을 잃으면 생각은 멀쩡하여도 몸이 따라 주지 않는 것이랑 그 증거는 부지기수임을 보아 알 수가 있습니다.

그러므로 자세히 살펴보면 인간은 몸과 생각이 혼합되어 각자 개별 한 사람 한 사람으로 살아갑니다. 우리는 여간해서 사람을 그저

한 사람이요 하나로 보지마는 생물학은 물론 생각학 콘체르토적으로 보면 사람은 하나지만 그 구조는 하나가 아닌 둘로 나누어 볼 수 있습니다.

그러니까 육체를 연구하는 학문에만 몰두할 게 아니라 또 하나의 나를 구성하고 있는 생각에 대한 연구도 절대적이라고 할 수가 있습니다. 그런가 하면 여기서 또 몸을 이루는 육체는 무엇인가도 중요하다는 것을 알 수가 있습니다.

몸에 대하여는 생각학 콘체르토에서 말하지 않아도 이미 세상에서 할 만큼 앞서 연구가 되었으므로 우리정신문화연구시리즈는 그쪽을 볼 눈높이도 낮고 또 그래서도 안 됩니다. 생각학 콘체르토의 갈 길이 너무 멀고 칠흑 같은 흑암이라서 이 길을 밝히고 더듬으며 이제 생각의 분류에 관한 생각의 양성을 논해야 합니다.

네 번쨉니다. 생각학 콘체르토는 모든 학문의 단초요 시발이라고 했습니다. 말이 어디서 나오며 사랑이 어디서 나올까요? 생각에서 나옵니다. 품위가 어디서 나오고 명예와 권세가 어디서 나올까요? 당연 생각에서 나옵니다.

행복과 불행이 어디서 나오고 성공과 실패는 어디서 나올까요? 역시 생각에서 나옵니다. 슬픔이나 괴로움이나 고통과 이별이 어디서 나오고 무엇 때문에 부부가 도장 찍고 이혼을 할까요? 생각이 그렇게 만듭니다.

여기서 잠깐 말과 생각에 대한 대화학의 표를 하나 옮겨 와서 생각과 말(언어)과의 관계를 보실까요? 생각은 말의 주인이라는 뜻입니다. 대화학(본 저자의 다른 책)에서 가져온 『말격 표』입니다

말
↓
말성(性)과 말격(格)
↓
언성(言性)과 언체(言体)
↓
언성(言性)의 구조

구분	언골(言骨)	언양(言樣)	언핵(言核)	언구(言求)
뜻	*메시지	*감성적 요소	*공감적 요소	*결실·결과·취득의 요소

↓
말성

이것은 현재의 생각학 콘체르토 논제는 아닙니다. 지금은 위의 표가 무슨 뜻인지 지금은 알 수가 없습니다. 다만 여기서 말씀드리고자 하는 것은 말의 뿌리는 생각이라고 하는 것입니다. 무엇이 말을 만드느냐? 생각이 만듭니다. 무엇이 아파트를 만들고 첨단전자제품을 만드느냐? 당연 생각이 만든다니까요.

생각은 나의 기초요 생각은 그의 뿌리입니다. 그러니 생각보다 더 중요한 것은 없습니다. 기왕 여기까지 왔으니 이번에는 생각과 인간에 대한 품위학(본 저자의 다른 책)에서 보시게 될 표 하나를 더 가져와서 보겠습니다. 인간과 품위 역시 생각이 만들어 내는 자기 자신의 가치요 체신이며 인격이고 인간성에 관한 것인데 여기서는 이에 대

하여 개언(開言)도 못합니다. 다만 생각이 인간을 만든다는 것입니다.

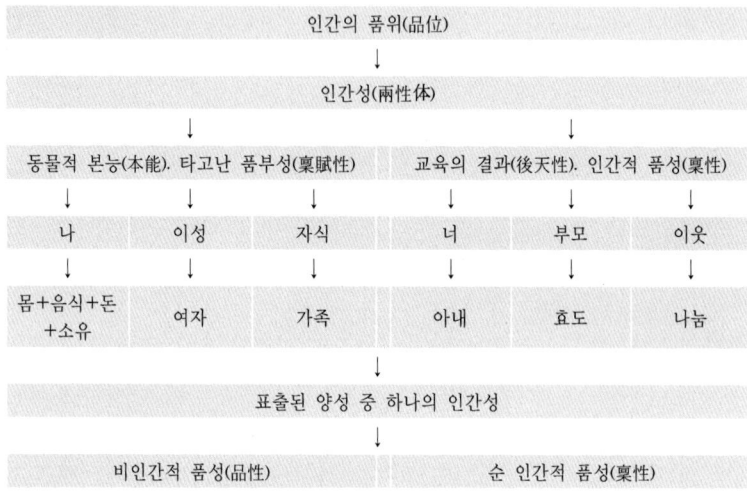

끝으로 한 말씀만 짚겠습니다. 생각학 콘체르토는 이제 시작입니다. 이 책 생각학 콘체르토 아래로 내려가면 보시게 될 과목 중 사막의 풀 '포아'를 읽어 보십시오. 생각학 콘체르토는 이제 포아의 뿌리처럼 더듬고 헤쳐나갈 것입니다. 나를 사랑하는 인생들을 찾아 끝없이 뻗어 나가려고 합니다.

/제2장/

생각 만들기

﹟ 생각은 주인 된 내가 만드는 대로 만들어진다

생각을 자세히 들여다보면 생각은 두 가지여서 이를 양모(兩模)라고 부르겠습니다.

생각에는 그 사람이 인격과 인품이 들어 있습니다. 무엇이냐고 하는 질성이 들어 있습니다. 생각에는 목적과 내용이 들어 있고 추구하는 이상이 들어 있습니다.

이와 같은 생각의 양모는 크게 생각에 대하여 『생각하지 않는 무심한 생각』이 있고 『많이 생각하고 결정하는 생각을 생각함』이 있습니다. 이를 전자는 『‘무 고찰(無 考察)’』이라 하고 후자를 『‘유 고찰(有 考察)’』이라 할 것인데 이때의 고찰 여부는 ‘생각에 대하여 생각한다’ 라고 하는 뜻입니다.

생각이 무엇인가를 깊이 잘 생각해 보는 것이 유 고찰입니다. 생각에 대한 문제에는 전연 의식도 없는 생각은 무 고찰입니다. 이제는 우리 신개념정신문화시리즈의 생각학 콘체르토가 출현하면서 무 고찰 생각의 벽이 허물어지고 생각을 깊이 잘 생각해 보는 유 고찰의 세월이 펼쳐지리라고 생각합니다.

그렇다면 생각의 무 고찰이란 무엇일까요? 생각을 하면서도 생각한다고 하는 사실에 대하여 간과하거나 의식조차 하지 않는 것입니다.

우리는 보통 내가 깊이 생각하고 또 하지마는 그렇게 생각하는 것이 목적하는 문제(사안)에 대한 것에 한정할 뿐 생각하는 그 자체의 생각에 대한 생각이 아닙니다.

『생각 자체를 어떻게 할 것이냐?』 이 문제는 관심 없고 『이 일을 어떻게 할 것이냐』라고 하는 사안과 그 사안의 실체에 대해서만 밤새워 생각합니다. 그러면 어떤 결과가 나올까요? 그래서 생각한 결과에 따라 목적하는 사안에 대한 대처방법이 돌출됩니다. 그래서 돌출된 결과로 사안을 마감합니다. 그러면 결실이 잘 맺힙니다. 혹은 결실이 제대로 맺히지 않습니다. 둘 중 하나에 해당됩니다.

첫 번쨉니다. 그러나 만일 사안을 골똘히 생각하기 전에, 혹은 생각함과 동시에 생각이라고 하는 존재에 대하여 미리 지식을 겸비하였거나 아니면 동시에 사안과 생각이란 무엇인가를 포함하여 생각의 실체를 분석하고 생각에 들어간다면 어떨까요?

실패율은 현저히 줄어들 것입니다. 낙과를 방지할 확률이 훨씬 높을 것입니다. 그러면 이제 다시 『생각 표㉯』를 보실까요?

영 : 혼 : 넋 : 얼 : 기 : 생명의 성			

↓

| | 생각의 양모(兩模) | | |

↓		↓

	생각에 무심함 『·무 고찰(無考察)』	생각을 생각함 『·유 고찰(有考察)』
구분	무의식+무감지=생각	배움+유감지+분석=생각
뜻	부정적+비논리적 비도덕적+성사불가(無果花)	사려(思慮)적+합리적+도덕적 +미래예측 생각학 콘체르토 적 (말 만듦+말함+행동함+고결한 품위)

↓

둘로 갈라진(선택·결정한) 생각(결정함+말함)

왼편의 무 고찰은 생각의 질이 낮아 결실이 제대로 안 될지도 모르는 생각입니다. 생각의 질이 부실합니다. 주로 부정적이지만 부정적인가 아닌가에 대하여까지는 생각하지 않은 경우입니다.

『내가 생각을 제대로 하는가?』라고 하는, 무 고찰에는 이런 요소가 허약합니다. 그래서 보통 지식(본능적 인력)에만 의존하여 감식기능이 연약합니다. '인력에만 의지한다'는 말은 무엇일까요?

전후좌우와 형편처지와 이유 여하와, 향후 추정결과와 결과에서 얻어지는 이해득실에 대한 분석이 제대로 되기 어려운 것은 차치하고, 오직 '내가'라고 하는 것이 중시되는 경우입니다.

그래서 이런 제조과정을 거친 생각이라고 하는 물품은 불량품이 많습니다. 검사과에서 검사도 제대로 받지 않기 일쑤이기 때문입니다. 그러니까 무의식적인 것과 무감지한 것이 혼재된 것을, 그것을 생각이라고 내어놓습니다. 이것은 무식한 판단이고 잘못한 생각이 되기 쉬운 생각입니다.

그러므로 내어놓는 생각의 성분에는 논리가 약하고 부정적이며 비도덕적인 요소가 많아서 목적달성에 실패하기 십상입니다. 성사가 안 되는 것입니다. 이것은 얕은 생각에 해당됩니다. 후회하는 생각에 속합니다. 생각을 잘못했다고 가슴을 치게 되는 생각입니다. 갖추지 못한 부실하고 나약한 생각입니다.

그런가 하면 유 고찰의 생각은 생각의 구조 자체가 다릅니다. 유 고찰의 생각은 기초와 기둥이 탄탄한 생각입니다. 첫째는 배운 지식을 토대로 하여 내가 배운 것과 합치하는지의 여부를 생각해 보는 것입니다.

아무리 탐이 나도 법에서 아니라고 하는 것이거나 일반 상식과 순리에 반하고 도덕적 가치기준에 위배되는 것이라고 하면 그런 생각은 아예 눌러 죽여 버립니다. 생각하는 방법 자체가 근본부터 다릅니다.

원리를 중시하고 원칙을 생각해서 거기에 맞추어 보는 것이 유 고찰의 특징입니다. 이렇게 아는 것과 배운 것을 토대로 하여 생각해 보면 느낌이 옵니다. 그러고도 부족하다 싶으면 책도 들춰 보고 자문도 구합니다. 분석을 철저히 하는 생각다운 생각을 하는 것입니다.

이런 생각이 사려적인 생각입니다. 사려가 깊은 생각은 합리성을 갖춘 생각이어서 누구에게나 인정을 받습니다. 특히 도덕적으로 흠결이 없는 쪽으로 결정합니다.

그래서 미래라고 하는 목적하는 사안의 향후를 미리 점검하고 또 예단하여 보는 것입니다. 바로 이것이 우리 정신문화연구시리즈의 생각학 콘체르토에서 주창(主唱)하고자 하는 생각학 콘체르토적인 생각입니다.

생각학 콘체르토적인 생각은 이런 과정을 거쳐서 생각이 제작되면 그제야 말(언어)에게 넘겨줍니다. 그러면 말은 생각으로부터 넘겨받은 내용을 말의 기준에 맞게 우리 정신문화연구시리즈의 대화학에 준하여 말을 합니다. 그리고 말한 대로 실천합니다. 실천의 결과가 고고하고 우아하며 고결한 인격자로 감식되어 격조 높은 품위가 그를 떠받들어 주는 것입니다.

두 번째입니다. 생각할 때 생각은 무엇을 감각하고 감지할까요? 이번에는 생각의 감지 요소에 대하여 말씀드리겠습니다.

생각은 첫째 눈으로 보는 것을 감지하고 감각합니다. 대충 보는 것 같지만 절대로 대충은 아닙니다. 일순간이요 찰나지마는 정확하고 아주 세밀하게 봅니다. 눈이라는 것이 그렇게 정밀하니까요. 눈이 본 것은 뇌가 접수하여 예민하게 분석하니까요. 그래서 생각은 무엇이나 감각하고 감지하기는 좋습니다.

그런데 문제는 생각의 속성인 『생각의 자유』라고 하는 녀석이 보기는 제대로 보았는데 분석하여 고르기를 엉뚱한 것을 고르기가 일쑤입니다. 일단 먼저 『생각 표㉯』를 만들어 보겠습니다.

영 : 혼 : 넋 : 얼 : 기 : 생명의 성		
↓		
생각의 감지요소		
↓		
요소	보는 것 + 본 것 + 들은 것 + 느낌 + 대처성제조력	
↓		
결정된 생각(결과: 언어+품위)		

현재 보는 것이 중요합니다. 대개의 생각은 여기서부터 시작해서 생각한 결과를 만들어 낼 것입니다. 이때 생각이 생각을 만드는 과정은 곧이어 말씀드리겠습니다.

일단 보았다고 칩시다. 그러면 보이는 것만을 생각의 요소(재료)로 사용하는 것이 아닙니다. 순식간에 언젠가 보았던 것을 떠올려서 그것과 같이 보는 것입니다. 비교를 하는 겁니다. 비교하는 것은 좋습니다.

그런데 보는 사람이 잘못 보거나 본 것 중에서 아닌 것 몹쓸 것, 이를테면 생각의 목적달성에 반하는 쪽으로 보아서 문제가 되기 일쑤입니다. 누구나 다 잘 봅니까? 이게 그렇지가 않다는 것이 생각학 콘체르토의 요지 중의 하나입니다. 똑같이 가르침을 받아도 공부를 잘하고 못하고가 있는 것과 같습니다. 다른 예를 하나 더 들어 볼까요?

똑같은 배추로 김치를 담가도 맛없게 담는 사람과 같습니다. 같은 걸 보고도 보는 게 다르고 재료가 달라지기도 하는 이런 특성을 가진 것이 보는 것과 본 것이지마는 지금은 그쪽으로 나가면 안 됩니다. 얼른 생각의 요소가 될 귀로 들은 것으로 가야 합니다.

생각의 요소를 이루는 것에는 듣는 것이 있습니다. 때로는 생각의 시초가 보는 것보다 듣는 것이 앞서기도 합니다. 듣는 것도 역시 보는 것처럼 전에 들은 것이 동시에 들려옵니다. 그래서 보고 들은 것으로 분석이라고 하는 느낌을 뿌려 봅니다. 그리고 맛을 봅니다.

김치에 조미료를 넣는달지 아니면 고춧가루를 넣는다고 해야 할지? 느낌은 준비된 재료를 김치처럼 버무립니다. 그래서 김치의 맛을 내는 것처럼 느낌을 감지하는 기능을 발휘합니다. 정말 생각의 기관 조직이라고 하는 것이란 묘하다는 생각입니다.

이런 많은 재료들을 사용하는 것이 생각입니다. 먹어 보고 짜다 맵다 싱겁다 하는 것처럼, 그래서 생각을 완성합니다. 소금을 조금 더치거나 양념을 보충해서 맛에 맛을 더해 줍니다. 이렇게 해서 사안에 대처할 방도를 결정하여 말에게 하라고 시키는 것입니다.

세 번째입니다. 이번에는 좀 더 구체적으로 생각이 만들어지는 제조 과정을 『생각의 흐름도』라고 명명하고 그 과정을 세밀하게 생각해 보겠습니다. 또 먼저 『생각 표㉱』를 보시겠습니다.

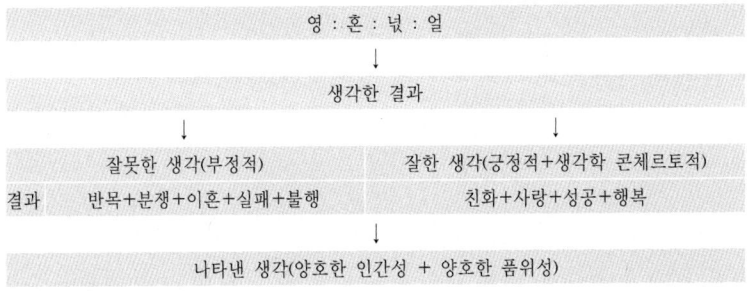

두 번째에서 말씀드린 것을 다른 비유로 반복하여도 중언부언이라 하지 마십시오. 왜냐하면 생각에 대하여 기초가 잘 잡혀야 생각학 콘

체르토는 물론 우리 정신문화연구시리즈의 다른 과목의 기초가 튼튼해질 것이기 때문에 다시 한번 거듭 연조하는 것이 좋겠다고 생각해서랍니다.

보는 순간 인식합니다. 인식에서부터 생각은 이미 모양과 형태가 만들어지는데 얼마나 빨리 만드느냐고요? 그건 다음에 차례대로 연구를 듣다 보시면 『생속』이라는 단어가 나올 건데 생속(생각의 속도)은 광속보다 빠른 것이고 하나님의 영속보다는 늦다고 하는 말씀이 나중에 나올 거니까요.

순간에 남편을 봅니다. "왜 늦었어요?" 묻기는 해도 이미 왜 늦었는지 압니다. 인식기능입니다. 동시에 경험의 거울에 남편이 비쳐집니다.

누구네 초상집은 아니다. 그렇다고 술집도 아니다. 노름을 했느냐? 그것도 아니다. 누군가를 만났다. 어디서 만났을까? 커피숍? 거기서 왜 만났을까? 맞다 남자가 아니다. 틀림없다. 이상한 만남이었을 것이다. 이 이상스러운 감식기능이 생각을 만들어갑니다. 이걸 확 뒤집어 엎어 버려? 아니 조곤조곤 따지고 들어가? 모르는 척 넘어갈까? 물어볼까 그만둘까?

여기까지 오면 생각은 이미 형상이 갖추어(제조)졌습니다. 악을 쓸 수도 있고 말을 부드럽게 할 수도 있습니다. "자꾸 술 한잔하자는데 그냥 왔어" 남편의 말입니다. 이미 아는데…… 그런데 물어봅니다. "누가?" "누군 누구야 김 대리지ー" 둘러댄다 아니다도 부부는 압니다. 진실과 거짓은 백 가지도 넘는 말 이외의 증거를 사정없이 쏟아

낸다는 것을 남편들이여 아내가 그걸 모른다고요? 고장과 불씨가 여기서 나게 됩니다. 생각을 잘 해야 합니다.

아내도 그렇고 남편도 그렇습니다. 세월이 지나고 보면 그때 그 일과 그 말이 둑을 무너트렸다는 것을 알게 되지만 때가 늦으면 생각의 효과는 돌이켜지지 않습니다.

바로 이 부분이 『수준대로 결정한다』라고 하는 생각 만들기의 결과입니다. 어떻게 할 것이냐? 이 대목에서 잘하는 생각과 잘못하는 생각이 갈라집니다.

잘하는 생각은 아름다운 미어로 연결됩니다. 미어가 무엇일까요? 미어란 대화학에서 최고로 치는 아름다운 말이라는 뜻인데 아름다운 말이란 어떤 것인지 대화학에 가서 보시라고 하겠습니다.

세 번짼니다. 생각한 결과입니다. 다시 또 『생각 표⑭』를 만들겠습니다.

영 : 혼 : 넋 : 얼	
↓	
생각의 움직임; 동성(動性)	

	경험대입 움직임	결론구하기
본질	전에 + 얼굴표정 + 말의 진실성 파악 + 현재의 환경에 적합함	맞다 + 아니다 + 이건 거짓말이다 + 둘러댄다 + 속아 주랴? 아니다 + 그렇다

↓	
생각으로 만들어진 말	

사안이 무엇이 되었건 사람은 사안에 따라 생각을 만듭니다. 그래서 만든 생각을 말로 하고 행동에 옮깁니다.

이번에는 복잡하게 말하지 말고 아주 쉬운 말로 드려 보겠습니다. 잘못한 생각과 잘한 생각으로 구분되어 각기 단물을 내거나 쓴 물을 낸다고 하는 것이 생각입니다.

인생의 쓴맛은 잘못한 생각의 열매입니다. 꿀맛같이 달콤한 인생의 단맛도 당연 생각이 만들어 냅니다. 잘못한 생각은 긴말이야 필요치 않다면 인생을 병들게 하고 고통으로 힘겹게 합니다.

인간관계가 깨어져서 원수가 되게 합니다. 끝없이 미워하고 만나면 싸우게 합니다. 결혼이 이혼으로 갈라집니다. 모든 것이 실패로 돌아갑니다. 가정도 실패하고 사업도 실패하고 건강도 실패하고 장수도 못 합니다. 사는 것이 지겹고 외롭고 고통입니다. 왜 이런 결과가 나왔는가? 정답을 단 한마디로 말하라면 생각을 잘못했다는 것이 가장 정확한 답변이 될 것입니다.

결국 가슴을 치고 허물어진 폐허에서 탄식하게 되고 맙니다. 그러니 생각을 잘해야 하는데 생각학 콘체르토라고 하는 이런 중요한 학문이 아직 늪 속에서 헤어 나오지를 못하니 생각에 각성을 일깨우지 아니합니다.

그러나 잘한 생각은 넘어지는 빌딩도 일으킵니다. 파경의 부부도 붙여 줍니다. 반목에서 화목으로 돌아서게 합니다. 미운 것도 없고 서운한 것도 지워 줍니다. 깨진 미움이 사랑으로 되살아나서 상처가 치료되고 새살이 나온 피부처럼 오히려 더 부드럽고 깨끗해집니다.

부도가 난 게 안 난 것보다 오히려 더 잘되고 모든 것이 순항입니다. 엎친 데 덮치는 것이 아니라 쌓인 데 더 쌓이고 돈에 돈이 더 쌓이면서 사랑에 사랑이 더 쌓이고 복에 복이 더 쌓입니다.

생각이 이렇게까지 인생을 바꾼단 말인가? 스스로 놀라고 남편만 봐도 행복하고 아내가 이 세상에 최고라고 감사합니다. 성공과 실패와 행복과 불행이 생각 하나로 이렇게 갈라져서 나중에 보면 사막에서 초원으로 지진으로 무너진 땅에 피어난 꽃처럼 인생이 복으로 넘치고 흘러 이웃까지 사랑하고 도와줍니다. 모두가 말합니다. 그 사람? 말도 말라고 말합니다. 어진 사람이었다고 참 대단히 존경할 만한 사람이라고…….

네 번째입니다. 이번에는 생각의 결과가 어떻게 갈라지는가에 대한 분기된 결과에 관하여 좀 더 구체적으로 알아보겠습니다. 다시 또 『생각 표⑭』를 만들어 보겠습니다.

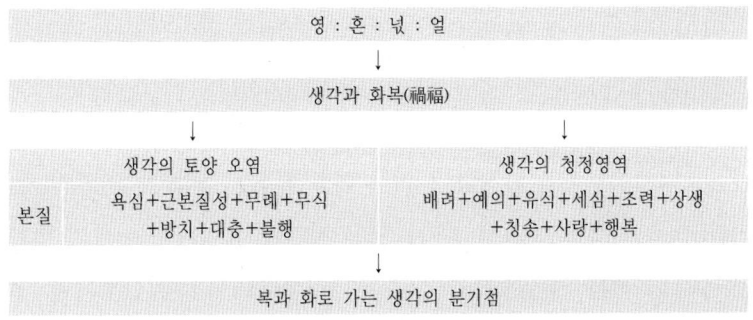

생각의 결과는 화(禍)로 나타나거나 복(福)이 되어 각각 다르게 나타납니다.

먼저 '화'로 나타나는 생각의 원인을 찾아보겠습니다. 생각하는 생각의 환경을 생각의 토양이라고 한다면 생각의 토양이 오염된 경우입니다.

오염된 생각의 토양은 복으로 가지 못할 생각의 결과를 만들어 냅니다. 이것은 3급수나 4급수의 물에서는 건강한 물고기 살지 못하는 것과 같으며 황사가 자욱하면 폐가 나빠지는 것이거나 아니면 아기가 자라나는 모태의 태반이 병들 경우 그 안에서 자라나는 아기의 건강이 나쁠 수밖에 없는 것과 같은 이치입니다.

아기의 건강상태가 나쁜 것(화가 되는 생각)이란 이러합니다. 욕심이 지나쳐서 일을 그르치는 것입니다. 근본을 이루는 세포가 병든 격이어서 질성이 오염되었기 때문에 '예'를 갖추지 못한 생각이라 사람들에게 인격적인 대접을 받을 수가 없는 것입니다.

무식합니다. 사안의 이치를 파악하지 못하여 논리가 맞지 않기 때문에 받아들여 주고 싶어도 받아들일 수가 없는 불합리한 물건(생각)을 사라고 하는 격입니다.

이런 생각은 생각학 콘체르토에서 '생각의 힘'이라는 주제로 다시 말씀드리게 될 것인데 사람이 어리석어 자기가 사랑하는 사람의 말이라면 틀린 것도 무조건 받아들이고 자기가 싫어하는 사람의 말은 옳아도 받아들이지 않는 것과 같은 어리석음이며 무식함입니다. 또 오염된 생각의 토양은 버려두었다가 깊은 생각 없이 대충짐작으로 결정하는 생각입니다.

세심하게 이치를 궁리하고 궁리한 이치에 맞게 교정하고 다듬은 생각이 아니어서 결국은 실패하고 결론은 불행의 길로 들어서게 됩니다. 그러므로 무엇을 생각할 때는 생각의 토양을 다스리고 건강한 환경에서 합당한 생각이 만들어지는가를 생각해야 합니다.

그러니 우선 생각의 태반을 건강하게 잘 가꾸어 나가는 생각학 콘체르토적인 생각의 청정영역을 유지하는 것이 생각한 결과를 알차게 익힌다고 하는 생각을 닦아야 하는 것이 매우 중요합니다. 생각의 청정영역이란 어떤 것일까요? 이것은 간단하게 말씀드려서는 부족합니다. 생각학 콘체르토의 전부가 그에 해당한다고 보아야 합니다.

그러나 여기에도 기본이 되는 간단한 필수 요건이 있습니다. 먼저 『생각의 무게』와 『생각의 효과』를 신중하게 생각해야 된다고 하는 것입니다.

물을 정상위에서 어느 쪽으로 쏟아야 할까는 결국 인생의 화복을 결정하게 되어 반대쪽으로 흘러가서 목장은 메마르고 거친 돌 틈새로 스며들어 생각한 열매가 효과를 거두지 못한다고 하는 것입니다.

그러니까 청정영역서 만들어 내는 생각은 무공해 식품처럼 건강에도 좋고 맛도 좋아서 인생의 양식이 된다는 말씀입니다.

이와 같은 인생의 양식이 될 만한 생각은 무엇일까요? 첫째는 상대를 배려하는 인생의 원리를 따라야 합니다.

그 사람의 입장을 고려하지 않고 만든 생각은 만들어 보았자 거부되고 승낙한다고 해도 결국은 피차간에 감정이 생겨서 또 다른 문제로 인하여 익힐 수가 없게 됩니다.

그러므로 예의가 반듯하게 생각해야 합니다. 예의에 벗어난 생각은 복으로 가는 생각이 아니라는 것을 또렷하게 인식하고 생각해야 됩니다. 논리와 이치가 합당하게 맞아떨어지는 생각을 만들어야 합니다.

제가 앉은 책상으로 말씀드린다면 책상의 구조가 책상으로 완벽해야 한다는 것입니다. 높이가 맞고 다리가 제자리에 놓여야 하고 거칠고 구부러지거나 평면이 기울어진 것은 책상으로 사용하지 못하는 것처럼 생각은 세심하게 사리를 판별해서 하나의 들고 다니는 휴대폰과 같은 사안에 합치되는 조건들을 갖추는 유식한 생각이라야 화를 면하고 복의 길 성공의 길로 가게 됩니다.

생각을 만듦에는 이렇게 잠깐 논해서는 부족합니다. 논제도 제가 선택한 것만이 아닙니다. 같이 노력하고 서로가 도우며 피차가 유익한 상생과 공생의 합리성을 갖춘 생각이면 그 길은 반드시 복된 열매가 맺혀지는 길입니다. 사랑과 행복이 넘치고 후회 없는 선택이 되어 잘했다 칭찬받는 복된 길이 될 것입니다.

다섯 번쨉니다. 먼저 『생각 표 ㈏』를 보시겠습니다.

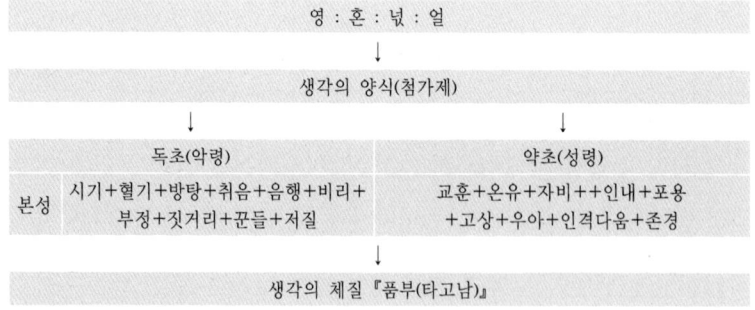

| 영 : 혼 : 넋 : 얼 |
| ↓ |
| 생각의 양식(첨가제) |

	독초(악령)	약초(성령)
본성	시기+혈기+방탕+취음+음행+비리+ 부정+짓거리+꾼들+저질	교훈+은유+자비++인내+포용 +고상+우아+인격다움+존경

| ↓ |
| 생각의 체질 『품부(타고남)』 |

생각을 만들어 내는 과정과 생각이 만들어지는 소재(재료)와 환경에 대하여는 여러분이 귀가 아프시다 할 정도로 말씀드리고 싶습니다. 그 이유는 생각학 콘체르토가 생소할뿐더러 자칫 나도 안다고 무시할지도 모르기 때문입니다. 그러므로 혹 지루하다 마시고 차근히 들어주시기 바랍니다.

만들어지는 생각은 재료가 되는 보고 듣고 경험한 것에 대하여는 아셨습니다. 문제는 생각을 완성하려면 중요한 첨가제가 많이 들어가야 되는데 첨가제란 외부첨가제와 내부첨가제로 나누어집니다. 외부첨가제는 타인의 조언이나 심지어는 그날의 날씨나 교통과 같은 것들입니다.

물론 이와 같은 외부첨가제가 생각을 급속하게 바꾸게도 하지만 보다 중요한 것은 내부에서 나오는 자력·자생의 첨가제가 생각에 미치는 영향과 효능입니다. 내부에서 자생되어 작용되는 내부첨가제는 다시 두 가지로 나눕니다. 이를 알기 쉽게 하나는 독초라 하고 하나는 약초라고 하겠습니다.

생각이 보고 듣고 경험한 것을 토대로 사안이 확정하면 확정된 사안이 실체로 만들어져서 '이거다', '저거다'를 결정하는 인격체로 만들어져야 하는데 이때 중요한 것은 품위학에 말하는 인성(인간성)이나 대화학에서 말하는 말성(말의 性)입니다.

생각을 결정하는 첨가제가 되는 이 성(性)이라고 하는 것은 타인의 영향도 받는 것 중에서 가장 동작이 느린 것으로 거의가 자기의 주관에 따라 첨가됩니다.

그러니까 생각은 생각을 만든 본인이 먹여서 기르는(만드는) 생각의 양식이 있습니다. 그중에는 해로운 독초가 있고 이로운 약초가 있습니다. 독초를 보실까요? 그리고 약초를 보실까요? 생각을 만드는 과정은 담판입니다. 협상입니다. 조정입니다. 보이지 않는 엄청난 힘 겨루기입니다. 독도문제나 북핵문제를 가지고 일본이나 북한과 담판을 짓고 정상들이 만나 얼굴은 웃는다 해도 그 안에는 시퍼런 날 선 비수가 숨겨진 것처럼, 생각을 만들 때에도 이와 같은 험악한 공포분위기와 엄청난 힘의 대결이 있습니다.

성질대로 밀어붙이고 싶은 생각이 있습니다. 하는 꼴로 보아서는 때려 부수고 싶습니다. 소리라도 꽥 지르고 싶습니다. 술이라도 병째로 들이켜고 싶은 심정입니다. 돈이 생기는 데 따른 유혹이 사정없이 낚아챕니다. 그러다 보니 생각이 중심을 잃게 되고 시기와 혈기와 취음과 음행도 불사하게 되는 쪽으로 흘러가게 되고 그래서 부정과 비리의 덫에 걸려들어서 영어의 몸이 되어 구치소 신세가 되고 맙니다.

사기꾼이 이래서 사기꾼인데 왜 사기꾼이냐 하면 바로 요 대목에서 독초를 첨가제로 집어넣은 음식(만든 생각)을 먹은 탓입니다.

원래가 그런 사람은 세상에 없습니다. 독초만 있는 인간은 없습니다. 약초만 있는 인간도 없습니다. 이 문제(성악설과 성선설)에 대하여 저에게 판단하라면 저는 서슴없이 『선악양성설(善惡兩性說)』을 주창(主唱)할 것입니다.

우리 정신문화연구시리즈는 어느 과목에나 '성악양성주의'사상이 내재되어 있는데 이것은 제가 처음으로 부르짖는 주장인지의 여부는 저도 잘 모를뿐더러 거기에는 크게 관심도 없습니다.

분명한 것은 타고난 악인도 없고 타고난 선인도 없다는 것이며 요 놈의(?) 생각이 요쪽저쪽으로 넘나들다가 독초를 마셔 버려 그렇게 말하고 그렇게 행동하게 된 것이라고 하는 생각의 제조과정상의 문제입니다.

그러므로 생각을 생각하자는 것입니다. 생각의 실체와 생각의 성질과 조직이고 구조고 독초고 약초고 죄다 파헤쳐 보자는 것입니다.

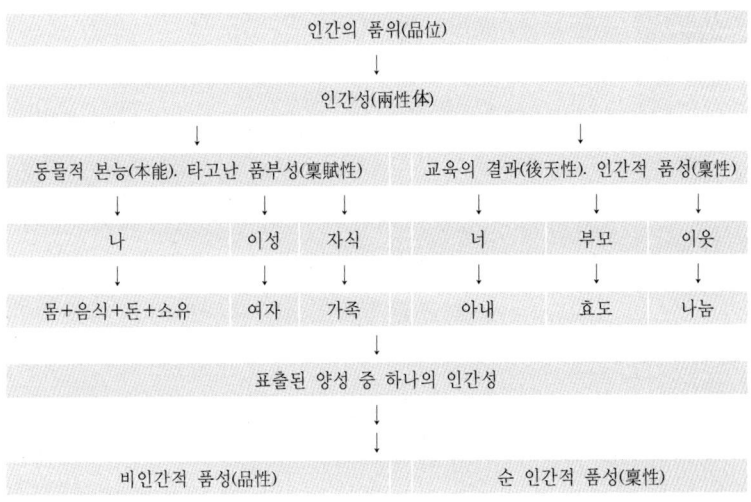

인간의 품위(品位)
↓
인간성(兩性体)
↓   ↓
동물적 본능(本能). 타고난 품부성(稟賦性)   교육의 결과(後天性). 인간적 품성(稟性)
↓   ↓   ↓   ↓   ↓   ↓
나   이성   자식   너   부모   이웃
↓   ↓   ↓   ↓   ↓   ↓
몸+음식+돈+소유   여자   가족   아내   효도   나눔
↓
표출된 양성 중 하나의 인간성
↓
비인간적 품성(品性)   순 인간적 품성(稟性)

독초는 알았으니 이제는 약초를 살펴봅시다. 약초는 평생에 보고 듣고 받았던 교훈과 가르침에 따라 인간성이 선하기 때문에 아예 독초가 담긴 곳에는 손을 뻗치지를 않는 인격입니다.

『교훈+온유+자비++인내+포용+고상+우아+인격다움+존경』

이 얼마나 아름답습니까? 바로 이 약초를 첨가제로 넣느냐 넣지 않느냐의 문제가 인격이며 생각입니다. 인격에는 지식과 교양과 인격에 걸맞은 인격의 환경이 요구되는데 품위학에서 말하는 인격이나 인품을 여기에 다 쓸 수는 없습니다.

여섯 번쨉니다. 그러니까 생각에는 좋은 생각과 나쁜 생각이 있다는 말씀입니다. 나쁜 생각은 무엇이고 좋은 생각은 무엇일까요? 생각한 것의 가치입니다. 다시 『생각 표㉮』를 만들겠습니다.

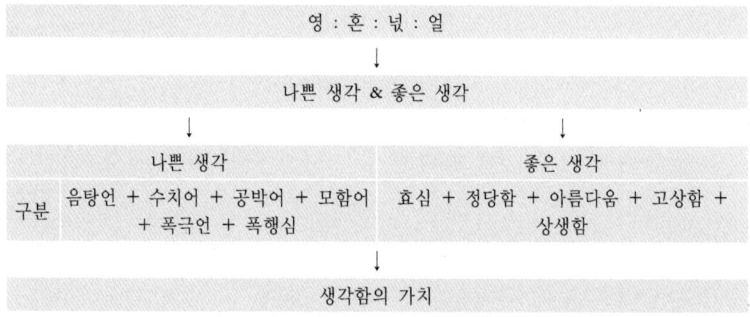

보시는 것처럼 무가치한 나쁜 생각이 만연하는 세월입니다. 그래서 제가 볼 때 신개념정신문화연구시리즈는 할 일이 너무 많습니다. 위 표에 나타나는 것만 해도 드리고 싶은 말씀이 너무 많습니다. 한마디만 짚어 드리면 나쁜 생각의 대장은 음란입니다.

가장 좋은 생각은 효도하는 마음입니다. 효도의 근원은 저의 경우 부모님 위의 더 높은 상석에 하나님이 계십니다. 그러나 하나님만 알고 요즘의 크리스천들은 부모님은 별 관심 없는 것 같다는 것이 제 눈입니다. 이런 말씀은 이쯤에서 생략해도 되겠습니다. 생각학 콘체르토는 위 표에 적힌 단어들은 다른 각도에서 심층탐구하게 될 것이기 때문입니다.

연이어 마지막입니다. 일곱 번쩹니다. 끝으로 생각이 제대로 잘 된 완숙된 생각이란 무엇인가를 말씀드리겠습니다. 마지막으로 이번에는 『생각 표㉕』를 만들겠습니다.

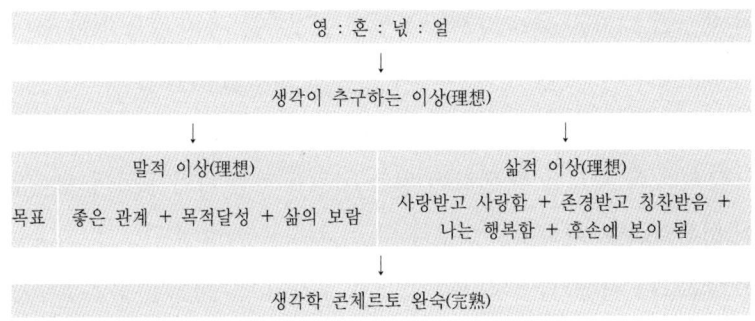

위 표는 생각이 마땅히 추구해야 하는 가장 모범이 되는 답안입니다. 생각은 어떤 것이어야 하느냐의 정답입니다. 이는 곧 우리 정신문화연구시리즈 생각학 콘체르토의 목표가 되기도 합니다.

제대로 바르게 잘 생각을 하였다면 말이 좋아야 합니다. 그래서 말의 이상을 구현해서 나도 좋고 너도 좋은 관계를 가지자고 하는 것입니다. 나의 목적도 달성하고 너의 목적도 달성하자는 것입니다. 천국에 가면 먹을 음식은 풍족한데 팔이 길다지요?

자기 팔이 너무 길어서 자기는 자기 팔로 먹을 수가 없더래요. 내가 나만 먹으려고 하면 모두가 굶어 죽는답니다. 그래서 내 손으로는 남을 먹이고 남의 손은 나를 먹여 주니까 먹는 데 불편이 없다는 말입니다. 우스개성 농담 같지만 우리 정신문화연구시리즈의 생각학 콘체르토는 이런 이상을 추구합니다.

그래서 말적인 이상이 실현됨과 동시에 삶의 이상 또한 실현하자고 하는 것입니다. 그래서 사랑하고 사랑받는 삶과 존경받고 칭찬받는 삶을 통하여 결론은 나 자신이 복되고 행복이 가득 넘쳐서 정말 이 세상에 태어난 것이 기쁘고 고맙게 여겨지는 복된 길을 가야 한다고 하는 것이 생각학 콘체르토의 완숙된 경지입니다.

끝으로 꼭 중요한 한 말씀이 남았습니다. 점점 나이가 들어가는 것이 인생입니다. 마침내는 누구나 다 이 세상을 떠나게 됩니다. 생각학 콘체르토는 나는 죽어도 후손들에게 무엇인가 본을 남겨야 한다는 것입니다.

/제3장/

욕 심

욕심을 부리세요 ~ 단 꼭 부릴 욕심이어야 합니다

생각학 콘체르토의 '생각 만들기'에 이어 이 시간은 제3장으로 주제는 '욕심(慾心, greed)'입니다.

생각의 질은 무엇일까요? 물맛에도 수십 가지가 있다고 합니다. 짠맛을 내는 소금도 그 맛이 여러 가지로 혼합되어 있습니다. 이와 같은 짠맛을 질성이라고 하고 본질이라고 하고 질이라고 부릅니다.

사람에게도 이와 같은 질이 있는데 이것을 인격이라 하고 인품이라 하는데 이와 같은 인품의 근원에 바로 생각이 있다고 하는 것입니다. 사람의 삶의 원천이 되어 삶을 영위하게 하는 본체 그것이 생각이라 한다면 그러면 바로 이 생각의 본질은 무엇일까요? 먼저 모든 '생각의 본능은 욕심'이라고 하는 말씀입니다.

그러나 생각은 이제 말한 욕심이란 한마디 단어로는 족하다 할 수 없습니다. 생각은 광대하고 생각은 다양하여 수량으로 측정할 수 없는 것이기에 저는 이 시간 생각의 본질에 속한 작은 한 가지를 붙잡고 이를 '생각의 질성'이라 정의하며 오늘의 연구를 이어 가려 합니다.

흔히 사람은 이기적인 동물이라는 말을 듣습니다. 아시는 바와 같이 '이기적'이라는 말은 '자기의 이익', '이득을 좇는 본성', '손해 보지 않으려는 마음'을 일컫는 말입니다

그렇습니다. 사람은 누구나 자기중심에서 자기를 위하고 자기의 이득을 좇아 삽니다. 그런데 이 말은 바로 생각학 콘체르토에서 차용해 사용하기에 알맞은 말입니다. 이 경우 '사람'이란 단어를 '생각'이란 단어로 바꾸면 간단합니다. 다시 말하면 생각이란 욕심이라고 하는 본능을 가지고 있다는 뜻입니다. 여기서 잠깐 동식물과 사람과의 관계를 생각학 콘체르토의 관점에서 비교해 보겠습니다.

먼저 산과 들의 나무와 풀과 같은 식물입니다. 식물에게도 욕심이 있을까요? 저는 '그렇습니다. 있습니다'라고 말하겠습니다.

연약한 들풀도 태양을 바라보는 욕심이 있습니다. 그래서 경쟁하여 키를 키우고 태양의 에너지와 빛을 흡수하며 자라납니다. 이것은 보이지 않는 땅속에서 뿌리들의 전쟁도 마찬가집니다. 바위를 뚫다 못해 가르고 단단한 토사를 연약한 실뿌리로 뚫고 들어갑니다.

그런데 이 경우와 사람의 경우는 다르다고 하는 말씀입니다. 식물에게는 생각이 없고 본능만 있다고 하는 것이 다릅니다. 동물의 경우도 마찬가집니다. 동물의 세계에는 생각이 없습니다. 본능만으로 약육강식하며 염치나 양보와 같은 생각의 본성은 없습니다. 오직 배가 고프다 먹자 그래서 약한 자의 생명을 생각 없이 공격하고 공격하여 얻는 것을 양식이라 하여 피 흘리며 뺏고 빼앗아 먹습니다.

이 두 가지의 예를 상정해 놓고 이제 저는 우리의 주제가 되는 생

각학 콘체르토의 제3장 욕심에 대한 생각적인 측면의 말씀을 드리려고 합니다. 다시 한번 강조합니다. 욕심은 생각의 중요한 본질이라고 하는 사실 말입니다.

생각이 없는 사람, 생각이 짧은 사람, 상종치 못할 사람, 인간도 아닌 사람, 이런 극단적인 표현을 쓰지 않을 수 없는 사람은 그 사람을 주장하고 다스리고 이끄는 생각문제에 대하여 평가할 때 쓰게 됩니다. 상종치 못하고 생각이 없는(나쁜) 사람은 어떤 사람입니까?

이 사람은 짐승 같은 사람입니다 짐승은 약하다 싶으면 곧바로 공격합니다. 생각할 게 없습니다. 나는 배가 고프다 그러니 그러나 네가 죽는 것에 대하여 나는 개의치 않는다. 그리고 공격하여 목덜미를 물어 죽여서 그 즉시 피를 흘리며 생식으로 배를 채웁니다. 그런데 인간은 그렇지 않은가요? 흔히 이런 말들을 하더라고요. 그러나 '인간보다 더 잔인한 동물은 없다'라고요. '생선회를 먹고 동물의 피를 생피채로 마신다'고요. 맞습니다. 그러니 인간도 동물과 다름이 없다 하겠습니다.

인간이 동물과 다를 바 없다는 주장의 근거는 또 있습니다. 잡은 음식을―돈을―생명을―인간도 도둑질합니다―. 강도가 되기도 하고 심지어 인간이 인간도 죽입니다. 오히려 인간이 동물보다도 더 잔혹한 경우도 있습니다.

사자가 사자를 공격하고 잡아먹던가요? 그런데 인간은 인간을 죽이고 차마 입에 담을 수조차 없는 인육을 먹는다는 말도 들을 수 있습니다. 이런 면에서는 생각이란 단어가 설 자리를 잃습니다. 동물 같은 인간 그래서 인면수심이라 하고 개만도 못하다고 하고 인두겁을 쓰고 그게 사람이냐는 말도 합니다.

자, 이렇게 되면 연구의 전개가 너무 펼쳐지는 게 아닐까요? 그렇지 않습니다. 생각이 욕심으로 가득 찬 경우를 말씀드리기 위함입니다.

첫 번째로 생각을 다스려야 한다는 말씀입니다. 거창하게 성선설이니 성악설이니 하는 단어도 떠오르네요. 또 '인의예지(仁義禮智)'라고 할 때의 '예(禮)'라는 단어도 떠오릅니다. '예'란 무엇일까요? 인간의 근본이 되는 도리를 예라고 한다는 것은 다들 잘 아실 줄 믿습니다.

생각을 다스리는 사람 이런 사람을 일컬어 예를 갖춘 사람이라고 한다면 이 말을 '예'라고 하지 말고 '생각'이라고 바꾸고 싶습니다. 생각을 가진 사람, 이것은 누구나 동일하므로 누구나 압니다. 그래서 저는 '생각을 다스리는 사람'이라고 바꾸어 말하기로 한 것입니다.

그러므로 먼저 생각이 있는 사람이라면 있는 그 생각을 다스리라고 하고 싶습니다. 생각이 있으면 무얼 하나요? 있는 생각을 다스릴 수 있어야 한다는 말씀입니다.

생각 다스리기…… 생각을 고르고 거르고 닦고 씻기…… 그러려면 우선 생각을 자각해야 합니다. 생각을 무의식 속에 그냥 두면 안 됩니다. 항상 생각을 의식이라고 하는 체에 올려놓고 곱게 잘 걸러 내야 합니다. 빨래판에 얹고 빨아야 하고 세탁기에 넣고 돌려야 합니다. 잠자는 생각을 깨워야 합니다. 그리고 그런 다음에 다듬고 닦아서 다스려야 한다는 것입니다. 왜 그래야 한다는 것일까요?

생각을 방치하고 무의식 속에 내던져 버리면 생각에는 녹이 스는 것이 아닙니다. 그 생각은 온통 욕심으로 가득 채워진다고 하는 사실입니다.

두 번째는 욕심의 본질입니다. 생각이 쉽게 변질되어 저절로 채워지게 되는 욕심이라고 하는 것은 가히 측량이 불가합니다. 한 가지 욕심은 두 가지로, 두 가지는 네 가지로, 네 가지는 여덟 가지로, 여덟 가지는 열여섯 가지로…….

문제는 전광석화보다 더 빠르고 원자폭탄이나 수소폭탄이 욕심을 향하여 네가 원자폭탄이고 네가 수소폭탄이라고 부를 정도라고 하는 사실입니다.

욕심은 걷잡을 수가 없습니다. 불은 물로 끕니다. 그러나 방치된 생각이 변질된 욕심은 물로도 불로도 산소로도 꺼지지 않습니다. 이렇게 잠재울 수도 끌 수도 없는 엄청난 욕심의 폭발력은 이미 때를 놓친 사람이라면 무엇으로도 수그러지지 아니합니다. 그렇다면 그 결과는 어떤 것일까요?

그러나 이와 같은 폭발력에 비하여 지구를 멸망시키는 것은 아니니 무엇이냐 하면 욕심은 자기 자신을 불살라 죽여 버린다고 하는 것이 결론이요 끝입니다. 제가 하는 이 말은 성경에 보다 명확하게 기록되어 있습니다. '욕심이 잉태한즉 죄를 낳고 죄가 장성한즉 사망을 낳느니라.' 결론은 나를 죽인다고 하는 것입니다.

이처럼 욕심은 죽음으로 질주해 가는 폭발입니다. 욕심은 죽음의 시작입니다. 아니, 욕심은 죽음 그 자체입니다 '죽는다. 욕심 부리면 죽는다—.' 우리는 자주 이런 말을 듣습니다. 생각 없이 듣지 말아야 할 말입니다.

생각해 보지 않으면 안 되는 것이 생각이며 생각을 다스리지 못하면 곧바로 욕심이 지배한다는 말씀이며 생각을 지배한 욕심은 죽음의 전주곡이요 교향곡이라고 하는 말씀입니다.

세 번째는 무엇이 욕심인가에 대한 말씀입니다. '난 욕심 없어요. 진짜로 나는 욕심이 없는 사람입니다.' 자주 듣는 말입니다. 정말 여러분과 나는 욕심이 없나요? 아니, 여러분 말고 우선 이렇게 말하는 저는 욕심이 없습니까, 있습니까? 이 대목에서 잠깐 생각해 볼 것이 있습니다.

욕심이 없으면 수행으로든 생각으로든 어쨌거나 완전히 욕심이 사라졌다면 정치용어로 마음을 완전히 비웠다고 한다면, 그러면 과연 그가 온전히 욕심이 없는 자일까요? 무아와 무심이란 말을 들어 보셨습니다. 나도 없고 마음도 없다.

그렇다면 인간의 본능이 되는 살아 있음의 증거는 어디서 찾습니까? 욕심이라고 할 때의 '욕'이라는 단어는 식욕, 성욕, 수면욕과 같은 인간 생존의 본능으로 인정하는 단어입니다.

물론 여기서 더 나가면 재물욕, 명예욕, 권세욕으로 발전하고 다시 또 구매욕이랄지 사치욕이라거나 유흥욕, 취미욕 등등 수도 없이 갈라지게 됩니다. 그렇다면 난 욕심 없다고 하는 말은 맞습니까, 틀립니까? 욕심이란 사사건건 사안별로 질성을 달리한다는 것입니다.

물론 수행하는 스님 중에는 성욕은 물론 식욕과 수면욕까지도 버리기 위해 오랜 세월 단식, 금욕, 단면을 하시는 경우를 보게 됩니다. 왜 그럴까요? 생각의 이면에는 욕심이 있고 욕심의 본질은 기독교에서 말하는 죽음이라는 극단논리가 아니라 하더라도 욕심은 무익하여 본인의 행복에서 멀어진다는 사실을 소중한 지식으로 얻었기 때문이라 하겠습니다.

그러나 과연 인간이 모든 욕심을 다 버릴 수가 있느냐? 과연 욕심 없는 사람이 있느냐? 역시 저는 잘 모릅니다. 다만 한 가지 아는 것이 있습니다. 욕심이란 무엇이냐? '욕심이란 얻고자 하면 할수록 얻어지지 않는 원하는 것의 장애'가 된다고 하는 사실입니다.

그러니 갖고 싶고 누리고 싶고 만족하고 싶다면 그와 반대로 가지려 하지 말고 누리려 하지 말고 만족하려 들지 않는 것이 오히려 손해나지 않는다고 하는 역진리가 바로 욕심이라고 생각한다는 사실입니다.

하지만 여러분 제가 이런 말을 하니 고개 끄덕여지십니까? 이해가 가십니까? 이해가 안 가신다고요? 아마 그럴 거예요. 왜냐하면 이렇게 말하는 저도 실은 광범위하고 흡족하게 이해를 다 못 하면서 드리는 말씀이니까요.

네 번쨉니다. 무엇이 무욕이고 무엇이 욕심인가의 문제입니다. 이렇게 말하면 제가 뭐든 잘 아는 것 같아 죄송합니다마는 저는 저도 모른다면서도 할 말은 많습니다. 되지도 않는 말 그런 게 아닙니다. 꼭 되는 말 할 말만 해도 다 못 할 저의 말은 목적이 뭐라고요? 그렇습니다. 여러분이 깊이 생각할 동기를 부여하자는 데 그 목적이 있다고 하였습니다.

무욕이란 '무각(無覺)과 같다'고 하겠습니다. 느낌이 없다는 뜻의 말을 줄여서 무각이라고 한 것입니다. 생각이 없는 사람은 없다, 이것은 생각학 콘체르토의 기본입니다. 죽은 자는 생각이 없다, 그러나 산 자는 모두가 생각이 있다, 이런 뜻입니다. 무욕은 무각과 동질입니다.

그러므로 무욕은 오르지 못할 나무요 갈 수 없는 별들의 고향입니다. 무아·무심·무욕의 경지는 이상이며 뜻이며 목표는 될지언정 이는 항상 해를 등지고 따라가는 밟지 못할 내 그림자일 뿐이라고 하는 말씀입니다. 인정하십니까? 맞습니까? 그렇습니다. 왜 그럴까요? 인간은 생각이 사망하지 아니하는 한 욕심 또한 사망하지 않는 것이기 때문입니다.

다 버려도 생각을 버릴 수 없듯이 다 버려도 욕심은 버리지 못한다는 사실입니다. 그런 면에서 저는 소위 큰스님들의 좌선이나 참선을 존경합니다. 저와 같은 크리스천이 그분들과 같이 면벽참선을 며칠 주야 밤낮 면벽기도를 드릴 수 있다면 하고 부럽게도 생각합니다.

그러나 이 세상의 어느 누구도 참다운 무욕의 지경에 도달한 사람은 없다고 보는 것이 저의 견해입니다. 그렇다면 생각학 콘체르토는 무엇이고 욕심에 대한 본 연구는 무엇일까요? 제가 갈팡질팡 진땀을 뺀다고요? 그게 아닙니다. 이와 같은 기도와 참선은 욕심에 대한 깊은 묵상이요, 욕심에 대한 많은 생각이며 절제이며 선별이며, 이는 욕심을 다스리고 마음을 다스리는 생각학 콘체르토의 목적을 스스로 달성코자 하는 귀감이라고 하는 사실입니다.

다음, 무욕이란 무엇일까요? 그를 내가 얻음이 내게 합당한가를 판단하여 '아닌 것은 구하지도 받지도 찾지도 않는 생각 다스림'을 가리켜 무욕이라 하고 싶습니다.

내가 그(것)를 얻는다고 할 때의 '그'는 무엇입니까? 돈일 수도 있고 사람일수도 있고 권세나 명예가 될 수도 있습니다. 그렇다면 또 욕심이란 무엇이겠습니까? 방금 말한 내가 그를 가지기에 합당치 아니하여 자격이 없음에도 불구하고 붙잡고 끝까지 놓지 않는 것을 욕심이라 하겠습니다.

다섯 번째입니다. 이처럼 격에 맞으면 욕심이 아니고 격보다 높으면 욕심입니다. 수고한 대가에 합당하면 욕심이 아니고 수고한 대가보다 많으면 욕심입니다. 자기를 바로 알아 자기가 감당하기에 충분한 자가 그만 한 자리에 오르면 그것은 욕심이 아니지만 사람보다 감투가 크기를 바라면 그것은 욕심입니다. 50kg을 들어 올리는 사람이 55kg을 들려고 하면 도전이지만 100kg을 도전한다면 그것은 스포츠 정신도 도전도 아니고 욕심입니다.

격만을 높여 판사를 아내로 맞이하고자 한다든지 미스코리아를 아내로 삼고자 한다면 욕심입니다. 미스코리아에 장관 집 딸에 머리 좋고 마음씨 곱고 나이도 어린 처녀를 아내로 맞으려 한다면 욕심입니다. 이와는 다르지만 욕심하나가 제게도 있습니다. 단번에 수십만 평 넓은 부지에 인생정신문화연구센터를 세우고자 하는 욕심이 있습니다.

처음에는 천 평도 오감하고 차츰 삼천 평, 만 평씩 세우려고 하지 않으면 욕심입니다. 단번에 열 계단을 건너 뛰어오르려고 하면 그것이 욕심입니다. 무욕으로 살고자 하는 것도 그 자체가 욕심이 될 수 있으며 아내를 사랑하기 때문에 강제로 관계를 가지려 하는 것이나 사랑하는데 무슨 조건이 있느냐고 강권을 발동하면 그것도 욕심입니다.

한 달에 백만 원을 받는 일은 거들떠보지 않고 단번에 1억 원을 거머쥐려고 하면 그것이 욕심입니다. 큰스님들이 모든 욕심을 버렸다고 할 때의 버린 욕심이란 '줄임'이고 '절제'이며 '조정된 위치를 찾는 것'을 말합니다.

모든 것을 다 버리는 것은 있어서도 있을 수도 없는 것이며 알맞은 적정선을 찾아 거기에 안착하는 것이 욕심을 버리는 핵심입니다. 그러나 이 적정선을 찾는다는 것에 갈등이 있습니다. 백이냐 천이냐?

아니면 90이냐 110이냐? 그러나 이 중 어느 선에 세워 놓고는 욕심을 비웠다고 말하느냐에 따라 욕심의 여부는 달라집니다.

여섯 번쩹니다. 욕심과 실체 나와의 관계입니다. 나는 욕심부린 게 아니라 합니다. 그러나 상대는 너무 욕심을 부린다고 하는 말 욕심은 인생사 모든 분야에서 상대마다 부딪치고 충돌합니다.

이 욕심이 분쟁을 일으키고 사이를 벌어지게 하며 병들게 합니다. 사랑에도 욕심이 끼어들고 거래에도 끼어들고 홀로 자기 자신에게도 달라붙습니다. 이와 같은 욕심은 생각으로 다듭습니다.

한마디로 말하면 욕심은 손해입니다. 손해를 덜 보겠다는 것이 더 많은 손해를 자초하기도 합니다. 그러나 무조건 욕심이 버려야 할 것만은 아닙니다. 욕심은 다스리고 조정해야 하는 것입니다. 더 많은 것을 가지려고 하는 것이 욕심입니다. 보다 적게 가지겠다는 '도려냄'을 버리는 것으로 인식된 것이 잘못입니다.

다스림 받지 못한 욕심은 멸망입니다. 인생을 병들게 하고 죽음을 부르기도 합니다.

운전을 하면서도 욕심을 냅니다. 욕심이 과속이 되는 경우 사고로 이어집니다. 과하게 마시는 술도 욕심입니다. 음식도 욕심만으로 먹으면 오히려 건강을 해치게 됩니다.

끝으로 욕심의 결과입니다. 욕심의 결과는 손해라는 말씀을 드렸으나 사실 욕심의 결과는 근심입니다. 우리가 살면서 어찌 걱정 근심이 없을까마는 수많은 염려와 걱정 근심은 대개 욕심의 결과입니다.

그래서 걱정이 많은 사람은 욕심이 많은 경우가 대부분입니다. 욕심은 나는데 욕심대로 되지는 않습니다. 그러니까 그래서 고민하고 애를 태우며 수심이 가득 찬 얼굴로 걱정에 빠집니다.

흔히들 이럴 때는 걱정하지 말라고 위로하는데 이 경우는 욕심이 과해서 그렇다고 욕심내지 말라고 해야 되는 경우에 속합니다마는 상대의 의표를 찌르면 민망하니까 둘러대는 말이라고 보아야 합니다.

어떻게 하면 걱정도 없고 근심 염려도 없이 살아갈까요? 욕심을 부리지 않으면 걱정 근심이 사라집니다. 채워지지도 않는 욕심으로 한평생 고민하는 삶을 살지 않으려면 욕심의 문제를 깊이 생각해 볼 만하다 하겠습니다.

생각의 각을 세우고 각도를 유지해야 합니다. 이것이 그르냐 옳으냐의 판단도 각이지마는 이것이 과하냐 약하냐의 문제를 살펴서 물러서는 지혜가 생각을 다스리는 생각학 콘체르토의 이념입니다. 욕심에 대한 여러분의 많은 생각이 복된 인생으로 살아가는 고리가 되시기를 기원합니다.

/제4장/

비 려

넘이야? 나보다 못한 사람의 입장에서 그의 유익을 도모

'여러모로 남을 생각해 주고 그의 입장에서 그를 염려하는 것'을 '배려(配慮, concern)'라고 합니다. 내코가 석잔데 남 생각할 수가 있느냐? 대개의 사람들은 그럴 수 없는 당위성을 가지고 있습니다. 그러나 생각이란 욕심의 문제이자 배려와 밀접하게 연관되어 있습니다.

저는 제1장 총론에서 생각을 볼 수 있다면…… 이런 말씀을 드렸습니다. 그러나 볼 수는 없으나 배려할 수는 있습니다. 이 시간에는 생각과 배려라는 주제를 가지고 연구를 시작하겠습니다.

첫째로 배려의 원리입니다. 생각의 근본이 욕심이기에 누구나 쉽게 남을 배려하기란 어렵습니다. 그러나 배려에는 원리가 있습니다. 보다 건강한 사람이 약한 사람에게 배려해야 한다는 것입니다.

그래서 노약자는 우대하는데 이것이 배려의 원리입니다. 강한 자가 약한 자의 약한 것을 보완해 주는 것이 배려입니다. 부자가 가난

한 자를 보살펴 주는 것입니다. 배운 자가 배우지 못한 자를 가르쳐 주는 것입니다. 배려의 기본이 무엇이냐? '나보다 못한 사람의 입장에서 그의 유익을 도모하는 것'입니다.

생각이 건강하다면 누구에게나 배려하는 마음을 가지는 생각, 즉 자연스러운 배려가 있습니다. 그러나 이와 같은 배려의 원리가 제대로 통용되지 못하는 것이 현실입니다.

생각학 콘체르토는 이러한 불통의 원리를 들추어내고 그것을 치료하고 보완하는 데 목적이 있습니다. 병든 사람을 위해 치료 약을 가르쳐 주고 모르는 사람에게 글자를 가르쳐 주고 컴퓨터를 가르쳐 줍니다. 이것이 배려의 작은 첫 단계입니다.

배려는 마치 물과 같아서 위에서 아래로 흐르는 것입니다. 이는 없는 자가 있는 자를 위하여 나누어 줄 수 없으며 무식한 사람이 유식한 사람에게 가르쳐 줄 수는 없는 것과 같습니다. 위에서 아래로 내려가는 물과 같이 배려의 근본 원리는 상류하달(上流下達)입니다.

두 번째입니다. 누가 누구를 배려하느냐고 할 때의 공급자와 수급자, 즉 위와 아래에 관한 정의입니다.

참 힘들 때가 있습니다. 네가 나를 배려하라고 하는 이기적 판단입니다. 나는 배려하려야 배려할 위치가 아니며 형편도 아니라고 하는 생각 말입니다. 이 경우 아예 현격한 차이가 난다면 또 간단합니다. 이봉걸 선수가 초등학생과 씨름을 한다면 누가 누구를 생각해 주고 배려해야 하겠습니까?

그러나 동등한 체구에 대등한 나이에 비슷한 실력이라면 배려의 문제가 달라집니다. 그래서 이럴 때는 배려의 문제보다 경쟁의 문제가 됩니다. 대등한 위치에서는 배려가 아니라 타협의 문제로 전이(轉移)됩니다.

그러나 나도 배려할 게 없으며 너도 배려할 게 없다고 하는 금 저울 같은 천평의 논리는 오늘 연구의 핵심에서 일단 젖혀 두기로 하겠습니다. 왜냐하면 금 저울 달 듯 금과 저울추가 동일 선상에 놓이는 경우는 흔치 않기 때문입니다. 흔한 경우는 차서가 확연하다고 하는 사실입니다. 그가 나보다 위다 아래라고 하는 것은 나이 하나만으로도 쉽게 드러납니다. 재산상으로도 어려운 게 아닙니다. 건강문제나 지식의 문제도 마찬가지입니다.

누가 누구를 위하여 챙기고 살피고 양보하고 배려하는 것이 물 흐르는 것과 같은가에 대하여는 어렵잖게 답을 찾을 수 있습니다. 그런데 대개는 이것을 아니라고 부정합니다.

'내가 더 나을 게 없다', '당신이 나보다 낫다', 당신이 양보(배려)하라는 생각과 생각들이 미팅하고 교제를 하다 보면 이와 같은 분쟁이 표출됩니다. 이럴 때는 재판관도 소용이 없습니다. 재판관이 누구의 손을 들어도 거부하면 그만입니다. 오히려 재판관과 언쟁이 벌어집니다. 곤란하고 말고요.

그러나 실은 이런 쪽과 상반되는 사실, 저는 다른 방향의 이면에서 이 시간의 말씀을 드리려고 합니다. 상대가 있는 생각 속의 배려가 아니라 상대가 있어도 관계없는 나만의 내면에서 솟아오르는 생각과 배려에 관한 것입니다.

누구나 자신은 자기 자신, 나 자신만은 알고 있습니다. 그러나 자기는 자기 자신이 자기를 잘 아는 나를 이 아는 사실을 부정 합니다. 흔한 말로 '양심이 있으면 알 거다'라고 하는 논리 말입니다. 하지만 양심이 있어도 그 양심을 덮어 버립니다. 양심이란 무엇일까요?

선한 마음. 바른 생각. 배려를 분별하는 지성. 이와 같은 양심은 누구에게나 있는 것이지마는 우리는 간혹 진짜 양심이 없는 사람도 만나게 됩니다. 양심의 반대가 불량이나 악심(惡心)이라면 악심은 있어도 양심은 없다는 계산이 나옵니다.

세 번째입니다. 현격하게 우열이 드러나는 불문가지요 여반장일 경우입니다.

지식의 차이가 뚜렷합니다.

재산의 차이가 대단합니다.

건강의 차이도 확실합니다.

인격적으로도 차등이 분명합니다. 그런데 싸움박질을 해 댑니다. 배려는 뒷전으로 물러났고 양심도 두둑하게 덮여 있습니다.

다만 눈앞의 안일함과 보이는 물질에만 치우쳤습니다. 어떤 경우일까요?

경로석에 앉아 1시간 내내 눈을 감고 누운 경우입니다 병든 아내에게 따뜻한 말 한마디를 않는 경우입니다. 새치기하고 끼어들고 떼밀고 앉는 경우입니다. 이 모든 것들 온갖 분쟁의 요소가 되는 버려진 양심들 이것이 배려를 짓뭉갭니다.

생각이 있다는 사람들이 이럴 수 있을까요? 생각이 없으니만 못한 불순한 생각으로 가득 찬 사람들 우리는 이런 사람들 속에서 살아갑니다. 그런 꼴을 안 보고 살 수는 없으려나 탄식을 하고 가슴을 치며

치를 떱니다. 문제는 그가 바로 나 자신이 아니라고도 단정치 못한다는 것입니다.

그러면 한번 왜 그럴까를 생각해 보겠습니다 생각을 깨우쳐 알게 하고 생각의 갈래를 정돈하고, 정돈된 생각을 다듬고 거르고, 그래서 생각의 질을 분석하는 도야된 인격으로 자라지 못한 때문입니다.

사회가 그렇게 만들었다고 탓할까요? 교육이 중요한 걸 **빠졌다고** 질책할까요? 가정 성장환경 자체가 문제라고 나무랄까요? '그런다고 그런 게 아니다', '다 저 자신이 그 모양이니 그렇지 그게 왜 사회 문제냐'고요? 이는 피해의식 과다현상이라고 생각합니다.

내가 이렇게 하지 않으면 나만 손해라고 하는 수많은 경험과 경험들, 그리고 눈으로 보고 체험하는 직간접의 온갖 경험들 그냥 선생(아무거나 아는 척하고 그릇된 판단을 떠벌리는 세상의 사람들)들에게 주워듣고 얻어들은 무가치하고 굴절된 조잡한 지식과 터무니없는 경험담들 그런 것들이 그를 움츠리게 합니다.

성경에는 '주는 자가 복이 있다'고 하는 말씀이 있습니다. 그러나 '주면 내 것만 줄어든다'고 세상이 막고 섭니다. 불교에서도 '보시와 자비는 업장이 되어 값진 것으로 내게 온다'고 가르칩니다. 그러나 '왜 절 모르고 시주하느냐'고 거절합니다.

또 이런 현실은 나만의 노력으로는 고쳐지지 않는다고도 말합니다. 그러니 모든 사람이 동일하게 너나없이 5천만 우리 국민 모두가 하나같이 '아니다' 하고 '네가 양보해라, 나는 양보할 게 없다'고 말합니다. 삭막한 세상입니다.

우리가 살아야 할 이 나라— 동일한 한 시대를 어울려 함께 살아가야 할 우리의 이 시대의 동행자들- 이 속에 이웃이 있고 이 속에 나의 며느리가 있고 사위가 있고 사돈네가 있는데 그런데 남을 위하는 배려가 없는 것입니다. 어떻게 하면 좋을까요?

네 번쨉니다. 정답은 바로 작은 배려의 실천입니다. 들고 들어오는 아내의 장바구니를 받아 주어야 합니다. 아내가 뜨는 밥 스푼 위에 젓가락으로 반찬을 집어서 얹어 주어야 합니다. 아내의 머리에 팔을 내밀어 팔베개가 되어 주어야 합니다.

다른 한 손으로 아내의 어깨를 한두 번은 눌러 주어야 합니다. 잠든 아내의 젖혀진 고개를 바로 고쳐 뉘어 주어야 합니다. 아내가 제대로 잘 입은 옷매무새라도 한 번쯤 손을 대서 고쳐 주어야 합니다. 아무리 바쁘다 하여도 출근하는 남편의 구두를 가지런히 돌려놓아 신고 나가기 편하게 해 주어야 합니다.

아내의 푸념을 들어주고 남편의 속 사정이야기를 들어주어야 합니다. 남편의 수저가 두 번 연속으로 가는 반찬은 가깝도록 바로 바꾸어 놓아 주어야 합니다. 남편이 피곤하다 싶으면 마음을 풀어 주어야 합니다. 배려는 작은 것입니다. '큰 것은 양보라고 하고 작은 것은 배려'라고 말합니다.

다섯 번쨉니다. 작은 배려가 큰 효과가 있다는 말씀입니다. 작은 배려는 겨울 밥상에는 따뜻한 국이요 여름 밥상에는 시원한 냉국입니다. 작은 배려를 받은 사람은 성정이 부드러워져서 왠지도 모르는 만족감이 가득합니다.

입에서 콧노래가 나오고 신바람에 휘파람을 불게 합니다. 누군가가 나를 알뜰히 챙기고 보살펴 준다고 하는 것 이것은 삶의 효소가 되어 살아가는 맛을 북돋우어 줍니다. 그렇지 못한 사람 배려하지도 배려받지도 못하는 사람 그 사람의 마음은 사막에 부는 모래바람과도 같아서 작은 일에도 짜증을 냅니다. 작은 일에도 시비가 붙습니다. 말만 하면 싸우려고 덤빕니다. 물어도 바로 대답조차 아니 합니다.

사랑에 굶주린 게 아니라 배려에 인색하기 때문이며 배려받지 못한 자의 불만입니다. 이를 소외감이라고 한다지요? 그러므로 좋은 부모는 생각이 깊습니다.

깊고도 맑아서 물속까지 들여다보입니다. 뿐만 아니라 좋은 부모의 생각은 아름답고 깨끗합니다. 생각이 아름답고 맑고 깨끗한 것은 명랑하고 밝은 가정이 되어 자녀들에게 자신감을 심어 줍니다. 그렇다면 이때의 자신감이란 무엇일까요?

부모가 자기를 지켜 준다고 믿는 데서 오는 뱃심입니다. 어디 가나 담대하고 설령 낭패를 당해도 웃으면서 일어납니다. 나를 아껴 주는 사람이 있다─라고 하는 것, 이는 나라면 끔찍이 여기고 여러모로 오만가지를 알뜰하게 챙겨 주고 웃어 주는 부모라고 하는 언덕입니다. 이 언덕이 바로 배려입니다.

옷을 입혀 준다─ 맛있는 것을 사다 준다, 만들어 준다, 썰어 준다, 먹여 준다, 잠들려 하면 안아다 눕혀 준다, 이불을 덮어 준다, 볼에 입맞춰 준다…… 이는 그 끝이 없을 정도로 가짓수도 많고 종류도 많습니다. 이런 알뜰함과 살뜰함이 바로 배려의 본질입니다.

여섯 번쨉니다. 이번에는 배려와 웃는 얼굴입니다. 배려는 사람을 감동케 하는데 특히 웃음을 띤 배려여야 한다는 것입니다. 그러므로 배려의 근저에는 기쁘고 즐거움으로 하는 자발적 요소가 필수라고 하는 말씀입니다.

배려는 억지를 거절합니다. 하기 싫은 배려를 억지로 한다는 것은 배려의 속성과는 상이합니다. 배려는 그 말 자체 '배려'라는 글자가 풍기는 부드러움과 함께 시켜서 하는 것이 아니며 억지로 하는 것이 아닌 만큼 기쁨의 미소가 내재되어 있습니다. 그래서 배려라고 하는 행위에는 당연 웃음이 포함됩니다. 웃음이 포함될 때…… 배려는 꼭 웃음을 담아야 비로소 온전한 배려의 조건이 완성된다고 하는 것입니다. 그러므로 웃음을 담은 배려는 배려를 담지 않은 웃음보다 갑절도 넘는 효과가 전달됩니다.

지하철에서 가방을 받아 주는 소녀가 있습니다. 왼손에 든 두툼한 책도 받아 자기의 무릎 위에 올려놓는 소녀가 있습니다. 이때 입가에 웃음을 띤 소녀라면 얼마나 아름답고 사랑스러운지요? 웃음과 무관한 배려도 아름다운데 입가에 미소까지 흐른다면 정말 몇 배나 더 아름다울까요? 영화나 드라마에서 이런 화면이 펼쳐지면 두 사람은 필경 연인관계로 다시 만나는 것을 보게 됩니다.

배려는 '인간관계를 연결하는 아름다운 보석 고리'입니다. 만나면 행복한 사람 그런 사람은 두말할 것도 없이 배려와 미소를 갖춘 사람입니다

만나면 싸우는 사람 그런 사람은 배려와는 담을 쌓은 이기적인 사람입니다. 만난 사람에게도 그대로 똑같은 논리가 적용됩니다.

부부가 되어 살아가면서 삐그덕거리는 사람들…… 웃음은 물론 보나 마나 작은 배려를 나누지 않습니다. 네 것은 네가 가져가라— 일

일이 다 갖다가 쳐 바쳐야 되나—? 난 그렇게는 못 하겠다…… 배려를 배제하면 행복 끝 불행 시작입니다. 그러나 늦지 않았습니다.

밉기도 하지만 먹일 건 먹인다고 '아――― 해 보라' 하고 입안에 넣어 주면서 짤막하게 한 번 생긋 웃어 줄 때 거친 남편의 황소 뿔은 맥없이 가라앉습니다. 늦지 않았습니다. 생각을 바꾸면 된다는 말씀입니다. 어디서 많이 들어 본 말이십니까? 생각을 바꾼다는 것 — 이것의 실천은 배려입니다. 작은 것이기에 힘들고 어려운 것도 아닙니다.

마지막 일곱 번째입니다. 배려와 사려입니다. 사려는 '여러 가지 생각'이라는 뜻입니다. 결국 배려도 생각이며 사려도 생각이고 생각도 생각입니다. 그러나 사려는 단 두 글자 생각과 달리 '여러 가지로'라고 하는 전제가 내포되어 있는 말입니다.

여러분과 저는 생각학 콘체르토를 연구하고 듣는 중입니다. 생각학 콘체르토에서 배려는 아주 중요한 생각거리, 즉 생각해 볼 대상이 되는 주제입니다. 어떻게 생각해야 하는가? 바로 '사려 깊게 생각하라'라고 하는 말씀입니다.

인생은 누구나 피곤하고 고달픕니다. 인생이라 하지 않고 사람이라 하여도 역시 사람은 누구나 그 삶이 드라마의 주인공과도 같습니다. 드라마의 주인공을 자세히 보면 어떠합니까? 일단 주인공이다 하면 예외 없이 기복(起復)이 강하(降下)하고 충돌합니다. 제가 이제 좀 나이가 들어 가만히 보노라니 정말 보통 어려운 게 아닌 것이 드라마의 주인공이며 이는 남자고 여자고 똑같습니다.

일본에서 '욘사마' 열풍이 대단하다기에 보지 않았던 겨울연가를 매주 토요일마다 새벽까지 이제 14부까지를 한 번도 빠짐없이 열심히 보았습니다. 보신 분들은 다들 잘 아시지요? 주인공 강준상과 정유진의 10년-시청 소감을 한마디로 말하면 '젊으니까 견딘다'라고 하는 것입니다.

상혁이와 준상이 사이에서 약혼과 결혼의 과정을 거치면서 어쩌면 저렇게도 힘겨운 삶을 산단 말인가, 내가 유진이라면 내가 준상이라면 열 번을 생각해도 역시 정말 너무너무 힘도 든다는 결론입니다.

이것은 비단 겨울연가에 한한 논평이 아닙니다. 우리네 모든- 여러분이나 나의 일생도 역시 그에 못지않다는 것이 분명한 사실입니다. 바로 여기에서 생각이란 두 글자가 양각되어 돌출됩니다.

겨울연가의 남녀 두 주인공은 아무리 대충 보아도 정말 너무 깊은 생각에 자주도 빠져듭니다. 무엇을 생각할까요? 준상이냐 상혁이냐? 사려가 깊다 못해 깜빡깜빡 생각이 정지되어 필름이 멈춥니다. 바로 이와 동질의 이야깁니다. 생각을 되새기고 생각을 다듬어야 하고 생각을 닦아야 합니다. 무엇을 되새기며 다듬고 닦을 것인가요? 욕심과 손해입니다 배려와 웃음입니다.

나는 나의 입가에 미소 띤 입술 꼬리를 달고 말하는가?

그냥 말만 하는가 아니면 배려의 동작을 같이 하는가?

자, 이제 이 시간 한번 웃어 봅시다. 그리고 아내가 눈에 보일 적에 남편이 눈에 띌 적에 아니면 지금 내가 누구를 만나러 가는데 가서 만나거든…… 배려와 미소를 나누어 줄 원인을 어떻게 창조할 것인가? 사려 깊은 여러분이 되시기를 바랍니다.

제5장

생각분석

생각의 핸들 돌리면 좌·우 마음대로 돌아간다

'생각을 다듬는다.' 저는 이 말씀을 자주 드렸습니다. 생각은 떠오르는 것으로만 만족할 수 없습니다. 떠오른 생각은 갈래를 추려 선별해야 합니다. 선별된 생각은 다듬어야 합니다. 저는 이와 같은 '생각 다듬음'을 편의상 '분석(分析, analysis)'이라는 주제로 선정했습니다. '생각한다는 것은 분석하는 것이다' 저자는 이렇게 정의하기로 하였습니다.

첫 번째입니다. 먼저 생각의 비유를 위한 말씀부터 드리겠습니다. 천하 만물, 즉 사물에는 내재 된 조직이 있습니다. 각각의 모든 조직들은 각개의 조직만이 가지고 있는 질성이 있습니다.

사람의 몸은 뼈와 살과 두뇌와 몸체로 구성되었고 다시 팔다리로 구분됩니다. 머리는 다시 얼굴과 머리카락으로 구분되고 얼굴은 다시 또 눈, 코, 입, 귀, 눈썹으로 나누어집니다.

진부하다 하셔도 조금만 더 말씀드리겠습니다. 입은 다시 크게 치아와 혀로 구분되고 치아는 어금니, 송곳니, 앞니, 윗니, 아랫니로 나누어집니다.

이렇게 계속한다면 한도 끝도 없습니다. 두피를 벗기면 두골이 나오고 두골 안에는 다시 대뇌와 소뇌가 있고 좌뇌와 우뇌가 있습니다. 전문가도 아니고 그래서 별 재미가 없다 하실까 싶습니다마는 그러나 죄송하지만 조금만 더 들어 주시기 바랍니다.

두피를 벗기면 그 속에는 혈관이 흐르는데 동맥과 정맥처럼 굵은 것도 있고 아주 가늘기가 한이 없어서 모세혈관이라고 하는 붉은 보자기를 덧씌운 듯 순전한 핏줄기의 눈으로 보기도 어려운 촘촘한 망으로도 또 덮여 있습니다. 눈에도 그와 같은 핏줄기들이 흐르고 있습니다. 안구와 망막은 흰 동자와 검은 동자로 나누어져 있습니다.

이제 이 정도까지만 하겠습니다. 무슨 말을 하고자 함일까요? 자세히 ― 세밀하고 정밀하고 꼼꼼하게 생각도 이와 같으니 생각의 질성을 살펴 그것을 알맞게 선별하고 사려 깊게 분석해야 한다는 것이 생각학 콘체르토의 이념이라는 말씀입니다.

그러나 생각의 세계는 보이지 않습니다. 모세혈관도 당연 눈으로 보이지 않고 만져지지도 않습니다마는 생각은 모세혈관보다도 훨씬 수량이 많아서 이 생각은 더더구나 진짜 눈에 보이지도 손으로 만져지지도 아니합니다.

학자들은 모세혈관에 대하여 그 길이가 한 사람의 혈관을 한 줄로 이으면 자그마치 10만km에 이른다고 말합니다. 10만km가 정확하게 맞을까요? 덜될까요? 더 되는 것은 아닐까요?

그래서 지구를 두 바퀴 반을 돌릴 수 있다고 하는데 혹 3바퀴를 돌릴 정도는 아닐까요? 유별나게 키가 큰 사람하고 아주 적은 사람하고는 혹 그 길이 차이가 나는 것은 아닐까요? 저는 잘 모릅니다. 단지 지구 한 바퀴를 돌면 그것도 약 4만km여서 서울에서 부산이 약 400km쯤 되니까 몇 배인가 하는 정도는 알겠습니다마는 아무튼 상상으로도 그 길이는 측량되지 아니합니다.

더욱 측량할 수 없는 것은 눈으로 보지도 못하고 바늘도 들어가지 않는 붉은 망사 천보다도 수백 배나 가느다란 핏줄이 쌓여 있다고 하는 인체의 신비 전시장에서 보았던 사람의 혈관이 눈에 선합니다.

이제 두 번쨉니다. 생각을 아주 정밀하게 짐작해 보자는 말씀입니다. 사람의 생각을 하나하나 세심하게 가려 보자는 것입니다. 이것은 또 얼마나 어려운 일이겠습니까? 저는 전공한 사람이 아니라서 사실 이 분야에 미치지 못합니다. 그러나 하나님이 제게 주신 지혜로 말미암아 생각의 외양과 내양을 심도 깊게 어느 정도의 추측은 가능하다는 말씀입니다.

먼저 생각의 빠르기에 관해섭니다. 생각은 음속이나 광속보다도 빠르다는 것입니다. 일각에 뉴욕을 가서 맨해튼 거리를 누비다가 금세 달나라로 갔습니다. 화성도 가고 목성, 토성도 나다니고 은하 군단으로 갔다가 성단과 우주를 떠다닙니다.

부산에서 제주도로 과거에서 현재로 미래로도 오고 가도 그것이 하나도 힘든 것도 아닙니다. 아내의 마음속에도 들어가고 보지 못한 나무 속에도 들어갔다 금세 나옵니다. 생각이라는 게 정말 신묘막측입니다.

이번에는 생각의 종류를 살펴보겠습니다. 분한 생각 너그러운 생각, 음식 생각, 돈 생각, 아들 생각, 손자 생각, 목사님 생각, 바다 생각에 깊은 산 속도 금세 떠오릅니다. 바다 밑 깊은 곳도 뚫지 못한 지구 속 마그마가 펄펄 끓는 지구 핵 맨틀 속 아주 깊은 곳 생각은 날개 있는 것일까요?

제트 엔진 로켓 추진 핵연료보다도 연한 힘을 가지고 돌진해 들어가고 나가고 있습니다. 그러다가 갑자기 기와집을 짓습니다. 정신문화연구시리즈 연단을 오고 갑니다. 허공을 나르고 돌아가신 할아버지도 만납니다.

제 말이 맞지요? 코흘리개 시절의 동무가 나타납니다. 낯선 풍경, 가 보지도 생각지도 않은 오지도 다녀옵니다. 갑자기 번개가 치고 소낙비도 쏟아집니다.

또 있습니다. 마리린 먼로하고 동침도 하는 겁니다. 그런데 이게 또 무슨 일입니까? 곁에 누운 아내가 어떤 녀석하고 성교를 하는 것도 보입니다. 배를 타고 망망대해로 나갑니다. 이것이 꿈이라더냐? 생시라더냐? 그러면 여러분은 공상만화로구나 하시렵니까?

세 번쨉니다 꿈도 아닙니다. 생시도 아닙니다. 공상과학 영화도 아니고 신출귀몰도 아닙니다. 우리를 창조하신 하나님의 자연적 속성이니 전지전능이며 무소부재요 영이라고 해야 마땅합니다.

생각은 눈으로 보지 못하는 영적인 존재입니다. 그런데 또 이런 식으로 나가면 비크리스천 되시는 분들이 거부반응을 일으키지 않으실는지요? 그러면 공정하게 다시 말을 바꾸어 보겠습니다.

'생각은 귀신이다'라고 말입니다. '귀신 밤길 간다' 소리 들어 보셨습니까? 귀신은 어두운 밤길도 더듬지 않고 잘만 다닙니다. 생각이란 어떤 것이냐? 귀신입니다. 귀신은 발이 없습니다. 귀신은 더듬지도 않습니다. 그래서 귀신은 자손들이 차려 놓은 제사장을 귀신같이 찾아온대요.

옛날에 청상과부가 제삿날이 되면 진짜로 죽은 신랑귀신이 왔다 갔나 오지 않나를 몇 해를 두고 살펴보았더래요. 한번은 제삿밥을 소복하게 떠놓고 제사를 지내려고 하다가 그만 깜빡 잠이 들었더랍니다.

자다 보니 닭이 울어 깨어 보니 누군가가 스치듯 휙 하니 황급히 밖으로 나가더랍니다. 그러나 발자국 소리도 없이 사라지고 어느새 보이지를 않더랍니다. 이상해서 방 안에 들어와 정신을 차리고 차려 놓은 제사상에 절을 하려고 하다 보니 놀라운 일이 벌어졌답니다.

소복하게 떠 놓은 제사 밥 밥그릇이 옴팍 패였더랍니다. 귀신이 와서 먹다가 닭이 우니까 나갔다고 하는 이야깁니다. 자ㅡ 여러분 이제 그러면 됐습니까? 하나님 얘기보다 귀신 얘기를 더 많이 했으니 만족하십니까? 아직 만족하지 마십시오. 하나님 이야기도 아니요, 귀신 이야기는 더더욱 아닙니다. 생각이라고 하는 대전제에서 분석이라고 하는 소제목으로 연구를 하는 중일 뿐입니다. 생각에 대하여 아주 넓고 깊고 자세하게 세세 면밀하게 생각의 정체를 파악하고 분석하기 위한 생각학 콘체르토가 펼쳐지고 있을 따름입니다.

생각의 세계는 영적인 세계입니다. 이 영을 어떤 분은 귀신으로 말해야 이해하지만 저는 하나님의 속성으로 말해야 정확하다고 여기는 사람입니다. 생각은 바로 하나님의 영을 쏙 빼닮은 것이라고 하는 사실입니다. 하나님의 영은 어떤 질성을 가지고 있을까요? 저는 질성이라고 말하지만 교회는 질성이라 하지 않고 이를 속성이라고 부릅니다.

하나님의 속성은 크게 두 가지로 구분합니다. 하나는 자연적 속성이고 또 하나는 도덕적 속성입니다. 속성을 '질성'이라고 할 때 영은 하나님의 자연적 질성에 해당합니다. 광속보다 빠르고 과거 현재 미래의 구분이 없이 모두가 현재가 될 수도 있는 일괄 동시적인 분이 하나님이십니다.

그래서 천 년 후나 만 년 전이나 여전히 동일하시므로 이를 불변의 속성이라고 말합니다. 생각은 이와 같은 하나님의 속성을 국화빵보다 더 정교하고 빼어 꽂은 듯이 완벽하게 똑같이 닮았습니다.

그래서 영이신 하나님은 동시에 어디에나 존재가 가능합니다. 서울에도 계시고 미국에도 계시고 해, 달, 별과 바닷가와 우리 가정에도 동시에 계심이 가능하다는 말씀으로서 이를 편재의 속성이라고 말합니다.

그렇다면 생각은 어떠한가요? 물어보나 마나 진짜 이와 100% 1,000% 10,000% 똑같아서 동시에 어디에나 편만한 것이 생각이라는 사실입니다. 제 말이 맞다고 생각하십니까? 그러면 됐습니다.

이제 네 번쨉니다. 그러니까 생각이란 무엇인가를 명확하게 알고 나면 그런 다음에 가서야 생각을 분석하고 다스릴 능력을 얻게 된다는 것입니다. 먼저 이제 생각이란 무엇인지 윤곽이 잡히십니까?

개미에게 코끼리를 알게 하려면 코끼리의 다리를 이해하는 데 닷새 걸리고 코끼리의 코를 보여 주고 설명하는 데 7일 걸리고 잠깐 쉬었다 가자고 하면서 귀를 알려 주는 데 사흘 걸리고 몸통 한 바퀴 돌고 두 바퀴를 돌아도 코끼리가 어떻게 생겼는지 영 모르겠다고 하다보니 그래서 1년이 걸렸건만 그래도 모른다고 하더라는 말이 있습디다마는 제가 지금 개미만도 못하여 개미 알보다 더 적은 자가 코끼리가 아니라 보도 못 한 사우루스 공룡을 말하려고 하니 입이 찢어지도록 불을 토해도 정말 코끼리는커녕 공룡 발바닥도 다 못 핥을 지경인 줄 알겠습니다.

그러나 낙심치 않습니다. 내의 생각이 영이요 전지전능하고 무소부재하며 영원무궁하며 불변편재하기 때문입니다. 또한 여러분의 생각도 역시 나와 동일하고 나와 여러분의 생각 또한 하나님의 속성을 그대로 닮았기 때문에 부족하나마 이제 과연 생각의 광대함과 위대함을 상당량 이해하셨을 줄로 믿습니다.

그렇다면 이제 우리 나름대로 생각의 본질을 정밀 분석해 들어가 보기로 하겠습니다. 그러나 이는 말로 설명하기에는 역부족이기에 쉽게 예를 들어 비유로 말씀드리기로 하겠습니다.

'생각의 주머니'라고 설정하고 그 주머니 속을 낱낱이 파헤쳐 분석해 들어가 볼까요? 아닙니다. 더 좋은 예를 들게 생각났습니다. 억만 가지의 색상으로 물들여진 헝클어진 실타래가 있다고 가정합시다.

숫자는 억만으로 해도 되고 일조라고 해도 되고 천만이라고 해도 좋습니다. 요는 색깔이 전부 다르고 촉감도 다르며 또 무엇이 있을까요? 그렇습니다. 성질입니다. 바로 속성이라고도 했던 질성을 말합니다.

이 질성이 억만 가지의 색상마다 전부 다 다르다고 가정해 놓자고 하는 말씀입니다. 바로 이 실타래가 생각인데 그 실타래의 실 줄기는 전부 헝클어졌고 전부가 다 배배 꼬여져 있다고 하는 사실입니다. 생각이란 바로 이러한 얽힌 실타래에서 필요한 것을 가려 골라내고 뽑아 선택해서 사용하는 것이라고 하는 비유입니다.

다섯 번쩹니다. 그러면 이제 각개 줄기의 형태를 띤 이 실 줄의 질성을 분석해 보겠습니다. 그러나 큰 걱정이네요. 억만 색깔이고 억만 질성이라 어찌 여기에 어찌 다 쓰고 펼칠 수가 있겠느냐고 하는 문제입니다.

이것은 정말 불가능한 것이기 때문에 간단하게 몇 가지만 짚어 보겠습니다. 실 줄기의 질성은 이렇습니다.

기쁨의 줄기입니다.

슬픔의 줄기입니다.

착한 것. 악한 것.

이기적인 것과 배려하는 마음. 욕심과 시기와 노하고 미워하고 증오하고 타협하는 것. 사랑하는 것과 용서하는 것과 속이는 것과 게으름과 추하고 더러운 것. 존경하는 마음과 멸시하는 마음. 저주하는 생각과 존경하고 공경하는 생각과 믿음과 소망. 앉고 일어서고 걷고 뛰고 눕고 잠들고 싶은 욕망의 나래들과 따지고 악을 쓰고 소리 지르고 노래하는 것. 먹고 싶은 마음과 주고 싶고 뺏고 싶은 가닥. 아름다움과 예쁘고 예쁘지 않고를 결정하는 줄기와 화려함과 안락함을 구별하는 줄기, 편안함을 추구하는 질성과 다투고 타이르고 가르치는 질성, 말을 하고 않고, 듣고 듣지 않고를 결정하는 줄기, 배우고 말고를 선택하고 웃고 춤추고 즐거워하는 취미와 오락, 도박, 음주와 향락을 추구하는 질성과, 나누어 주고 그로 인해 만족하는 질성, 비난, 불평, 원망, 감사, 놀람과 비웃음…… 몇 줄기나 뽑았는가요? 여기까지도 힘이 듭니다.

사람의 뇌는 저장 능력이 140억 개라고 한다 하니(약 1백3십6억 7

천3백만 개라고 함) 희로애락을 감지하는 얽힌 실타래의 줄기도 140억 가지라고 보면 되는 걸까요?

작년(2011년) 4월 충북 진천에는 기상관측을 위해 기지국을 만들었답니다. 생각의 속성을 알기 위해 단 한마디만 짚어 보면 기지국에는 초고성능 슈퍼컴퓨터를 설치한다는데 그 컴퓨터는 6억 명이 1년을 계산할 분량을 단 1초에 처리한다 합니다. 생각이란 놈의 속성이 이러합니다.

이제 여섯 번째는 생각의 조정능력과 논리입니다. 사람은 실타래 같은 수많은 생각의 가닥 가운데 그중 한 가닥을 뽑아냅니다.

감사의 가닥을 뽑거나 원망의 가닥을 뽑아냅니다. 그러다가 어느 한쪽 가닥은 끝까지 뽑아내지 아니합니다. 감사의 가닥을 뽑다가 그만두고 끝까지 뽑아내는 가닥은 원망의 가닥입니다. 그래서 그것을 다듬습니다.

-맞아 정말 이럴 수는 없단 말이야-, 그렇게 고르고 다듬고 정제된 원망의 가닥을 휘두릅니다. 이것이 생각입니다. 이것이 말이며 이것이 행동입니다. 그것이 그 사람의 실체가 되고 이것이 인격이 됩니다.

다른 한 사람이 휘두르는 원망의 가닥에 대하여 그게 아니고 감사라고 설득합니다. '아니야 맞아, 원망이 맞다고' 욕심도 이와 같습니다. 배려도 마찬가집니다. 그러므로 생각을 분석해야 합니다. 맞는 경우도 있고 틀린 경우도 있는 것은 생각을 고르고 다듬고 펼치는 생각의 분석이 잘못되었기 때문입니다.

분석된 생각을 휘두르고 펼칠 때면 분석된 생각의 조정능력을 갖춰야 하는 것입니다. 조정 능력은 생각의 핸들이고 신축성입니다. 유연성이며 탄력입니다.

생각이 굳지 아니하여서 핸들처럼 자유롭게 좌로나 우로 돌아가야 합니다. 굳어 버린 핸들이 곧장 사고로 연결되듯이 생각의 조정핸들도 굳어지면 사고를 냅니다. 일(1)자로만 달리지 않고 돌리는 핸들처럼 생각은 유연하고 조정하는 능력을 가져야 합니다. 고집불통이거나 대화가 안 되는 사람은 생각의 조정 능력이 마비된 사람이라서 이것은 오직 자력으로 치료를 해야 합니다

정신병원에서는 이렇게 굳은 핸들…… 부서진 핸들과 같은 생각의 조정 능력 마비를 치료합니다. 이는 타력에 의한 치료지만 타력치료의 효과는 자력치료 효과에 미치지 못합니다.

그렇다면 조정능력이란 무엇일까요? 조정능력은 논리입니다. 논리를 이치라고 말하면 보다 정확할 것 같은데 통상용으로 이미 논리가 그 자리를 차지하였기에 논리라고 하겠습니다. 생각을 분석하고 분석된 생각을 표출하고 행동하는 조정능력에는 논리가 있어야 합니다.

논리는 '누가? 왜? 어떻게?'와 같은 육하원칙을 요소로 합니다. 이와 같은 논리의 원천은 무엇일까요? 이것을 우리는 법이라고 정했습니다.

법 논리에 일치해야 합니다. 상식 논리에 합치되어야 합니다. 특히 크리스천에게는 하나님의 논리와 정당성이 절대적입니다. 그러나 세상의 법 논리에도 부합해야 합니다. 논리를 갖추지 못한 생각과 분석은 아무런 생각적 가치가 없습니다.

아무도 인정하지 않고 아무 따라 주지 아니하기 때문에 먹혀들지를 않습니다. 혼자 소외되고 의견은 무시되고 바보취급을 당하고 맙

니다. 그래서 생각에는 필수적으로 분석이 요구된다 그 말입니다.

　마지막 일곱 번쨉니다. 바로 생각의 질성입니다. 생각이 육체라면 생각 속에는 질성이라고 하는 영혼이 있습니다. 다시 한번 비유를 들어야 하겠군요.

　피는 물이 원료이나 헤모글로빈이라고 하는 붉은 혈소가 들어있어서 눈으로 보면 붉은색입니다. 그러나 붉은 물감을 푼 물과 피는 다릅니다. 붉은 물감은 눈으로 볼 때는 피와 똑같아서 배우가 연기할 때 이마에 바르면 피가 나는 것으로 보이지만 그것은 피가 가진 질성이 없습니다.

　피는 영양공급의 질성을 가지고 전신을 돌아칩니다. 동맥이 된 피는 가지고 간 탄수화물을 공급하고 정맥이 된 피는 노폐물을 내어 놓아라 한 후 필요한 영양이 영양으로서의 생명을 마친 찌꺼기 노폐물을 다시 흡수하여 심장에 와서 거르고 더 이상 못 쓰게 된 수분은 피의 일생을 마치고 방광으로 내려가서 오줌이 되어 배출됩니다. 그래서 오줌은 피가 죽은 수분이 섞여 있어서 노란색을 띠고 있다는 것입니다.

　그런데 제가 짧은 지식에서 혈액에 대한 비유를 들자니 또 어렵다고 하는 말씀 말입니다. 그러나 여기서 비유된 피에 대한 내용에서 부족하고 족하고 하는 것이 중요한 게 아닙니다. 중요한 것은 바로 지금부터입니다

　피가 가진 핏줄기가 아닙니다. 피가 가진 색상도 아닙니다. 피를 이루고 있는 수분+헤모글로빈 이런 것도 아닙니다. 동맥도 아니고 정맥도 아니고 모세혈관이야기도 아닙니다. 본질입니다. 피에는 생명에 필요한 영양이 들어 있으며 이 영양을 공급하는 성질입니다.

이와 같이 생각에도 질이 있습니다. 질은 분을 낼 것이냐 웃을 것이냐의 성분입니다. 실타래의 수많은 줄기들은 제각각의 맛도 가지고 있습니다.

그것은 사람의 개성으로 나타납니다. 무서운 사람이 되기도 하고 순한 사람이 되기도 하는 것은 생각의 많은 나락 가운데서 그쪽 방향의 줄기를 뽑아 그것으로 자기의 언어와 행동을 삼기 때문입니다.

그러나 우리는 이와 같이 스스로가 선별해서 휘두르는 질성을 그 사람은 원래 태생이 그렇다면서 '태생' 또는 '천생'이라고 밀쳐 버립니다.

하나님께서 태생이나 천생이라 하시고 140억 개에 이르는 수많은 생각 실타래 속에 태생으로 사용하는 질성만을 넣어 주셨을 리는 만무합니다.

그러므로 악인과 선인이 있다고 할 때 애초로부터 태생이 악인이며 태생이 선한 사람은 없다고 생각합니다. 다만 그가 그렇게 골라 다듬고 정제해서 늘 붉은색의 실 줄기만을 휘둘러 '표출하기를 반복할 따름이다' 저는 이렇게 단언합니다.

그래서 악인도 선하게 되고 선한 자도 악해지기도 하며 때로는 착한 사람이 어떤 경우에는 악하게 보이기도 하는 것은 그가 그때그때 꺼내어 쓰는 색실의 질성이 다르기 때문이라고 진단합니다.

생각학 콘체르토에서는 생각에 대한 다각도의 생각을 파고듭니다. 헤집고 쑤시고 펼쳐 보고 찢어 봅니다. 이것을 분석이라고 하였습니다. 생각은 분석대상이며 흔한 말로 연구 대상 중에 제1입니다.

그러나 나 아닌 다른 사람의 생각을 연구대상의 재료로 사용하지는 않아야 합니다. 생각학 콘체르토에서 분석의 재료는 나의 생각을 내가 꺼내고 가르고 찢어도 보고 뒤집고 젖히는 것이 원칙입니다. 이건 누가 이렇게 정한 것은 없습니다. 제가 처음으로 법처럼 정하는 원칙입니다.

내 속에 나의 생각이 쌓여져 있습니다. 시베리아 벌판의 눈송이가 모이고 쌓여 빙산을 이루고 있는 것처럼 융플라우의 만년설이나 후지산의 모자처럼 응고된 눈송이가 평생 녹아내리지 않은 채 그렇게 인생 백 년 내내 백년설로 빙산이 되어 있습니다.

저는 후지산의 만년설을 손으로 만져 본 적이 있습니다. 그러나 내 손가락 넓이만큼만을 만져 보았을 뿐입니다. 만져 본 만년설과 육지가 만나는 경계만도 건물 높이였으므로 정말 후지산의 흰 모자는 거대했습니다. 생각의 실 창고가 이렇습니다.

어떤 실은 만년설 속에 묻혀서 나 같은 관광객의 눈길과 손길에 근접도 못합니다. 언제 녹아내려 산천을 여행하고 바다로 갈 것인가? 생각의 창고가 만년설에 덮였습니다. 저도 그렇고 여러분도 같습니다.

생각으로 일상 사용하는 가닥이 너무 한정되어 있습니다. 늘 붉은색 나와라 노란색 나오너라 어쩌다가 한 번씩 '청색 나와라', '녹색 나오너라'고 하는 정도입니다.

내가 꺼내 사용하는 나의 생각을 더욱 철저히 분해하고 분석해 볼 필요가 있습니다. 인간의 혈액은 현미경으로 들여다도 보고 굴려도 보고 찍어도 봅니다. 그러나 피와 같이 소중한 생각이 덮인 이 만년설은 현미경도 없고 알아낼 만한 도구도 방법도 없습니다.

생각학 콘체르토는 이와 같은 미개척의 생각덩어리를 파고들어 갑니다. 이와 같은 연구에 여러분의 동참을 부탁합니다. 참여의 좋은 의견을 보내 주십시오.

/제6장/

생각 찾기 실례(實例)

생각을 했으면 결론을 찾아야죠? 찾은 결론이 옳습니까?

생각은 결론을 찾아내어 말을 하고 말한 것을 행동으로 옮겨 가기 위한 과정상의 절대적인 요소입니다. 아무리 생각을 많이 해도 합당한 논거를 갖춘 결론을 찾아내지 못하면 생각은 공상에 머물고 무용지물이 되어 많은 에너지의 낭비적인 결과만 초래됩니다. 그러므로 결국 생각이란 고귀한 과정은 '그래서 결론(決論, conclusion)이 무엇이냐'로 귀결됩니다.

첫 번째로 생각의 실제에 관한 한 가지 실례를 들겠습니다. 신학과목 중에 실천신학이라는 것이 있는 것처럼 우리 생각학 콘체르토에서도 '실천 생각학 콘체르토'라고 하건, 아니면 '실례'라고 하건 생각학 콘체르토라는 관점에서 학문의 발전을 위하여 제기하는 결론도출을 위한 실례 한 가지입니다.

생각의 결론을 구하는 제1의 요소는 정당한가의 여부입니다. 정당성이라고도 말할 수 있는 결론의 가치는 부각된 사안이 요구하는 바에 적중해야 합니다.

세간에 '혼인 말 하는데 장사지내는 말을 한다'라는 말이 있습니다. 부각된 논제와 무관한 생각을 결론으로 제시할 때 쓰는 말입니다. 이처럼 생각의 결론은 해당되는 주제를 이탈하면 결론으로서의 효과가 없습니다.

장례식이 주제인데 결혼식 이야기가 튀어나오는 결론은 주제 파악을 못 한다는 비난의 대상이며 바로 이럴 때 '똥오줌을 못 가린다'는 비난의 대상이 되고 맙니다. 그러므로 생각의 또 다른 말인 온당한 사고야 말로 결론이 요구하는 절대 요소가 되는 것입니다.

실례를 들겠다고 하였으니 먼저 사안의 내용을 실제 표출된 현실 실제에 근거하여 제시해 보겠습니다. 꺼내면 가슴 아픈 이야기지만 추모하는 마음에서 말해 보려 합니다.

몇 년 전 저의 사돈집 막내 아가씨가 숨을 거뒀습니다. 정신장애 1급이기 때문에 아가씨는 23살의 꽃다운 청춘을 향기 한 번 제대로 발산치도 못하고 세상을 떠났습니다. 게다가 아가씨는 정신병원 측에서 적합한 대처를 소홀히 한 연유에서 생명이 끊어졌다고 하는 많은 심증을 안고 세상을 떠난 것입니다.

늦게야 성모병원으로 이송되었지만 이미 의식불명상태였습니다. 사돈 내외는 물론 제 며느리도 숨이 끊어지는 것만 보았을 뿐 아가씨로부터 왜 이렇게 되었다고 하는 한마디 말도 들어 보지 못한 채 애통하는 오열의 눈물 속에서 오직 아가씨의 시신만 바라보고 눈물을

흘릴 뿐입니다

그런 가운데 아가씨의 형부가 되는 제 아들이 그 집안의 사위요 유일하게 결혼한 자식 중 어른 된 젊은 남자이기에 이 일의 조사를 비롯한 뒷일을 맡게 되었습니다. 뒷일과 뒷조사는 이런 것들입니다.

왜 죽었는가? 과격한 외부의 어떤 충격으로 사망한 건 아닌가? 병원 측의 대처미흡으로 사망한 건 아닌지?

억울하게 말도 못 하고 죽게 된 책임 전부가 병원 측에 있는 것은 아닌지? 있다면 그것은 무엇인가? 아니면 병원 측과는 전연 무관하게 아가씨의 숨이 저절로 끊어진 건가? 쉽게 구타에 의해 사망한 건지 아니면 아가씨가 자연사한 건지? 자, 이제 그렇다면 이렇게 제시된 사안을 생각의 실제 결론으로 활용하기로 하겠습니다.

그러면 이제 제기된 이 문제에 대하여는 어떤 조치가 필수적일까요? 결론은 정당성을 가져야 한다고 기론(既論)하였으므로 당연 법에 따른 정당한 행위로밖에 할 수가 없다고 하는 말씀입니다.

그래서 법에 의뢰해서 신고를 하고 조서를 받았습니다. 경찰이 오고 검사의 지휘를 받게끔 접수가 되었고 - 법 절차에 따라 부검을 해야 되고 - 그런 다음에야 장례를 치울 수가 있게 되었고 - 그 후 법에서 병원 측의 과실이 인정된다고 하는 결과가 나오면 - 나온 결과에 따라 민사로 손해배상청구를 하게 되는 합당한 조치를 취하게 되는 것입니다.

이 일은 이글의 초고를 쓸 당시 진행하는 과정에 있어서 저는 또 두 번째로 빈소를 다녀왔습니다. 국립과학수사연구소에 부검을 갔다가 부검을 못 하고 왔기 때문에 언제 장례를 치를지 결정을 못 하고 있는 상태에서 지금 이 초고를 쓰고 있습니다.

거듭 애도하는 마음을 표하기 위해 제가 이 내용을 사안의 주제로 삼고 쓰는 데는 또 다른 변수적인 생각이 튀어나왔기 때문입니다.

미국에 사시는 아가씨의 큰아버지가 부검을 반대한다는 전화가 와서 야단을 치신다는 것입니다. 생명은 하나님이 데려가신 건데 뭘 따지고 그러느냐? 믿는 사람이 그러면 되느냐? 그래서 돈이나 긁어내면 그게 잘하는 게 아니다. 사위(제 아들)는 남인데 사위가 철없이 저러나 본데 그러는 게 아니다…… 당장 소를 취소하고 대신 진정서라도 넣고 모든 걸 다 없었던 일로 하고 너희들 돈으로 빨리 조용히 장례를 치러라……. 이것이 큰아버지가 하신 말씀의 골자라고 합니다.

참고로 미국에 계신다는 큰아버지는 충현교회 장로님이고 바깥사돈의 친형님인데 바깥사돈이 평소에 무슨 말이든 순종하셨던 은혜롭고 덕스런 크리스천입니다.

사안 내용의 정당성에 대하여 이제 두 번째입니다. 말씀드린 바와 같은 사안이 표출되었습니다. 그러니 이제 어떻게든 이 문제는 마땅히 생각해야 할 대상으로 떠올랐고 어떤 쪽으로든 결론을 찾아내고 행동으로 옮겨야 될 수밖에 없게 되었습니다. 그러면 어떻게 대처하는 것이 정당한 대처인가 하는 것이 본론입니다.

먼저 부당한 대처입니다. 분하다고 병원을 부수고 원장 멱살을 거머잡는다? 생각의 문제 맞습니다만 아닙니다. 이것은 정당한 대처가 아닙니다. 법질서에 따라야 합니다.

가족 중 누군가가 가서 병원에서 어떻게 하여 아가씨가 의식불명으로 이송되었는가를 낱낱이 조사한다……? 이것도 법집행 질서를 모르는 일반인으로서는 불가능하고 실제로 이럴 땐 이렇게 하라고 하는 것에 관하여는 현행 법률이 상세하게 정하고 있는 것이 있기 때문에 이 방법도 정당치 못합니다.

그럼 이렇게 하면 어떨까요? 기왕 세상을 뜬 아가씬데 뭘 따지겠느냐 따질 필요 없이 묻지 말고 그냥 조용히 장례를 치르자……? 이것은 미국계신 장로님의 의견인데 이 문제는 참 복잡합니다.

모든 사안에는 이해 당사자가 있습니다. 직접당사자가 있고 간접당사자가 있습니다. 직접당사자는 가족입니다. 부모와 형제입니다. 이 문제에 대하여 정당성을 논하려면 다시 또 한 가지 예를 들어야 합니다.

만일 아가씨가 나가서 다리가 부러져서 들어왔다 칩시다. 어디서 다리가 부러졌느냐 하면 병원에서 부러졌습니다. 병원에는 정신 장애인이라 격리 입원 되어 있었습니다. 그러면 아가씨가 왜 부러졌다고 말은 하겠지요?

그러면 말을 다 들어 보고 생각하고 분석하여 쉽게 결론을 얻을 수가 있습니다.

자기가 잘못해서 어찌어찌하다 부러졌다면 아가씨의 잘못이니까 조심하지 않고 왜 그랬느냐면서 치료해 주면 그걸로 결론이 납니다.

그런데 현실은 아가씨가 의식불명 죽어서 나온 것이나 똑같기 때문에 아가씨는 말없이 숨이 졌습니다. ─애통하지만 기왕에 죽은 걸 따져 뭣 하느냐─ 이렇게 생각을 결정하고 됐다는 결론을 내린 다음에 장례를 지내면 정당할까요? 이것도 정당치 못하다는 생각입니다 왜냐하면 부모의 존재 이유는 자식을 보호하고 생명을 지켜 줄 책임이기 때문입니다.

코피만 터져 들어와도 누가 그랬느냐고 묻고 가서 따지고 약값을 물어내라고 하는 것은 법질서 이전에 인지상정이며 이는 천륜과 동질의 인륜적인 이야깁니다. 그냥 덮어 버린다고 하는 것은 사람의 도리가 되는 게 아니라고 하는 부당한 대처라고 하는 말씀입니다. 당연 조사를 의뢰하고 합당한 대처를 해야 되는 것이 부모입니다.

한 가지 예를 더 든다면 세상을 떠난 아가씨가 원하는 게 무엇이냐고 하는 사실도 중요합니다. '엄마! 나는 죽었으니까 자세히 따지거나 묻지 말고 그냥 얼른 장사나 잘 지내 줘.' 아가씨가 이렇게 말할까요? 이것은 부당한 판단입니다.

아마 꼬치꼬치 자세하게 다 일러바치고 어떤 녀석이 어떻게 했으니까 가만두지 말고 꼭 내게 한 대로 혼을 내 달라고 하거나 아니면 사실은 그렇고 그렇지만 용서해 달라고 할 것 – 이럴 것이 분명하다고 하는 이것이 정당성입니다. 그렇다면 부모 형제 된 가족들이 어떻게 해야 하겠습니까?

강아지가 나가서 다리를 절고 들어와도 누가 그랬느냐 하는 것이 人之常情입니다. 인지상정이 무엇입니까? 당연 존재하는 인간의 본성에 해당되는 혈육의 정이라는 뜻입니다. 이것은 하나님이 주신 인간의 본성입니다. 법보다도 우위에 서는 천륜입니다. 어찌 하나님이 주신 인간의 본성을 말살하겠습니까?

자식이 죽었는데 어찌 죽은 개 취급하듯 그냥 들고 가 묻어 버리고만단 말입니까? 찾아내서 따지고 달려가서 생명의 값이라도 물어내라고 하는 것이 갈취일까요?

이번에는 초고를 손질하며 을지병원에 당뇨 약을 타러 가서 만난 나이든 여성과의 대화를 삽입해 보겠습니다. 3남매 중 둘째가 1급 지체장애자라 누워서만 37세랍니다. 대화를 하다 제 말이 "그럼 결국 맏이나 막내가……" "형제간이니까 어머니가 세상을 뜨면 한집에 같이 살아야 되겠지요 뭐" 저는 이렇게 별생각 없이 편하게 한 말인데 생각보다 까칠하게 돌아온 대답에 지금도 답을 모르겠습니다.

'아무리 형제간이라도 그렇지 어떻게 같이 삽니까?' 더 이상 말을 못 하게 나오는 강한 반응에 그리고 말았습니다마는 독자 여러분이라면 어떻게 하면 좋다고 보십니까? 장가는 보냈느냐고도 물어는 봤는데 아니라면서 한 말은 더 이상합니다. 장가는 포기래요. 이것도 생각의 문제입니다.

이참에 순진한 아기처럼 하나님을 믿은 사돈아가씨의 명복을 빌어요. 세상에서 잘나게 살거나 어찌어찌 살고 죽었거나 천국에서는 백지장 차이도 없다는 생각을 해 봅니다. 잘났다 뻐겨 봤자 그렇고, 장애 있나 낙심할 일도 아니라니까요. 더불어 그 청년의 장래를 위해서도 기도합니다.

세 번째로, 믿는 자가 가져야 마땅한, 즉 하나님이 보시기에 어떠냐고 하는 정당성입니다.

사안 현실과 생각과 관련하여, 이때 꼭 주의해야 하는 정당이냐 부당이냐의 주제에 있어서는 '하나님께 기도해 보면 안다'라고 하는 식의 맹신인지 막연함이랄지 모를 무속적인 결론에 의지하지 말아야 한다는 것입니다.

이는 바로 이와 같은 모든 것들이 생각학 콘체르토에서 말하고자 하는 핵심이 되는 것이기도 합니다. 그러면 어떻게 생각하고 결론을 얻어야 온당한 하나님의 정당성이라고 말할 수 있을까요? 그것은 성경에 비추어 보아야 합니다.

그러나 앞서 말씀드린 인지상정이라고 한 그 말씀— 인지상정은 성경보다도 윗자리에 앉혀 마땅하나 그러나 성경은 인지상정도 검증을 받아야 한다고 하는 확정된 정당한 방법 중의 하나입니다.

아가씨는 일단 병원에서 죽었기 때문에 혐의가 있건 없건 가족은 병원에서 아가씨를 죽였다고 볼 수밖에 없습니다. 죽인 증거가 있고 없고는 그다음의 문제이고 병원에서 죽은 것은 사실이기에 일단 알아봐 달라고 해야 하는 것이 가족이란 이름으로 불리는 자의 인지상정입니다.

이와 똑같은 경우를 성경에서 찾지는 못하였으나 다르기는 하지만 죽이고 죽은 비슷한 예의 하나가 성경에는 가인이 아벨을 죽인 사건으로 나타납니다.

하나님은 살인자 가인에게 징계를 내리십니다. 네가 씨를 뿌리고 수고해도 땅이 네 씨를 거부하여 효력을 내지 않을 것이라— 가혹한 징벌입니다.

병원으로 말하면 네 병원은 이제 소득이 발생되지 않을 것이라고 하는 의미이며 가인에게 추수권을 거두어 가셨으니 병원은 당연 허가도 취소되고 의사면허증도 효력을 상실해야 합니다. 결론이 이렇게 나오자 가인은 하나님께 통사정을 했습니다. '내가 죽을죄를 지었으므로 사람들이 나를 때려죽일까 싶습니다.' 내게 내리신 벌이 너무 과중하오니 죄를 가볍게 해 달라고 사정을 했습니다. 나중에 에녹의 아비가 된 가인은 이처럼 죄를 자복하고 용서를 빌었습니다.

그래서 하나님이 너를 죽이는 자는 네가 지은 죄에 7배로 갚을 것이요. 그러므로 내가 네게 표를 주어 누구든 너를 건드리지 못하게 한다고 하셨다고 하는 것이 성경의 살인과 관계된 창세기 4장입니다.

바로 이 대목입니다. 가인과 같이 잘못을 인정하고 병원 측에서 용서를 빌며 도덕적으로 이렇고 저렇고 하면서 환자치료병상기록부를 들고 와서 속 시원하게 낱낱이 설명하면서 이건 내 과실이고 저건 내 과실이 아니라든지, 어떤 아가씨의 죽음에 대한 거짓된 내용으로라도 유족들을 설득하였다면 문제는 달라집니다.

병원의 책임이 없다고 판단되면 고이 장례를 지낼 것이고 과실이라고 판단된다면 형사고발은 차치하고 과실 책임에 대한 협의로 마감이 됐을 일입니다. 그런데 병원 측에서는 아가씨가 성모병원으로 이송되어지기 두 시간 전에 가니 면회도 거절하면서 지금 죽을 먹고 잔다고 하였다는데 그런 아가씨가 불과 2시간 후에 시체가 되어 의식불명으로 나온 겁니다. 그간의 경위와 모든 말의 내용을 종합할 때에 전연 인정할 수 없는 '아가씨가 변도 못 가린다'느니 있지도 않았던 것을 '아가씨의 엉덩이는 불에 덴 것 같은 상처가 크게 있다'라고 한 말 등등이며, 가장 중요한 것은 빈소에 원장이 조문도 안 왔다고 하는 사실과 경찰이 요구한 병상기록부를 들고 원장이 자취를 감췄던 그때의 일이 결국 과학수사연구소에 부검하러 갔다가 되돌아오게 하는 등등 이런저런 정황으로 보아 가인의 살인과 가인의 회개하고는 다르다는 사실입니다.

정당성의 본질은 발생된 사안을 놓고 각 유관 관계자가 어떻게 생각하고 행동하느냐에 따라 대처가 그르다 옳다로 가려집니다. 아가씨의 경우는 도저히 조사를 않고 수사 의뢰도 않고 그냥은 넘어갈 수가 없는 인지상정의 정점을 차지하는 문제의 정당성입니다.

하나님의 정당성에 관하여 다섯 번쨉니다. 야곱이 벧엘로 이사하기 전 야곱의 딸 '디나'가 강간을 당하고 세겜으로 납치당한 사건입니다.

이 사건을 아가씨의 경우와 비교하는 것은 비약이 될지도 모른다는 것은 압니다. 그러나 상식상 정신병원과 처녀라고 하는 실정 정신병원과 성폭행과 엉덩이의 상처문제, 사인이 혈전응고로 인한 것이라고 하는 사실과 아가씨가 어쩌면 감당할 수 없는 충격이나 쇼크로 인한 사망이거나 성 문제와의 관련 여부 등에 관한 의혹들⋯⋯.

이런 것들은 전부 형부 되는 제 아들이 추정한 분석과 판단들입니다. 그래서 이런 것들에 대한 의혹을 풀기 위하여 수사를 의뢰하였다 하고 이는 전적으로 방송국 기자인 내 아들이 그 집 아들의 입장에서 주도한 일들입니다.

그렇다 치고 이제 그 강간당한 디나 이야깁니다. 창세기 34장은 1절부터 전체 35절까지 이 이야기로 시작하고 끝나는 것을 볼 수가 있습니다. 선민 이스라엘의 할례받은 하나님의 딸을 할례받지 못한 세겜 족속들이 강간하고 강제로 끌고 가 놓고는 협상이 들어 왔습니다.

—기왕에 이렇게 된 것 우리 잘 지내보자 —서로가 사돈 관계로 같이 살아가자 — 우리도 당신들에게 딸을 주겠다—. 이때 야곱은 들에 나간 아들들이 돌아올 때까지 대답을 보류하고 있었습니다. 돌아온 아들들은 격분하였으나 세겜을 속였습니다. 그렇다면 좋다. 조건이 있는데 너희들도 우리처럼 모든 남자는 다 할례를 받아야 한다. 하지

만 형제들은 분을 삭이지 못했습니다.

　－이것은 우리 할례받은 자의 치욕이라－ －내 누이를 무 할례 자들에게 줄 수는 없다－ 그러나 어쨌든 그래서 세겜의 모든 남자들이 전부 할례를 받았습니다. 할례받고 상처가 아물지 않아 모든 남자들이 누워 있는 야심한 밤 시므온과 레위가 칼을 들고 세겜으로 쳐들어 갔습니다. 남자들은 하나같이 할례받은 상처로 인해 일어나지도 못한 채 고스란히 칼에 맞아 죽어 버렸습니다.

　그러고는 디나를 데리고 왔고 세겜의 소와 양과 나귀들과 재물들을 모두 거두어 가지고 돌아왔습니다.

　야곱은 걱정이 되었습니다. 만일 이 소식을 들으면 인근에 사는 다른 족속들이 우리를 그르다 하고 우리를 공격할 빌미가 될 것이니 왜 그리 하였단 말이냐? 그러자 르우벤과 시몬 레위가 말했습니다. '우리가 내 누이를 창녀로 대우함이 가하니까?' 이렇게 말하고 35장이 끝을 맺으며 36장을 시작하자마자 야곱의 가족들은 벧엘로 이주하고 거기서 단을 쌓습니다.

　사안의 정당성에 대하여 말씀드리는 중입니다. 여기는 아버지 되는 야곱의 입장이 있습니다. 오빠 되는 야곱의 아들들의 입장이 있습니다. 가족이란 무엇이고 언니란 무엇이며 형부란 무엇인가? 동생이 죽고 처제가 죽어도 바쁘다고 대충 넘어가랴?

　제 며느리는 밤낮을 눈물로 보내고 있습니다. 동생으로 인한 충격이 임신 중인 아기(손녀)에게 나쁜 영향이라도 미치지 않으려는가? 엄청난 충격을 바라보는 저는 마침 임신 7개월의 며느리와 복중에 아기 때문에 잠을 못 자고 기도했습니다. 그냥 장례를 치른다면? 옛말에 이런 말이 있습니다.

만일 불신자의 가정이라면 밤마다 머리를 풀어 산발을 하고 나타나 울면서 나 좀 살려 주라고 처녀귀신이 되는 일입니다. 그거야 크리스천인 사돈네나 우리하고는 관계없는 이야깁니다. 만일 불신자들의 가정이라면 이 문제는 진짜 그냥 넘어가면 정말 안 되는 문젭니다. 반드시 사인을 규명해야 아가씨의 혼령이 구천을 떠돌지 않고 극락에 들어간다고 볼 문제니까요. 그렇다 치고,

결론은 세상 법으로 보나 하나님의 법으로 보나 인륜으로 보거나 간에 수사하고 의혹을 파고들고 맞다 하면 보상도 요구하고 받아야 한다는 것이며, 아니라고 하는 것이 밝혀지면 그런대로 그냥 덮는 것이 정정당당하다는 사실입니다.

여섯 번째는 얻어진 결론의 구성요소에 관한 말씀입니다. 이번에는 먼저 시신 부검에 관한 문제입니다.

큰아버지는 애를 두 번 죽이고 그게 뭐냐고 하신답니다. 얼핏 생각하면 좋은 말입니다. 그냥 묻기도 아까운 자식의 배 가르기를 좋다 할 부모가 어디 있겠느냐고 하는 문젭니다. 그러나 이것은 간단합니다. 제가 만일 억울하게 죽으면서 입도 못 열었을 경우입니다. 그러면 배를 갈라서라도 원인을 밝혀 달라고 하겠느냐 그냥 알 것 없으니 말아 버리라고 하겠느냐입니다. 당연히 알아볼 만큼 알아보라 할 것이며 이것이 현실의 법으로 누릴 수 있는 법적 정당성입니다.

이 문제는 크리스천과 비크리스천의 견해에 좀 차이는 있을 겁니다. 저와 같은 크리스천은 죽으면 흙이 되어 흙으로 돌아가는 것으로 고정되어 있습니다. 몸도 흙이니 흙을 파헤치는 것은 별것도 아닙니

다. 심장도 안구도 폐도 꺼내어 다른 사람에게 주고도 가는 그런 세월이기 때문입니다.

다음은 더럽다고 하는 바로 그 돈의 문젭니다. 돈은 더러운 돈과 깨끗한 돈이 있습니다. 자식의 생명을 돈으로 받는다고 본다는 사실 이것은 인지상정에 걸림돌이 된다고 여기는 생각 말입니다.

실제로 큰아버지는 그러면 못쓴다고 하는 말씀을 하셨답니다. 그러니 안팎 사돈 내외는 얼마나 갈등이 심했을까요? 그날 제가 두 번째로 다시 빈소를 찾은 이유도 여기에 있습니다. 사위 녀석이 돈이나 얻어낼 목적이 아니겠느냐고 하는 오해, 이것은 정말 너무 억울한 누명입니다. 이런 억측들이 생각의 본질을 도출하게 하는 데 결정적 장애요인으로 작용합니다.

이 또한 얼핏 들으면 일리가 있다고 할 것입니다. 그래서 제가 찾아가서 사돈 내외와 아들 며느리 앞에서 비유를 들어 말했습니다. 내 자식의 다리를 부러트린 사람에게 당연 치료비를 받는 게 합당치 아니하냐? 황차 목숨을 잃었다. 무엇으로 위로를 받을 겁니까? 돈으로 받으면 더러운 것 아니냐? 나는 더럽다고 생각지 않는다 말로 위로를 받는 것은 소용이 없다, 당연 법에서 받으라 하면 청구해서 돈도 받아야 정당하고 이 돈은 절대 더러운 게 아니다, 이 아픈 상처를 무엇으로 치료하느냐?

고구마를 들고 나가 빼앗긴 자식에게는 대신 아이스크림을 주어 우는 아이를 달래는 것이다. 아이스크림이 없으면 감자 삶은 거라도 주어야 아기가 그친다, 내 며느리가 나흘을 연속으로 울어대는데 어떻게 위로할 거야? 돈으로는 결코 위로받을 수 없는 동생의 목숨이지만 그래도 아픈 가슴을 위로받는 데는 부모나 형제나 그런대로 현실에서는 돈밖에 더 좋은 다른 것은 없다, 그래서 세상의 법도 유가족에게 위로금을 주고 합의를 보도록 정해진 게 아니냐? 절대 조금도 나쁘고 더럽고 그런 생각 자체를 갖지 말아야 한다.

끝으로 일곱 번째입니다. 생각이라고 하는 것 생각의 분석이라고 하는 것, 분석된 생각을 끄집어내어 결론으로 행동에 옮긴다고 하는 것, 여기에는 충돌이 있습니다. 첫째는 나 자신과의 내면 속에서의 충돌입니다. 둘째는 큰아버지와 같은 대상이 있는 충돌로서 이는 상충이라 말합니다

얻어진 결론은 결코 순탄치만은 아니합니다. 백이면 백, 천이면 천 결론마다 충돌이 일어납니다.

맞느냐 틀리느냐의 결론충돌이라고 하는 나만의 내면 벽에 부딪힐 때 이 충돌의 고속 질주는 상대방과 부딪칠 때 힘겹게 찾아내고 다듬고 정제하고 분석하여 결정한 이 결론은 무참하게 부서지는 경우가 많습니다. 그렇다면 충돌은 왜 일어나겠습니까?

생각이 심연에서 잘못 꺼내진 경우입니다. 분석이 올바르게 제대로 다듬어지지 않은 경우입니다. 무엇보다도 얻어진 결론에 정당성이 결여되었기 때문입니다. 그러기 때문에 정당성은 결론의 생명입니다.

무엇이 옳고 무엇이 그른 것인가의 문제, 성경은 로마서 12장에서 이런 것을 분별하라고 하는 '분별'이란 단어를 써서 말씀하십니다. 분별이 무엇입니까? 이 말은 분석이란 말로 이미 충분하게 말씀을 드렸습니다.

마지막으로 드릴 말씀은 결론의 힘입니다. 얻어진 결론은 정당성 검토가 중요합니다. 정당성이란 제대로 된 결론인가를 최종확인해 보고 혹여 잘못한 결정은 아닌가를 한 번 더 생각해 본다는 것입니다.

법적으로 하자 유무가 완벽하게 검색되어야 힘을 가집니다. 다음은 하나님의 입장과 이해 당사자, 즉 이번 사건의 경우라면 사망한 아가씨의 인격과의 합치 여부입니다.

하나님의 법에 맞고 사망자의 인격에 부합하며 세상의 법에 합치되며 인간의 본성에 합당한 인지상정이라면 결론은 굽히지 말아야 합니다. 바로 이것이 사돈 내외를 찾아가서 드렸던 말씀이기도 하고요.

제7장

생각의 실례(實例) '포아'

넓~ ~고, 깊~ ~게 생각하세요

　　　　　　　　　　　　生각은 말의 재료이며 말은 행동의 재료입니다. 재료는 '어떤 일을 할 거리'라는 뜻이므로 생각은 '말할 거리'라고 할 수 있고 말은 '행동할 거리'라고 하겠습니다.

　'찬거리가 있어야지'라고 하는 말의 '거리'는 다시 재료라고 하는 뜻이 됩니다. 그래서 생각학 콘체르토에서는 '생각 거리'라고 하는 말을 사용하려 합니다마는 '생각재료'나 '생각 거리'라는 말이 모두 생소하고 어색한 느낌이 있어서 우선 잠시 짚어 드려 보았습니다.

　이에 생각을 식물의 뿌리로 비유해서 말씀드리겠습니다. 생각을 소중히 여기고 생각의 가치를 알고 무심히 떠오른 대로 살지 않기 위하여, 생각은 곧 살아가는 삶 그 자체요 삶의 가치라고 하는 것을 절실히 느낄 수 있은 다양한 이해의 폭을 넓히기 위해서, 다시 말하면 잠재워 놓고 잊고 살아서 별생각 없이 말하고 행동하고 살아가는 삶에 대하여 새로운 인식을 발견하기 위하여, 숱한 사상가와 철학자들이 인류역사와 동일하게 말하고 생각한 그 생각이 재료가 되는 '인생'이라고 하는 거대한 과제의 본질 탐구의 영역을 확장해 들어가서 살피고 알아내어 내 것으로 만들기 위하여, 저는 여러분들과 같이 정신문화연구시리즈를 통하여 생각학 콘체르토란 과목을 선택하여 저 나름대로는 심도 있게 써 가는 중입니다.

첫 번째로 생각의 정체를 파악하기 위한 비유의 여러 가지입니다. 생각은 보이지 않는다……. 제1장 이전 총론에서부터 지금까지 드려왔던 말씀이었습니다. 그래서 생각을 '하나님의 영'으로 비유해서 말씀도 드렸습니다.

또 제5장에서는 실타래로 비유해서도 말씀드렸습니다. 생각의 실체는 말로 설명하기가 어렵다는 것은 물론입니다. 초고를 써 가는 지금 대전 엑스포과학공원에서는 사람의 '몸속(인체) 탐구'라고 하는 어린이 대상 전시회가 열리고 있습니다. 가면 사람의 몸속 실체를 구석구석 들여다볼 수가 있습니다.

아빠의 입안에 들어오셨다고 하는 출입구로부터 항문을 빠져나와 화장실의 똥통에서 끝이 나는 몸속 탐구 전시회는 인체의 모든 장기들의 속 안을 들어가고 만져 보면서 안내인의 설명을 듣도록 사람을 집채만 한 크기로 만들어 놓았습니다.

이처럼 사람의 몸속은 보인다고 하는 말씀입니다 의사들은 수많은 사람들의 몸속을 생체 그대로 열고 보고 수술을 합니다. 장기를 이식하고 부러진 뼈를 잇고 부러진 뼈를 빼내고 사람이 만든 대용품 뼈로 사람의 몸속에 바꾸어 집어넣습니다. 세포를 이식하고 혈관에 실 줄을 집어넣고 굴뚝처럼 막힌 데를 뚫어 냅니다.

심장이식 수술이 세계 최초로 성공했다는 뉴스를 들은 지가 엊그

제 같은데 이제는 다반사로 간이나 콩팥이나 심장을 이식하고 뇌수술도 점점 그 기술이 발달되어 가고 있습니다.

여기서 두 번째로 문단을 나누겠습니다. 그러나 인체와는 달리 우리의 생각을 펼쳐 들여다본다거나 이 생각을 수술하고 고친다는 것은 당연 실체로 보이는 뇌를 이식하는 것하고도 비교할 수 없는 불가능의 영역으로 알고 아직 시작도 못한 상태입니다.

이에 몰라 그렇지 정신병원에서는 생각을 고친다고요? 정신과 전문 의사나 교수나 정신분야를 연구하는 세계 소수의 학자들은 생각의 실체파악에 상당한 수준까지 접근하고 있다고요?

제 시야가 짧아 모를지도 모른다고 인정은 합니다마는 그러나 확실한 것은 생각의 세계를 현대 의학발달수준으로 끌어올린다는 것은 우리가 사는 날 동안에는 쳐다보지도 못할 오르지 못할 나무라고 생각합니다. 어쩌면 영원 불가능의 영역일지도 모른다고도 생각합니다.

생각이란 어디서 나오나? 어떻게 나오나? 중요한 이 두 가지 질문에서 우선 막혀 버립니다. 그 이유가 있습니다. 생각은 하나님의 영을 분배받은 영적 요소이기 때문이다－라고 하는 이유에서입니다. 그러므로 생각이 무엇이냐를 알려면 영이란 무엇이냐를 알아야 합니다. 영이 무엇이냐에 관하여는 철학의 문제와 달리 신학의 문제로서 신학대학에 가서 배워야 하겠지만 정신문화연구시리즈도 하고 있습니다.

그러나 어느 누구도 영에 대하여는 영은 어디서 오는가의 문제라거나 어떻게 오는가의 문제에는 대답을 못 합니다. 물론 '하나님으로부터'라고 하는데까지는 답변합니다. 그러나 '어떻게 오는가'에 대하여는 몸속 탐험과 같이 사람의 인체를 가르고 열고 들여다볼 수가 없기 때문에 하나님의 전지성이나 전능성이라든가 무소부재성이나 편재성, 아니면 하나님은 스스로 계시는 분—이라고 하는 그야말로 귀로는 알아들을 수 없고 눈으로는 보이지 않고 이는 반드시 영의 귀와 영의 눈으로만 들리고 보이는 신성함에 그냥 '그건 종교분야'라고 접어 두지 않을 수가 없다는 사실입니다.

아무튼 객관성을 견지하는 입장에서 신학적 측면만을 말씀드릴 게 아니라 일반적은 측면에도 언급이 필요할 것 같습니다. 비 크리스천의 세계에서는 영은 곧 귀신으로도 이해합니다마는 다릅니다. 바로 '귀신 조화 속'이라고 하는 경지라고 할 수 있는 영역이며 바로 생각도 동일하다고 하는 것입니다.

아니면 '혼'으로도 규정합니다. 혼백을 모시고 절을 하는데 이와 같은 귀신의 세계는 무속인이 담당하는 걸로 되어 있습니다. 무속인은 귀신과 말이 통하고 귀신의 정체를 보고 안다고 하고 있습니다. 그래서 귀신의 뒤틀린 심사를 다스려야겠으니 이렇게 하시오 저렇게 하시오 하는 말을 하고 있습니다. 그러니 과연 생각문제를 어이 학문으로 인출해 낼 방도가 있겠습니까?

그러기에 생각학 콘체르토는 정말 미미한 수준에 그칠지언정 부각의 필요성이 절실합니다. 왜냐하면 생각은 인생이기 때문이며 생각은 나의 소중한 삶이기 때문입니다.

세 번쨉니다. 앞서 생각은 말과 행동이 그 재료라고 말씀드렸습니다. 다시 그 이야기로 넘어가서, 그렇다면 재료는 누가 준비합니까? 중요한 것은 김치를 담그려면 주부가 김칫거리를 준비하듯이 내가 말하고 행동하려면 내 말과 행동에 필요한 재료가 되는 생각도 역시 내가 준비해야 한다고 하는 점입니다.

생각에는 창고가 있습니다. 생각에도 김칫거리를 팔 듯 생각 거리를 구해 올 채소시장 같은 것이 있습니다. 생각은 땅에서도 나고 하늘에서도 내려옵니다. 생각은 물속에도 있고 땅속에도 있습니다. 생각은 상대하는 사람에게서도 생각 거리를 구할 수 있습니다.

이때 역시 또 중요한 것은 생각도 수급조절이 가능하다고 하는 사실입니다. 주부가 김치를 담글 적에 주부는 배추 몇 단에 고춧가루 얼마에 소금 어느 정도와 같은 모든 재료를 적정 분량으로 사용합니다. 너무 짜지도 싱겁지도 않게 맵지도 달지도 않게, 그래서 만든 주부의 재료 배합에 따라 김치 맛은 모두 다르게 됩니다. 생각에서도 이 논리가 그대로 적용됩니다. 순하게 할 거냐 독하게 할 거냐, 근엄하게 할 거냐 천박하게 할 거냐.

드라마를 보면 연기자가 연기할 때 수많은 작가가 써 준 대본에 의한 말들이 있습니다. 이때 연기자는 이 말도 다르게 할 수 있고 저 말도 다르게 할 수가 있습니다.

화를 낼 수도 있고 웃을 수도 있습니다. 정해 준 대로, 써 준 대로 내 의지와 무관하게 울기도 하고 웃기도 합니다. 헤어지자 할 수도 있고 못 한다고 할 수도 있습니다. 결혼하자 할 수도 있으며 죽는다고 목을 맬 수도 있습니다.

이때 하는 말과 행동들 그것은 시장에서 사 온 여러 가지 김칫거리 가운데서 가리고 골라서 결정된 말들입니다. 작가가 했던 많은 생각 중에서 작품의 대본으로 선택된 생각을 말과 행동으로 내어놓는 생각의 결론입니다.

작가들은 누구나 고르고 골라서 배우들에게 자기가 고른 생각을 말하고 연기하라고 정해 줍니다. 옷을 벗길 수도 있고 둘이 키스를 하게도 합니다.

네 번쨉니다. 오늘 연구에 제목이 되는 '포아' 이야깁니다. 포아는 사막에서 자라는 포아 과(科) 포아 속(屬)에 속한 식물 이름입니다.

세포아, 실포아, 왕포아, 자주포아…… 포아에도 여러 종류가 무수히 많다는 어떤 학술지에 기록된 것을 읽어 본 적이 있습니다.

포아라는 식물은 아주 작은 키를 가졌대요. 그중에 어느 종의 포아는 우리에게 많은 생각을 하게 한다는 것입니다. 그냥 많은 생각이 아닙니다. 생각학 콘체르토의 관점에서 진짜 생각을 많이 생각하지 않을 수가 없게 한다는 사실입니다.

그 풀 포아는 키가 5cm에 불과하답니다. 5cm의 이 풀 포아는 물을 찾아 뿌리를 내려갑니다. 그 뿌리의 길이가 우리를 정말 대단히 놀라게 한다는 것입니다. 그 뿌리는 장장 120km…… 5cm의 키를 키우기 위하여 120km를 뻗어 내린다고 하는 사실, 여러분 - 상상이 가십니까?

저는 일삼아 계산기를 꺼내 놓고 눌러 보았습니다. 120km는 120,000m입니다. 120,000m는 12,000,000cm, 12,000,000cm를 다시 5cm로 나누기를 하면 2,400,000갑절입니다. 키 5cm를 유지하기 위하여 2,400,000배에 이르는 120km까지 헤집고 가야 하는 생명…… 말문이 탁 막혀서 저는 열린 입이 다물어지지가 않습니다.

저자는 여기서 인생과 초생(草生)을 생각했습니다. 한 포기 나약한 풀 포아가 살아가는 초생의 사연, 그리고 수고, 인생은 그에 비하여 먹을거리가 지천에 널렸고 깔렸다고 하는 사실 같은 것 말입니다.

다시 본론으로 돌아왔습니다. '한마디 말을 하려면 세 번을 생각하고 하라'는 말이 있습니다. 저는 이 말 대신 하고자 하는 말이 있습니다. '포아의 뿌리를 생각하라'는 말씀입니다.

포아의 뿌리는 서울에서 청주까지 내려왔습니다. 물을 찾아 그 머나먼 길을 뚫고 다닙니다. 물은커녕 물 기운조차도 찾지 못하고 물 냄새도 맡기 어렵습니다. 겨우 수원쯤 와서야 1cm의 몸이 목을 축일 물 냄새라도 맡았을까요?

폭양에 말라 버린 사막 모래밭 길에 물을 찾아 천안쯤에 오니 3cm 쯤 자란 걸까요? 손가락 두 마디밖에 안 되는 가녀린 몸이 살기 위해 어디까지 가야 하는 걸까? 심각하다 못해 숙연해집니다.

정신을 바짝 차려 생각을 가다듬어 봅시다. 생각의 재료 생각 거리를 이렇게 찾아야 한다는 말씀입니다. 얼른얼른 대충대충 아무거나 찾으면 안 됩니다. 어디로 가야 내 한 몸 지탱할 물 기운을 만날 것인가? 강원도로 가야 할까? 의정부 쪽이 좋으려나, 강동 쪽을 지나 음성 충주 쪽으로 가야 할까? 포아는 생각을 많이 했을 것 같지 않습니까? 우리는 생각을 너무 가볍게 하는 경향이 많습니다. 그런가 하면 우리는 생각을 지나치게 너무 많이 하는 경향도 있습니다.

다섯 번쩝니다. 생각과 아는 지식의 문제입니다. '모르는 사람은 생각의 밑천이 짧다. 그래서 생각이 바르지 못하다.' 여러분— 맞습니까? 틀립니까? 정답은 '생각이란 많이 끄집어내고 많이 다듬는 사람이 바르게 하고 제대로 한다'입니다. 여러분도 같이 생각해 보시기 바랍니다. 그런데 중요한 것은 바르게 생각하는 문제에는 원리가 있다고 하는 것입니다.

첫째로 아는 만큼만 생각한다는 원칙입니다. 안다는 것은 본 것과 들은 것과 경험한 것으로 구분됩니다. 보지 못하였으면 들었어야 하고 듣지도 못하였으면 경험이라도 했어야 합니다. 대부분의 생각으로 얻어야 하는 결론이란 거의 모든 것이 듣지도 보지도 경험하지도 못한 생소한 처음 부닥치는 사안이라고 하는 것이 특징입니다.

이것은 식자나 무식자 모두가 마찬가집니다. 지식이 많은 사람은 배워서 알았거나 깊이 생각해서 결론을 내고 사용해 본 적이 있는 사람입니다. 그러나 그것은 이미 지나간 것입니다. 어제의 정답이 오늘의 정답은 그럴 수도 아닐 수도 있는 새로운 첫 경험에 부딪힙니다. 생각은 항상 새로운 것이기에 말뚝에 매인 소고삐처럼 항상 그 자리에 정지되어 있지 아니합니다.

비슷하면서도 다른 것을 똑같은 것으로 단정하면 생각의 세계에는 범실이요 에러가 발생됩니다. 그것은 하늘과 같습니다.

우리 신개념정신문화연구시리즈의 '정체학'에서는 지구와 우주에 관한 말씀을 드립니다마는 우리는 우리가 사는 이 지구가 어제의 그 자리에 있는 것으로 잘못 알기 쉽니다. 아시는 것처럼 지구는 자전하면서 공전합니다.

학자들의 말을 들어 보면 자전은 지구가 24시간에 스스로 자기 몸체를 한 바퀴 돌아가는 것이지마는 공전은 자전하면서 동시에 365일에 한 바퀴씩 태양의 궤도를 도는 것입니다. 문제는 이때 지구가 공전하는 태양이 송아지 고삐의 말목처럼 그 자리에 그대로 고정되어 있는 것이 아니고 태양은 다시 은하군단을 돌아가고 있다고 하는 것이며 은하군단은 성단을 돌고 성단도 우주 공간을 어디론가 끝도 없이 돌아가고 있다고 하는 사실입니다.

태양이 은하군단을 한 바퀴 도는 데는 15만 광년이란 세월이 소비되는 까닭에 인생 100년이란 세월은 우주 공간에서 불과 빗금으로도 그려 볼 수 없는 너무나 짧은 거리입니다.

분명한 것은 어제의 하늘은 확실하게 오늘의 하늘이 아니라고 하는 사실입니다. 날마다 또 다른 새 하늘입니다. 어제 본 구름과 똑같은 구름은 없으며 어제 본 푸른 하늘이 오늘도 내일도 그 하늘 그대로라고 생각한다면 이 사람은 방금 말씀드린 지식이 부족하여 바르게 생각지 못한다는 결론입니다.

여섯 번쨉니다. 포아와 같은 생각입니다. 현자는 세 번 생각하고 한 번 말하라고 하였으나 포아는 240만 배의 뿌리를 내리면서 생명을 유지해 갑니다. 생각은 포아의 뿌리와 같아서 생명을 유지하는 영양소가 되어 우리의 삶과 우리의 생명을 살아가게 하는 보배입니다.

그런데 생각이 병든 사람이 있습니다. 때론 나의 생각이 병들었으며 여러분의 생각도 병이 들었습니다. 병든 생각은 생명을 죽입니다.

병든 생각이 무엇일까요? 자살입니다. 음주운전입니다. 과속입니다. 거짓말입니다. 욕심입니다. 병든 생각들이 사람들의 행복을 불행으로 고통으로 힘겹게 하고 있습니다. 보다 심각한 문제는 나의 병든 생각을 내가 알지 못한다는 사실입니다.

생각의 영역은 불가침의 영역이기에 의사도 고치지 못하고 부모도 고치지 못합니다. 왜 이런 병이 들었을까요? 생각을 닦지 않기 때문입니다.

'닦고 조이고 기름치자' 자동차 정비소에 가면 볼 수 있는 표어인데 자동차는 닦고 조이고 가름을 쳐 줍니다. 그러나 많은 사람들이 생각은 닦지 않습니다. 더러운 찌꺼기가 생각의 기능을 마비시키고 새로운 생각을 살찌게 하고 자라나게 하는 씨를 뿌리지 않습니다. 영양소를 투여하지 아니합니다.

퇴비도 주어야 하고 태양빛도 비춰 줘야 합니다. 당연 물도 뿌려 주어야 합니다. 내 생각이 건강한가? 누구나 나의 생각을 체크해야 합니다. 혈압을 재고 혈당을 체크하듯 나의 생각을 체크해야 합니다. 분야별 체크리스트가 요구됩니다.

'체력은 국력이다.' 그러나 실은 생각이 국력입니다. 생각은 그 사람의 동력이요 전원입니다. 전기의 힘이 아니면 어찌 기차가 달려갈까요? 생각은 기차가 달려가는 동력이며 전기이며 에너지입니다. 생각을 들추어내야 합니다.

생각을 분해하고 분석해야 합니다. 틀린 생각 고루한 고집, 너무 앞서 가는 무리, 이런 생각은 모든 고장의 원인이 됩니다. 분쟁이 되고 살인이 됩니다. 평화의 비둘기가 되고 사랑의 묘약이 솟아오르는 신비로움도 생각 속에 들어 있습니다.

끝으로 생각하는 삶을 살자는 말씀입니다. 틀린 생각이면 안 됩니다 행복을 해치는 생각이면 안 됩니다. 이혼을 생각하는 생각은 아닙니다. 자살할 수 있다면 살 수도 있는 법, 미워할 수 있는 사람이라면 사랑할 수도 있고 용서할 수도 있으며 배려할 수도 있습니다. 욕심을 낼 수 있다면 양보할 수도 있습니다. 악한 생각을 할 수 있다면 선한 생각으로 바꾸는 것도 가능합니다. 좋은 생각으로 복되게 살아가십시오

/제8장/

생각과 자유

자유는 선택이기에 생각학 콘체르토를 배워야 한다

생각의 본질 속에는 '자유(自由, liberty)'라는 두 글자가 있습니다. 자유는 태어난 모든 사람의 권리이며 이 자유로울 권리는 사람이 생명이 되어 이 땅에 태어나면서부터 받은 하나님이 주신(타고난) 고유의 권리입니다.

기독교에서는 이 자유로울 권리를 '자유의지'라고 하는 용어로 사용합니다. 자유의지는 하나님께서 주신 것이며 하나님이 자유하시기에 하나님의 창조함을 받은 모든 인간들도 역시 똑같은 자유를 누릴 수 있도록 하나님이 하나님의 것을 나누어서 우리들에게 주신 삶의 고귀한 보배입니다.

이것은 마치 하나님의 영이 인간의 생각으로 나누어 분배된 것과 같아서 자유와 영은 생각이라고 하는 기능적 역할을 통해서 하나님의 분신이 되어 우리의 삶을 영화롭게 한다고 하는 것입니다.

첫 번쨉니다. 자유는 인간에게 무엇보다도 유익하고 값진 것이지마는 대부분의 사람들은 하나님이 주신 이 자유를 주신 하나님의 뜻대로 온전히 누리지 못하고 있는데 그 이유가 무엇일까요? 먼저 하나님이 인간에게 자유를 주신 깊은 뜻을 곰곰 생각해 보아야 하겠습니다.

자유는 태어나서 살아가는 인간에게 자유라고 하는 선택을 통하여 삶이 즐겁고 기쁘고 행복하게 하기 위한 방편으로 주신 것입니다.

자유가 아니면 아내와 남편을 내가 원하는 대로 만나고 함께 살아갈 수가 없습니다. 자유가 아니면 내가 마음대로 먹고 싶은 음식을 먹거나 자유가 아니면 내가 갖고 싶은 모든 것들을 내 맘대로 소유하거나 자유가 아니면 내가 입고 싶은 옷을 내 맘대로 자유롭게 골라 입을 수가 없습니다.

그러므로 인간은 누구나 하나님이 주신 자유라고 하는 선물을 받아서 받은 선물로 먹고 마시고 오고 가고 사랑하고 기뻐하는 것입니다. 그러기 때문에 자유보다 소중한 가치는 없습니다. 그렇다면 바로 이와 같은 자유로올 권리를 풍족하게 누리는 길은 무엇이냐? 그것이 바로 생각입니다.

생각은 자유덩어리, 곧 그 자유의 극치입니다. 자유롭게 살아가는 최대의 기능을 우리는 곧 이 생각이라고 하는 자유로이 생각하는 권리를 선물로 받은 것입니다.

그러나 원래는 자유가 인간을 자유롭고 복되게 하고자 주신 것이지마는 하나님 주신 본래의 의도와는 달리 인간은 이 고귀한 자유를 통하여 복되게 살지 못하고 오히려 고통을 받고 슬픔을 당하는 자유의 폐단을 자초하기 일쑤였습니다. 대표적인 예가 바로 에덴동산에서 하와가 선택하였던 선악과를 따 먹었던 사건입니다. 하지만 이에 대하여 많은 사람들이 의문을 가지고 반격하고 도전합니다.

하나님이 이런 것은(선악과) 처음부터 아예 만들지를 말았어야 했을 것 아니냐? 하나님이 왜 그걸 그냥 따 먹도록 그냥 내버려 두셨느냐? 그걸 따 먹지 않게 해서 영생하고 죽지 않게 했어야 옳지 아니하냐? 하나님도 엉터리다. 하나님이 잘못하신 것이 아니냐?

뿐만 아니라 이 문제는 신학자들 간에도 논쟁이 되고 있습니다. 그렇지만 이 심오한 영적인 세계 속의 분쟁 속으로 감히 어찌 제가 뛰어들겠습니까? 하지만 이에 대하여 옳든 그르든 저에게는 저 나름대로 주장은 있습니다. 먼저 왜 자유의지를 주셨느냐고 하는 문제입니다.

그리고 왜 선악과를 만들어 그곳에 두셨느냐고 하는 문제입니다. 그 해답은 '진정한 자유를 주시기 위함'이며 다시 말하면 '우리에게 완벽하게 자유의 온전함을 누리도록 하시기 위함'이라고 하는 것입니다.

세상의 자유와는 달리 하나님이 우리에게 주신 자유는 완전한 자유 그 자체입니다. 완전한 자유는 먹지 말라고 말씀하신 선악과를 따 먹을 금기파괴의 영역도 파괴하고 선택할 수 있는 우리의 상식을 초월하는 자유입니다.

하지만 이것은 자유분방이라고 하는 문제하고는 좀 다릅니다. 이는 선택의 문제입니다. 자유가 제한을 받거나 구속을 받는 다면 그것은 참다운 자유가 아닙니다.

자유는 그 자체 자유라고 하는 말의 의미 그대로 살인도 가능하고 미움도 도둑질도 그 어떤 철옹성도 뚫고 누릴 수 있을 때라야만이 그로서 완벽한 자유가 되는 것입니다.

두 번쨉니다. 그러나 이렇게 말하면 자유의 가치가 변질되어 자유가 오히려 인생을 훼손하는 결과를 가져온다는 것에 문제가 있습니다. 이럴 경우 자유는 자유를 주신 본래의 목적인 사랑하심과 복되게 하려 하심의 뜻을 거슬러서 세상이 온통 자유라는 명제 아래 피바다가 될 수도 있게 되기 때문입니다.

그래서 하나님은 하나님이 소유하신 것 중에서 가장 고귀한 자유를 주시면서 동시에 곧바로 자유로울 수 있는 권리와 함께 이 권리를 사용함에 있어서 권리사용상의 주의할 점을 자유의 중요성 못지않게 또한 동시에 같이 내려 주셨다고 하는 사실에서 초점을 놓치지 말아야 합니다.

그것이 바로 '네가 선악과를 따 먹는 날에는 정녕 죽으리라'라고 하신 자유의 권리사용상의 주의할 점입니다. 그러면 또 이렇게 반격을 할 것입니다. ─줄려면 그냥 주지 왜 제한을 하고 죽게까지 되는 조건을 달아 놓으셨느냐─고 하는 반격 말입니다. 조건 없이 그냥 준다? 무조건으로 줄 경우? 이것은 비유로 설명함이 좋겠다 싶습니다.

아이에게 칼을 줍니다. 과일을 쪼개 깎아서 먹어야 하기 때문에 칼을 줍니다. 그러나 그 칼은 과일도 깎지만 인명도 해칠 수가 있습니다. ─이 칼로 사람의 목숨을 해치는 데 쓰면 너도 죽이겠으니 그러지 말고 하라고 말한 대로 과일만을 깎아야 한다─, 그러니 왜 칼을 주었느냐거나(선악과를 만드심) 칼의 사용하는 방법(선악과는 먹지 말라)은 왜 또 조건을 붙였으며 먹으면 죽는다는 벌칙은 왜 만들었느냐는 등 그 사용법도 정해 주었느냐고 반격을 하면 너무나 당연한 것이 기 때문에 이유를 달면 그것은 억지입니다.

이는 마치 아내를 예로 들면 이렇습니다. 아내는 사랑하고 가정을 구미라고 주신 것인데 자기가 자기 아내와 불화하고는 왜 아내를 주셨느냐고 하는 격이니 아내와 사랑하고 사는 법, 즉 아내 사용법을 위반한 것과 같습니다.

휴대전화의 경우도 또 같습니다. 폰팅하고 연애하고 불륜의 도구 주신 게 휴대전화가 아니거든요. 그래 놓고 휴대전화는 왜 주셨느냐고 한다거나 사용법은 왜 정해 주셨느냐고 따지는 것과 다름없는 억지가 바로 이런 경우입니다.

자유—

그렇다면 이 자유란 무엇이냐? 말 그대로 자유지마는 모든 것이 가하고 모든 것이 불가하다는 것이 아닙니다. 모든 것이 가하고 모든 것을 누리고 선택할 수 있으나 그러나 동시에 자유는 모든 해독을 함께 가진 기능입니다.

행복의 기능도 있으나 불행의 기능도 있습니다. 어떤 선택을 하던 그것은 그의 자유지마는 선택하여 취한 그 선택, 즉 자유의 결과는 이럴 수도 있고 전연 딴판으로 다를 수도 있다고 하는 사실입니다.

그러므로 억지를 부리지 말아야 합니다. 미니스커트를 입고 나가서 왜 내 허벅지가 보여서 창피스러움을 당한 거냐고 말할 수 없으며, 독버섯을 따다 먹고서 왜 독버섯을 만들었느냐고 한다거나 독버섯을 따 먹을 권리와 기능을 어째서 내게 주셨느냐고 하나님께 따질 수 없습니다.

독버섯은 사람이 먹으면 안 되지만 독버섯이 있어야 토양의 변질을 막을 수 있다면 하나님은 당연 독버섯을 만들 수밖에 없을 일입니다.

그러므로 자유를 주신 것에 감사해야 마땅합니다. 자유는 자유 할 권리를 사용함에 있어서 사용하는 방법을 원칙대로 바르게만 지켜 준다면 자유처럼 고귀한 게 없다는 것을 누구보다도 잘 아시기에 우리를 사랑하셔서 선물로 주신 분이 하나님이십니다. 그래서 그렇기 때문에 우리는 이처럼 행복을 추구하고 불행을 멀리하며 살아갑니다.

만일 이와 같은 자유의 원리가 지금의 틀과 다르기라도 하다고 한다면 그러면 우리가 사는 삶은 지금과 같은 인간다움과는 관계가 없을 것이며 마치 짐승과 다를 게 없을 것입니다.

그렇다면 제가 지금 무슨 말을 하는 것이겠습니까? 진정한 자유를 말하고 자유를 연구하자는 것입니까? 아닙니다. 그런 것은 제가 아닌 다른 학자들의 몫이요, 저는 지금 바로 인간의 생각에 대한 생각학 콘체르토를 연구하고 있는 중입니다.

세 번쨉니다 생각은 자유와 동질입니다. 자유에서 분리된 기능이 생각이기에 생각을 말하자면 자유를 빼고는 온전할 방도가 없습니다.

자유가 곧 생각이며 생각이 곧 자유인 것은 지렁이가 반 토막으로 잘려서 각각의 잘린 상처를 아물리고 두 마리로 살아간다고 해도 역시 같은 지렁이인 것과 같이 생각은 하나님의 자유에서 분배받아 우리가 누리는 바로 그 하나님의 자유하심과 동질이라고 하는 말씀입니다.

이처럼 생각은 자유라는 원칙 중에 존재합니다. 그래서 '생각하는 것은 내 맘대로다'라고 하는 생각의 대 원칙이 서 있습니다.

부모도 간섭하고 규제하지 못합니다. 남편도 단속치 못합니다. 이 세상에 그 무엇도 이에 도전할 수가 없는 절대 불가침의 영역입니다. 사람의 심장과 간을 피부로 막으신 하나님은 피부 속에 근육으로 감싸인 갈비로 덮으시고 갈비 속에 다시 삼겹살처럼 이불보 같은 지방과 근육 보자기로 완전 밀봉하시고 그 안에 고이고이 인간의 생명이 호흡하는 폐와 박동하는 심장과 간과 쓸개와 위와 창자를 보관하시고 '살아라' 하시면서 심장을 박동케 하시고 호흡을 일으키시며 섭취한 음식을 소화시키시고 전신에 영양을 분배하도록 핏줄로 휘 감싸 놓으신 것입니다.

바로 이와 같이 신비하고 오묘한 원리는 인간의 두뇌에서 절정을 이루고 있는데 그런데 배도 가를 수 있고 뇌도 열어 볼 수 있지마는 뇌보다도 더 값진 생각이라고 하는 보배로운 선물은 이 세상 그 어느 누구도 감히 범접치 못하도록 창도 칼도 총탄도 파괴할 수 없게끔 아예 하나님은 보이지도 않게 감추어 우리에게 가지라고 주신 것이 자유의 분신인 생각이라고 하는 것이라고 한다는 말씀입니다.

네 번째입니다. 이제 이로서 우리는 우리의 생각의 근원과 원리를 알았습니다. 알게 된 원리의 핵심은 한마디로 말하면 '나는 나의 생각을 내가 내 마음대로 할 수 있다'라고 하는 점입니다.

맞습니다. 생각은 자유입니다. 불가침이며 배타적이며 독립적 존재입니다.

그러나 생각은 생각의 결과에 따라 그것이 선악과가 된다는 것에 유의해야 합니다. '잘하면 복되고 잘 못하면 망친다.' 그렇습니다.

그러니 먼저 생각은 어떤 것이거나 반드시 결과가 되어 좌로든 우로든 좋든 나쁘든 생각은 이유 없이 무조건 생각한 생각의 결과가 맺힌다고 하는 사실입니다.

꽃은 그저 그냥 피는 것이 아닙니다. 꽃은 반드시 피어난 그 꽃송이 속에 열매를 감추고 피었다가 열매로 마감된 꽃핀 결과를 결실로 영글게 합니다. 바로 생각이 이와 똑같습니다.

생각은 결론이 되어 말과 행동이라고 하는 열매를 내뱉습니다. 그래서 부산으로 갈 수도 있고 그래서 목포로 내려갈 수도 있으며 그러므로 바다로 갈 수도 있게 되고 산으로 가게도 될 수가 있는 것입니다. 그래서 그 결과 그렇게 생각하고 떠난 그 길에서 사고를 당하기도 합니다.

그렇게 떠난 길에서 배필로 살아갈 아내도 만납니다. 그러니까 무엇입니까? 생각은 인생이며 살아가는 삶 그 자체가 된다고 하는 것입니다.

그렇다면 이제 생각의 가치를 알았습니다. 그러나 알고 났기에 그로 인하여 유익보다 불안이 더 많아지게 되었으니 그러니 어쩌란 말이냐? 그렇다니까 어디 무서워서 살겠느냐? 모르느니만도 못하다 공연히 피곤하여 생각하기조차도 겁난다, 어떤 선택을 해야 하느냐? 어디 겁나서 살겠느냐? 그러면 잘 생각하는 것이란 도대체 뭔지 그걸 어떻게 안단 말이냐?

그래요 알아들었습니다. 한마디로 말하면 정답은 이렇습니다. 하나님이 선히 인도하시나니 그래서 크리스천에게는 바른 생각으로 사는 표준으로 주신 하나님의 말씀인 성경이 있다 그 말입니다. 다시 또 이렇게 말하면 비크리스천의 문제가 생깁니다. 역시 이쪽에도 할 말이 있습니다. '부모님의 가르침을 받아라.' '윤리도덕을 존중하는 삶을 살아라.'…… 부처님의 가르침을 깊이 묵상하고 스님의 기도를 받고 살라입니다.

다섯 번쨉니다. 이렇게 말하면 제 연구는 여기서 끝나는가 싶을 수도 있습니다. 아닙니다. 이제 생각의 근본원리와 원칙을 알았으므로 알게 된 원리와 원칙을 어떻게 활용하느냐의 문제입니다. 먼저 떠오르는 생각을 분석해야 합니다.

분석은 이미 분석이란 제목의 연구에서 말씀을 드렸습니다. 그러나 분석의 또 다른 원리에 대하여 좀 더 드릴 말씀이 있습니다. 바로 거울에 비쳐 보듯, 자로 재어 보듯 기준에 맞고 않고를 분석해서 결정해야 된다고 하는 사실입니다.

생각은 떠오름만으로 됐다라거나 가치가 있다고는 못 합니다. 떠오르는 생각이란 대부분 버려야 할 것이 더 많기 때문입니다. 버리느냐 다듬느냐? 이 문제에 대한 우리의 생각을 고품질화시켜야 마땅합니다.

고품질화란 제조업체로 말하면 기술력입니다. 기술력의 생명은 활용가치이며 시장성입니다. 활용가치는 나의 유익이며 시장성이란 상대와의 상충 유무에 해당 됩니다. 나의 유익은 만족한가의 문제이며 행·불행의 문제입니다. 상충유무는 찬성과 거절이며 찬성은 상대의 손익의 문제와 직결됩니다.

비유를 들겠습니다. 형제가 고기를 잡으러 가 한강에서 그물을 끌어 올렸습니다. 고기보다 더 값진 금덩어리가 올라왔답니다. 금덩어리를 끌어 올린 형제의 마음은 둘이가 서로 달랐습니다. ─반반씩 나누면 되겠구나─ 쉽게 생각하였으나 곧 형의 생각은 달라졌습니다.

내가 던진 그물에서 올라왔으므로 동생에게는 반에 반만 주어도 되지 않을까 하는 생각이었습니다. 그런데 쉽게 반반으로 나눌 생각이었던 동생의 생각도 순간 달라졌습니다. 이 배가 내 배이니까 이럴 땐 배 주인이 더 많이 가져가는 게 맞다는 생각이 떠오른 것입니다.

그 순간 각기 다른 형제의 눈동자가 마주쳤습니다. 동생은 형의 눈동자로 마음을 읽어 내었고 형도 역시 동생의 생각을 읽을 수가 있었습니다. 형제는 서로가 아무 말도 못 하다가 누가 먼저라고 할 것도 없이 동시에 말했습니다.

─우리 고기나 잡읍시다.

─우리 고기나 잡자꾸나.

그리고 끌어 올린 금덩이를 동시에 도로 한강에 내던져 버렸다고 하는 옛이야깁니다. 이것은 제가 약간 각색을 해서 드린 말씀입니다마는 생각이란 이와 같아서 '갈 때 다르고 올 때 다른 것'이며 비슷한 예의 이야기는 바로 도둑놈 이야기에서도 알 수가 있습니다.

그럼 도둑놈 이야기도 해 볼까요? 다들 잘 아십니다마는 다시 한번 음미해 보는 뜻에서 말씀을 드려 보겠습니다.

도둑질도 손발이 맞아야 한다는 말이 있습니다. 손발이 잘 맞는 도둑이 거금을 훔쳤습니다. 도둑질에 성공하기까지─ 여기까지에는 물 샐 틈도 없이 모든 의견이 일치했습니다. 그러나 일이 성공하자 둘의 생각은 달랐습니다. 제사는 잘 지냈는데 제사상을 앞에 놓고 수저를 들자 욕심이 생긴 것입니다.

두 사람 사이에 상충된 생각은 의견 충돌이 되고 화가 나서 소리를 지르고 싸움이 벌어졌습니다. 그래서? 그러던 차에 '이놈 잡아라' 하고 달려온 경찰에게 잡히고 말았다고 하는 것입니다. 역시 생각에 대한 말씀입니다.

여섯 번쨉니다. 생각은 선택 자체가 결실로 연결됩니다. 잘못 들어선 낯선 길은 목적지로부터 점점 멀어만집니다. 그러므로 온전한 생각의 기초를 바르게 놓아야 하는데 바르게 놓아야 한다는 말은 '아닌 것은 아니다'라고 하는 뜻입니다.

그러니까 바로 이때가 중요합니다. '아닌 것은 아닌 것'이라고 할 때 '아닌 것'이란 무엇이 아닌 것이겠습니까? 가령 크리스천이 룸살롱을 인수해서 돈을 벌어 보겠다고 하는 생각 같은 것이 바로 그 '아닌 것'에 해당됩니다.

어떻게 알 수가 있을까요? 그렇게 하는 것은 하나님이 복을 주시지 않는 잘못된 선택이라고 하는 것쯤은 크리스천이라면 누구나 쉽게 판단할 수 있는 '아닌 것'으로의 분별이 가능하기 때문입니다.

또 비크리스천 쪽으로도 비유해야겠지요? 불제자(불교인)가 보신탕집을 해서 돈을 벌어 보겠다는 발상이라거나 무종교를 가진 사람일 경우에는 부모나 스승이 평생 아니라고 하셨던 것을 굳이 선택한다고 하며는 역시 이 경우가 '아닌 것'에 해당된다는 말씀입니다.

그런데 그렇고 아니 그렇고의 판정은 무엇을 근거로 하겠습니까? 바로 세상의 법이면 세상의 법이며 하나님의 법이면 하나님의 법, 불경에 배치된다면 불자의 법, 사회통념이나 일반상식 또는 순리거역이나 인륜에 어긋나는 것, 사회정의에 반하거나 시대상황에 배치되는 경우 이럴 경우가 전부 아닌 것은 아니라고 하는 자유의지의 권리사용원칙에 위반되는 것이어서 애초에 자유로운 생각의 권리인 선택에서 내던져 버려야 하는 생각기능 활용원칙에 맞지 않는다고 하는 사실입니다. 이와 같이 생각기능 활용원칙에 반하는 것, 저는 이것을 '원리에 맞지 않는다'라는 표현을 자주 씁니다.

가령 제가 이렇게 말한다면 그런 생각은 틀린 것이며 끌어내지도 더 이상 분석하지도 그렇게 결론을 내려고도 하지 말라고 하는 말입니다. 그러나 현실은 애석하게도 그릇된 생각들로 가득 차다 못해 아예 그쪽으로 생각이 굳어진 사람들이 많습니다.

일곱 번쩹니다. 어떤 사람이 그렇다고 하는 것일까요? 정치인 중에 많이 있다는 말씀입니다. 본무(本務)에 충실해야 할 정치인이 재물에 치중하여 부를 좇다가 감옥에 끌려갑니다.

이것이 바로 생각의 문제다 그 말입니다. 어린아이를 유괴하여 돈을 빼내려는 발상도 있습니다. 강단에 선 교수가 부정입학이나 대리시험으로 돈을 챙기는 경우입니다.

부적절한 관계로 말미암아 간통죄를 뒤집어쓰고 한평생 쌓아 올린 인기의 공든 탑을 일거에 허무는 연예인의 경우도 있습니다.

불량 식품을 만들어 횡재를 꾀하려다가 잡혀가는 사람, 마약이나 밀수로 한탕을 벌이려는 사람, 부동산을 불법으로 취득하려다가 덜미를 잡히는 사람, 유부녀의 신분을 팽개치고 은밀한 간통을 일삼다가 버려지는 줌마님들……

모두가 다 하나님이 주신 자유, 그러니까 보이지 않는 생각이라고 하는 생각성 범죄자들입니다.

그러니 이제 우리 생각을 잘해 봅시다. 어떻게 생각하는 것이 생각 다운 생각인지 다시 한번 깊이 생각합시다. 그래서 하나님이 주신 생각을 가지고 행복하고 보람찬 인생길 감사하고 기뻐하며 복되게 살아갑시다. 부모님이 낳아 주시고 길러 주신 내 몸속에 물려받은 고귀한 생각의 보배를 닦고 조이고 기름 칩시다. 좋은 일이 많아질 수가 있습니다. 모든 것이 가하고 안 될 일이 없습니다. 미운 남편? 사랑하기에 알맞은 묘약이 있습니다.

안 풀리는 사업? 탈출구가 있습니다. 생각이…… 바로 생각이라고 하는 그 생각이 열쇠입니다. 생각의 키는 행복의 문을 엽니다.

사랑의 문을 엽니다. 복된 인생의 문을 열고 생각은 행운의 천사와 행운의 여신을 만나러 가는 지름길을 펼쳐 줍니다.

/제9장/

생각학 콘체르토로
보는 내일

＃ 미래는 이미 생각대로 결정된 줄 아는가?

인간은 현재(現在, present)'를 거치면서 미래(未來, future)'를 바라보고 오늘을 삽니다. 그러나 인간에게는 그 속에 과거(過去, past)'가 존재하고 있습니다. 생각학 콘체르토라고 하는 새로운 학문에 도전하는 저는 이제 현재와 미래에 대하여 생각하면 유익한 것에는 무엇이 있는가에 관한 말씀을 드리려고 합니다.

역시 제가 월등하기에 드리는 말씀이 아닙니다. 마찬가지로 이는 제가 말함에 따라 여러분이 저와 같이 생각학 콘체르토라고 하는 연구주제에 동참하여 우리의 생각을 다듬어 보는 계기가 되기를 바라는 것입니다.

첫째로 과거입니다. 과거는 생각 속에 담겨져 있습니다. 그러므로 과거 역시도 만져지지 아니하고 보이지 아니합니다. 과거에 먹었던 음식을 다시 먹을 수 없으며 과거에 만나고 사랑했던 사람을 현실에서 다시 만나고 사랑할 수 없습니다.

긴말이 필요치 않습니다. 과거는 생각이라고 하는 영으로 생각 속에만 살아 있는 무형체입니다. 과거도 당시에는 현실이었습니다. 그러나 현실은 과거와 분리되었기에 예를 든다면 전생과도 같은 죽음 이전의 삶과 다름이 없습니다. 과거는 여기에 묘미가 있습니다. 과거에 대한 기억에 관한 신비한 맛이 그것입니다.

저나 여러분이 생각으로 간직하고 있는 과거 ― 그러나 이 과거에도 한계가 있다는 것에 관심을 가져 볼 필요가 있다는 말씀입니다. 제 기억 속에 가장 오래된 과거는 제 나이 네 살 정도였던 여름밤의 바깥마당입니다. 저는 아버지의 등에 업혀 대추나무가 심겨진 바깥마당에 나갔습니다. 등에 업히니까 마냥 좋다고 하는 그때의 느낌 ― 제가 가장 오랜 기억으로 간직하고 있는 과거입니다. 그리고 그 이상은 아무리 애를 써도 그날보다 더 이전의 날에 대한 기억은 없습니다.

그 이상은 생각이 담겨진 생각자루를 아무리 쥐어짜고 비틀어도 나오지 않는 과거요 무 기억입니다. 이를테면 제가 출생하던 그날 밤의 새벽 같은 경우입니다. 제가 태어난 국망산과 보련산 사이의 동네도 안 보입니다. 후일 나이가 들어서 태어난 마을을 가 보았으나 당시는 광산이었다는 그곳은 폐광이 되고 사람도 살지 않는 그저 널찍한 골짜기일 뿐이었습니다.

그러나 저는 분명 그 거기서 태어나기 이전 모태에도 있었고 출생후 3년, 4년의 유아기가 있었습니다. 하지만 그 유아기에도 존재하였으나 과거라고 하는 생각의 창고 속에 그것은 보전된 게 아무것도 없습니다. 바로 여기에서 생각에는 '잊힘'의 특성도 있음을 알게 됩니다.

그러나 어쩌면 이 경우는 '잊힘'이란 말은 틀린 것일지도 모릅니다. 이것은 잊힌 것이 아니고 아예 없는 것이라고 해야 한다거나(영의 영원성을 부인하면) 이것은 있어도 모를 수밖에 없도록 '감추어 두신 것'이라고 해야 하겠습니다.

없는 것이라 하고 말아 버리면 생각학 콘체르토와는 거리가 멀어집니다. 심지어 이런 사람에게서는 종교적 본성도 기대하기 어렵게 됩니다. 보이지 않고 볼 수가 없고 생각도 못 하는 것이 존재한다고 하는 것을 믿는다는 것은 무모한 게 아니냐고 말하면 어려워집니다.

그게 아니면 있으나 안 보이는 경우입니다. 있는데 안 보인다는 것에 대하여는 따로 말씀하겠습니다마는 여기서는 우선 안 보여도 있는 것은 엄연히 있다는 말씀과 보이는 것보다 안 보이는 세계가 숫자로 말할 수 없을 정도의 어마어마한 실체로 존재한다는 데까지만 말씀드리겠습니다.

생각도 동일합니다. 생각은 숫자가 수천억 개라고 해도 부족하지마는(22해) 그러나 생각의 영역도 미치지 못하는 무한한 궁창이 있다는 말씀입니다. 바로 이제 말씀드린 4세 이전의 성장기와 어머님의 태내에서 자라난 10개월 같은 것의 경우입니다.

두 번째입니다. 과거는 일단 생각으로 존재합니다. 또 감추어 둔 4세 이전과 모태에서의 세월을 제외한 과거는 그 수가 수천억 개나 보존되어 생각 속에 들어 있습니다. 그것은 살아온 세월이 60년뿐이라고만 할 경우 이렇습니다. 과거는 한 시간당 몇 개가 보전될까요? 슬쩍 슬쩍 스치고 지나가는 과거에 대하여 한 가지 예를 들어 보겠습니다.

한순간을 1각이라 하고 1각을 1초라고 정해 볼까요? 가령 1초 동안 번개가 쳤다고 합시다. 소리 난 방향, 소리 난 크기, 번쩍하던 밝기와 색깔, 아주 최대한 줄여서 그 1초를 현재라고 할 때에 간단하게 이 세 가지만을 설정합니다. 1년×365일×24시간×60분×60초×3가지×50년=? 47억 3천4십만이라고 하는 숫자가 나오고 있습니다.

그러나 사실 인간은 이보다 다시 수천 배에 이르는 기억들을 생각이라고 하는 별도 각각의 저장고에 현재와 동일하여 변질되지 않은 채로 고스란히 간직하고 있습니다.

그리고 필요하면 그때그때 그걸 꺼내서 다시 봅니다. 자기 혼자만 생생한 현실처럼 그렇게 쳐다봅니다. 냉장고에서 꺼낸 것과 비교도 안 되는 생물이요, 살아서 펄쩍 뛰는 활어상태로 바라봅니다. 과거는 이렇게 죽은 듯하나 살아 있습니다.

생각이라고 하는 명제는 바로 이 대목에서 부딪칩니다. 과거가 현재가 되어 자기만 알고 인식하는 현실로 고스란히 현재에 적용된다고 하는 사실입니다. 그래서 자라 왔던 과거가 그의 현재에 직접적으로 관계되어 본질에 작용됩니다. 그래서 과거는 그의 고정관념이 되고 그의 사상과 사고가 됩니다.

이 문제가 어렵게 하고 이해가 안 가게 하는 원인이 되어 대화가 안 되고 타협이 안 됩니다. 그래서 싸우게도 하고 그래서 사랑하게도 하고 그래서 분쟁도 발생합니다.

하지만 이와 같은 과거는 수천억 개의 분자로 자기만 아는 논거의 뿌리가 되지마는 그러나 실은 수량상으로 볼 때 실제로 한 개인의 과거라고 하는 것이 얼마나 적은가요? 두 사람이 만나 무언가를 논한다고 할 적에 수천억 개의 과거와 과거가 상충하고 조화됩니다.

하지만 50세가 된 사람의 경우에 그것은 50년에 걸쳐 쌓인 숫자입니다.

단순 숫자라고 하면 미흡하다 싶지만 모든 인류가 간직한 과거로 볼 때 다시 47억 3천만 가지의 과거를 70억의 인류의 수자로 곱한다고 하면 계산기가 고장이 난 것처럼 응답을 못 합니다. 그렇다면 그 모든 생각 속의 과거들을 전부 보관하신 하나님의 생각창고 규모는 어느 정도라고 하겠습니까? 놀라운 일입니다.

어쨌거나 과거는 생각의 재료입니다. 생각 거리는 현재에 작용하는 재료가 됩니다. 재료 없이 김장을 담을 수 없는 것처럼 과거는 현재의 생각할 방향을 결정해 주는 핸들이 되는 것입니다.

세 번째로 현재입니다. 엄밀히 따질 때 과연 현재라고 하는 것은 존재할까요? 분명 존재한다고는 하겠으나 사실 현재처럼 순간이며 현재처럼 찰나에 해당되는 것도 없다고 생각합니다. 이때의 현재는 어쩌면 찰나보다도 더 짧은 단어가 있다면 그 말을 써야겠군요.

현재는 무엇이냐? 현재는 쌓이는 과거를 위해 존재합니다. 하늘을 가르는 혜성과도 같이 빠른 것이 현재입니다. 혜성은 초당 몇 km를 간다고 하던가요? 혜성의 속도를 말하면서 km란 단어는 턱도 없습니다. 왜냐하면 광년을 들이대어야만 혜성의 속도를 말할 수 있을 테니까요.

현재는 광음보다 빠릅니다. 살같이 빠르다는 말은 가당치도 못하고 광음보다 빠르다는 말로다 다 못 한 것이 현재입니다. 그러므로 생각이란 너무 빨라 찰나를 넘어 과거로 쌓입니다. 그러나 이 짧은 현재는 참으로 중요합니다.

동시에 사람이 현재를 산다고 하는 것이 너무너무 중요합니다. 속절없이 흘러가는 이 시간 저나 여러분은 지금 이 아까운 현재를 어떻게 보내고 있습니까? 그러나 현재는 단 하나라고 하는 것에서 금쪽으로도 비교하지 말아야 합니다.

금쪽보다 더 귀한 그 무엇으로도 현재는 비교의 대상이 아닐 정도로 그렇게 소중합니다. 그래서 시간은 금이다—라고 하는데 저는 어찌 금 따위로 비교하느냐고 묻고 싶습니다. 현재는 나를 이루게 하는 전부가 되기 때문입니다. 그래서 사람은 현재를 인식하는 생각의 세계를 생각함이 마땅합니다. 그러면 이를 위하여 우리 한번 여기서 현재의 나를 보기로 할까요? 눈으로 보는 게 아니라 우리의 생각으로 현재의 나를 보자는 말입니다. 당신은 현재 무얼 하십니까? 일단 저와 여러분은 아는지라 빼고 봅시다.

수많은 사람들에게 낮과 밤으로 현재가 다가오고 지나갑니다. 낮은 낮에 부여된 일을 하고 밤은 밤에 알맞은 휴식을 가집니다. 현재를 소중한 과거로 쌓기에 좋은 현재로 순간순간들의 현재를 사용합니다. 그래서 모두가 자기를 형성하는 거리와 거리(재료)로 값지게 맞고 흘려보냅니다.

그런 분들 말고 도무지 현재를 의식치 아니하는 사람들 말입니다. 첫째는 현재의 가치를 도외시하는 경우입니다. 현재를 의식치 못하는 이들의 현재는 문제입니다. 쌓는 게 없습니다. 나쁜 걸 쌓습니다. 무익함을 모릅니다. 생각 없이 흘러가는 세월— 현재가 더럽습니다.

오염되고 질식될 매연을 마십니다. 화재현장 불 속에 자욱한 연기

속 잠시 후 생명이 끊어지게 될 불 속에서도 불난 것을 모릅니다. 생각이 잠들어 버렸기 때문입니다. 그게 아니라면 생각이 마비되었습니다. 인생의 핸들이 고장 나서 작동을 못 합니다. 지금 나는 무엇을 하고 있는가?

현실은 인식되어 마땅합니다. 인식이란 무엇일까요? 선과 악입니다. 복과 화입니다. 사랑과 미움이며 기쁨과 슬픔입니다.

만져지지 않는 과거와 달리 현실은 눈으로 보이고 손으로도 만져집니다.

아내를 구타하느냐? 애무하느냐? 양서를 읽느냐? 악서를 읽느냐? TV에서 악취를 마시느냐? 향취를 마시느냐? 길을 가느냐? 길이 아닌 길을 길이라고 가느냐? 술을 마실 것이냐 말 것이냐?

네 번쨉니다. 매우 중요하다고 여기는 문제입니다. 현재는 현재를 낳는다고 하는 것입니다. 현재는 무한한 현재의 연속으로 이어집니다. 요는 선이면 무한한 선으로 이어지는 것이 현재이며 악이면 무한 연속적인 악이 되어 끝없는 현재로 이어진다는 것입니다.

과거와 현재는 다른 것이 있습니다. 과거는 현재로 나타나지만 나타나는 형상이 다릅니다. 다만 현재를 결정하는 재료의 역할을 할 따름인 그것이 과거입니다. 그러나 현재는 생생한 현재 그대로 살아납니다. 과거와 현재는 원천적으로 이것이 다릅니다.

복된 현재는 복된 과거로 간직되고 그릇된 현재는 그릇된 과거로 간직되지마는 현재는 무한한 현재에도 동일한 역할을 계속 시킵니다.

복된 현재는 복된 현재로 나타나고 그릇된 현재는 역시 그릇 된 현재로 이어지는데 과거는 복된 과거가 복된 현재로 이어지고 그릇된 과거가 그릇된 현재로 역사(役事)하지는 못한다는 사실입니다.

그래서 살아가는 사람이 진실로 유찰(有察)하여 마땅한 것이 현재입니다. 현재가 더러우면 돌아서야 합니다. 현재가 아내에게 해로우면 돌아서야 합니다. 현재가 게으르면 고쳐야 합니다. 현재가 아닌(이 래서는 안 되는) 것은 떠나야 합니다. 나는 현재 누구를 미워하는가? 나는 현재 과속하지 아니하는가? 나는 현재 불법에 속하지 아니했는가?

나는 현재 하나님(부처님)의 법(가르치심)을 거역하지 아니하는가?

내 아내가 좋다 하는 생각을 실천하느냐? 싫다 하는 생각을 행동에 옮기느냐? 유익지 못한 일에 고집을 세우지는 아니하는가? 빈정빈정 놀면서 객기에 심취하는가? 돈을 낭비하지 아니하는가? 나의 욕망을 채우기 위해 누군가를 아프게 하지 아니하는가?

내 욕심으로 인해 손해 보는 이는 없는가? 소중하기가 말로 할 수 없는 인생의 현재를 삽니다. 무엇을 하면 현재가 존귀한가?

내게 유익한 책을 읽느냐? 무익한 취미에 시간을 버리느냐? 현재, 현재 지금 지금…… 거듭 나를 살펴보아야 하며 그것은 생각의 눈으로만 보이는 것입니다.

다섯 번째입니다. 미지(未知)의 세계 미래입니다. 미래는 미지라고 하기보다는 완전부지(完全不知)의 세계라고 함이 옳을 겁니다. 부지(不知)의 미래를 살아가는 인생 속에 저와 여러분이 속했습니다.

그러므로 사람은 정말 가엽다고도 생각됩니다. 모르는 내일을 살아간다는 것은 얼마나 고통일까요? 그런데 참 이상한 것은 누구도 내일을 모른다고 해서 힘들다 괴롭다 하지는 않는다는 사실입니다. 그러므로 미래에는 우리가 측량치 못할 신비한 인생의 비밀이 있습니다.

이 비밀이란 살아가는 기쁨이며 살아가는 행복과 밀접한 관계가 있는 것이지마는 반대로 알지 못하는 미래로 인하여 때로는 걱정과 근심과 불안을 주기도 한다고 하는 점입니다. 그래서 미래에 대하여는 많은 생각을 해 보아야 합니다. 이는 많은 연구라고도 말할 수 있으나 생각학 콘체르토란 관점에서는 연구라고 할 게 아니어서 생각해 보아야 한다고 말한 것입니다. 미래에 대한 많은 생각- 이제 미래를 생각해 보겠습니다.

미래의 정체는 짐작도 측량치도 못한다고 하는 것이 저의 첫 번째 말씀입니다. 이전의 연구에서도 말씀드렸고 또 우리 인생정신문화연구시리즈 정체학에서도 말씀드리겠습니다마는 지구에 사는 우리는 어제의 하늘이 오늘의 하늘이 아니라고 한 것처럼 우리의 미래 역시도 고정된 미래는 아닙니다.

미래는 무한대의 다른 수천억의 갈래를 가지고 우리에게 다가오고 있다는 말씀입니다.

우선 먼저 미래와 현재에 대하여 생각해 보기로 하겠습니다. 현재는 지나가고 있으면서 동시에 미래입니다. 현재는 항상 고정되지 않는 것인데 그렇게 다가오는 현재는 미래의 일부입니다.

그러나 미래는 현재라고 하는 줄을 따라 다가옵니다. 현재의 끈이 붉으면 붉은 미래가 현재로 다가옵니다. 현재가 검으면 검은 미래가 현재가 되어 다가옵니다. 이 말은 현재와 미래가 한 줄로 연결되어 있다는 말씀입니다. 낚시의 바늘이 낚싯줄에 달려 있는 것처럼 미래는 현재가 되어 나타나는데 나타나서 우리에게 올라오는 물고기가 곧 현재로 결정된다는 것입니다.

가령 현재의 다른 이름이 되는 지금 물건을 훔치는 도둑에게는 현재가 되어 다가오는 미래는 반드시 붙잡혀서 마땅히 도둑이 받아야 하는 형벌의 현재가 나타나는 것이 미래입니다.

그러니까 이런 측면에서의 미래는 그 예측이 가능합니다. 미지와 부지의 미래를 유지(有知)의 미래, 아니면 감지(感知)나 인지(認知)의 미래로 현실처럼 알 수도 있다고 하는 것입니다. 이것은 미래부지가 아니라 미래유지(未來有知)의 원리라고 생각합니다.

미래는 모른다지만 미래는 예측이 가능하기도 하고 감지도 가능한데 그것은 현재야말로 미래를 끌고 오는 견인차(牽引車)이기 때문입니다.

그러므로 여기에 생각학 콘체르토의 가치가 있습니다. 생각이라고 하는 영체(靈體)는 어느 정도의 다듬술(術)에 의하여 인생을 복되게 하기에 유익하기 때문입니다. 그래서 이로 말미암아 미래의 정체가 현재로 드러납니다.

기독교에는 감지와 유지의 미래를 천국이라 하는데 천국은 미래이나 미래의 천국은 살아 있는 지금 곧 현재 하나님을 믿는 믿음을 가지면 하나님의 나라 천국의 미래가 보장된다고 말하는 것입니다.

이것은 역시 불교에서도 비슷합니다. 윤회(輪回)에 이어진 해탈의 끈에 매달려 열반이 오는 것이므로 열반이란 현재와 연결된 고리여서 극락과 지옥의 원리나 인과응보나 업장의 원리도 역시 현재와 미래가 같은 한 줄에 연결되어 있다고 하는 논리입니다. 그러나 생각학 콘체르토에서는 종교도 말하지만 일반론에 근거하여 객관적인 각도를 중시합니다. 그렇다면 과연 미래의 정체는 무엇일까요?

여섯 번쨉니다. 미래의 상당한 부분은 나의 생각에 의하여 만들어진다는 말씀입니다. 자기의 미래는 자기가 만들고 어느 누구도 대신 만들어 주지는 못합니다.

미래를 만든다는 말은 내일을 만든다는 말과 동일한데 내일은 각각 자기가 자신의 내일을 현재라고 하는 낚싯대와 줄과 미끼로 만드는 것이라는 게 저의 생각입니다. 그러나 미지부지의 미래를 만든다는 말은 창조의 법칙에 어긋난다고도 보겠으므로 창조와 미래와 미지부지에 관하여 말하지 않을 수가 없습니다.

창조의 원칙에서 미래는 감추어진 게 맞습니다. 이는 현재가 아무리 합당하여도 미래의 형상은 우리의 현재와 당연히 맞아떨어지지 않는 경우가 많기 때문입니다.

그래서 미래니 내일에 관하여 생각학 콘체르토를 쓰고 말하기에 어려움이 있습니다.

예측 불가로 다가오는 미래는 순순하게 조금 전 말씀드린 바와 같이 심는 대로 콩이면 콩이 나고 팥이면 팥이 나는 게 아닌 경우가 많기 때문에 정말 미래는 완전부지의 세계라고 하면 거기에도 대항치 못합니다. 왜냐하면 과연 미래를 예측이나 실측으로 알 수 있다면 오늘의 행복도 행복으로 느끼는 인생의 맛이란 하나도 없게 됩니다.

오늘 기뻐하고 웃으면서 내일은 슬퍼하고 운다거나 아니면 1년 후나 3년 후에는 가슴이 찢어질 일이 발생된다는 것을 미리 알기라도 한다면 오늘의 기쁨이 기쁨이라고 누릴 만하겠습니까? 내일의 슬픔을 미리부터 걱정하고 웃기는커녕 지금부터 울게 될 것이며 웃다가도 눈물이 날 것입니다.

그러니까 인생은 오직 그날 한순간의 감정대로 살게 됩니다. 당시에 도취되어 그것으로 오만하기도 하고 건방도 떠는 겁니다. 무시도 하고 거드름도 피우고 사람을 얕잡아도 보고 괄시도 합니다.

그러나 미리 미래를 안다면 어떨까요? 어느 날 맥아더 장군이 인천 상륙작전으로 공산치하를 해방시킬 줄 알았다면 누가 붉은 완장을 찼을까요? 우리나라가 해방될 줄 알았다면 누군들 친일파가 되었을까요? 모르기 때문에…… 그래서 산다는 것이 어렵기도 하고 아찔한 삶의 맛이 있는 것입니다.

이토록 신비로운 미래와 내일, 이 모든 비밀의 열쇠는 바로 '바람……'이라고 표현할 수 있는 '기대심리'라고 하겠습니다. 바람과 기대는 욕심현상으로도 나타나지만 그보다 건실한 측면에서는 '기대와 기다림', 즉 '소망'으로 높이 떠서 우리로 바라보게 한다는 것입니다.

그러므로 험한 산중보다 더 거친 광야 같은 세상에 버려지듯 태어난 인생들은 이와 같은 미지의 미래에 대한 기대로 현재를 착각하기 쉽습니다. 심는 대로 거두는 것이 미래의 법칙이라 하여도 이를 무시합니다.

그저 심는 것과 다르게도 나타나는 것이 미래라고만 여기고 로또복권에 빠져들고 도박에 빠지고 마약과 밀수와 음란과 향락에 빠져듭니다. 내일은 없다 - 내일을 완전 부정하고 끈처럼 현재에 달려 있는 내일은 무시합니다.

역사드라마나 영화를 보면서 자주 생각에 잠기는 것이 있습니다. 드라마 대장금을 예로 든다면 서장금에게는 드라마 속의 당시가 현재입니다. 거기에는 임금님도 있고 악질 최 상궁이나 제조상궁도 현재로 살아 움직입니다. 지금은 다 숨진 사람들이지만 우리는 지금 그때 그들의 현재를 보고 있습니다. 그렇게 살다가 어디로 갔을까? 서장금의 무덤을 모릅니다. 혹 안다고 해서 찾아가 보면 많은 생각이 교차됩니다.

수년 전 저는 혼자서 강화도의 가릉과 공릉을 다녀왔는데 최근 이 두 개의 능을 발굴하여 당시의 유물을 많이 출토했답니다. 깊지 않은 야산 속에 묻힌 왕비는 현재라고 하는 삶을 살았을 것입니다. 그러나 더 이상의 미래가 현재가 되는 생존의 세계는 떠났습니다.

서장금에게 있어서의 현재는 얼마나 소중하였던가? 그러나 우리가 사는 우리의 현재에서 볼 때 서장금이 살았던 당시, 즉 그의 현재는 어디로 갔나요? 미래는 무한하지만 각자의 개개인, 즉 저와 여러분 자신 각각 한 사람에게는 유한하다는 사실입니다.

한 사람에게 있어서의 과거는 태산보다 더 큽니다. 한 사람에게 있어서 현재는 정금보다도 소중합니다. 이렇게 크고 소중한 과거와 현재를 지나면 어떤 사람에게도 현재와 연결된 미래가 펼쳐집니다. 이 모든 과거, 현재, 미래는 마르지 않는 샘물이요 줄지 않는 바다보다도 더 거대합니다. 그런데 미래는 유한하여 미래에는 끝이 있단 말입니다.

그러나 미래는 결코 사라지는 게 아닙니다. 공급이 중단되는 단수 현상이며 이것은 현재가 끝나는 죽음입니다. 수도꼭지에는 물이 나오지 않아도 수도국의 물탱크는 여전히 차 있는 것처럼 한 사람의 현재는 끊어져 죽었더라도 하나님의 창고에는 여전히 마실 물이 있습니다.

생각을 다시 공급받는 무한한 새 생명들이 태어나서 과거를 쌓으며 현재를 거쳐서 미래를 퍼내는 삶으로 살아간다고 한다는 말씀입니다.

일곱 번쨉니다. 미래를 생각하고 미래를 창조하여 복된 내일로 맞이하는 방법은 무엇일까에 관한 말씀입니다. 그러나 이런 방법을 알 수 있다면 인류역사상에 유례가 없는 대 선각자가 되는 게 아닐까요?

이 시대에 철학의 대성이 나타났다고 야단일 겁니다마는 말도 안 되는 것이라고 보고요, 그래서 다만 생각이나 해 보자는 수준에서 더 이상의 기대는 못 할지도 모른다는 생각도 듭니다. 하지만 제가 아니면 누구라도 생각해 보았으면 싶은 명제입니다.

미래는 현재라고 하는 원인에 의하여 이럴 수도 저럴 수도 있다고 했습니다. 동쪽으로 간 사람은 동쪽에 가 있는 것이 당연한 미래입니다. 사과나무를 심은 사람의 미래는 사과가 풍족한 내일이 될 것이라는 것이 상식이며 포도나무를 심는 사람의 미래는 많은 포도주를 얻게 된다는 것도 상식입니다. 이와 같이 현재는 미래의 씨앗이 되고 결과를 가져다주는 원인이 되는 것입니다.

영어를 열심히 배운 사람은 영어를 잘하는 미래가 기다리고 수학을 열심히 공부하는 사람은 과학의 미래가 펼쳐지게 마련입니다. 그래서 미래는 예측불가요 완전부지의 세월이지만 이제 말한 논리는 적중률이 높은 게 사실입니다.

그런데 이때의 적중이란 상식적 적중입니다. 상식을 초월하는 부적중도 경험하지만 일반적 논리는 대개가 그러하기 때문에 미래 역시도 어느 정도까지는 인간이 만들고 예측하는 것이라고 하는 것이 결론입니다.

내일은 비가 오려나? 눈이 오려나? 내일 지구촌 어디에서 지진이 일어나려나? 폭동이 발생하려나? 무수히 다가오는 내일과 또 이어지는 무한대의 내일에 대하여는 알지 못하나 현재의 생각과 행동은 내일의 거울이 되어 미지의 내일을 알 수 있게 합니다.

그러므로 아예 모른다고만 하지는 말아야 합니다. 그래서 운명으로만 규정하고 한낱 운명에만 맡기지도 말아야 합니다. 점술가나 역학자를 찾아가고 그가 말하는 내일을 믿지 않아야 합니다.

내일은 나의 생각 속에 묻혀 있는 풀씨와 같아서 봄이 되고 땅이 녹으면 제각각의 씨앗이 되어 현재가 되는 것입니다. 배추씨는 배추로 태어나고, 무씨는 무로 태어나는 것이 내일입니다. 봄이 오고 땅이 녹는다고 하는 그 기간이 세월이며 그것을 '내일이 오면'이라고 할 때의 '내일'이라고 부르고 배추나 무로 태어나고 자라는 것을 '현재'라고 부르는 것입니다.

그러기 때문에 생각학 콘체르토의 주요 과제는 '삶의 유익이 되는 생각이 무엇이냐?'입니다. 생각이 살아가는 삶 그 자체가 된다는 말은 이와 같은 의미에서 할 수 있는 말입니다.

지금 저와 여러분의 생각 속에 무엇이 잉태되어 자라고 있습니까? 믿음으로 하나님의 복음을 심고 가꾼 사람은 예비하신 그 천국이 내일이지만 하나님을 부인하고 이단 사설을 생각 속에 받아들여 엄마가 태안에서 자식을 키우듯 그것을 키우면 하나님의 나라와는 멀어집니다.

(이는 제가 가지고 살아가는 기독교의 사상입니다) 그(생각) 안에 무엇이 있는가?—라고 하는 생각의 성분을 분석해야 합니다. 질성이 그릇된 생각을 키워 살인강도의 생각에 동조하면 결과는 확실합니다

그래서 꿈을 키운다고 하는 말이 소중합니다. 꿈이란 귀하고 복된 내일의 열매가 될 현재의 원인이 되는 바로 그 생각을 이르는 말입니다.

행복의 열매가 풍성한 내일을 맞이하시고, 갈수록 기쁨과 감사가 넘치는 현재로 오늘을 맞이하시고, 연속되는 내일을 맞이하시기를 기도합니다.

/제10장/

생각 보기

＃ 생각이 보이느냐고요? 예, 생각도 보입니다

'당신의 생각이 보입니다. 그래서 나는 행복합니다.' 누가 생각을 보았을까요? 사랑하면 생각이 보이므로 그를 사랑하고 그가 사랑하는 당신은 생각을 보게 됩니다. 그의 생각을 알게 됩니다. 만져도 봅니다. 그 사람은 당신, 사랑받고 사랑하는 바로 당신입니다.

이 시간에는 보이지 않는 생각과 보이는 생각, 상대방의 생각을 보는 방법— 어쩌면 말도 안 되는 소리라고 하실지도 모르지만 이러한 주제를 가지고 말씀을 드립니다.

또 한 말씀 드리겠습니다. 이는 생각학 콘체르토에 애정과 관심을 가지고 존귀한 생각의 세계를 저와 함께 탐구해 보자고 하는 의미에서입니다.

첫 번쨉니다. 생각은 영이라고 했습니다. 영을 '혼'으로 이해를 하는 분들도 많은데 사실 혼과 영은 달라서 이 문제는 삼분법적 분류일 때의 구분에 해당됩니다. 철학이나 신학에서의 이분법이나 삼분법은 여러분이 인터넷으로도 쉽게 접하실 수 있으므로 여기서는 말하지 않습니다.

다만 영과 육으로 구분된다고 하면 비크리스천이 영에 대하여 지식이 부족하므로 그런 분들은 혼과 육으로 구분할 때 체감과 느낌이 보다 나을 거라고 생각합니다. 요는 이 문제가 아닙니다.

제가 택한 주제의 각도는 생각이며 생각을 영이라고 하시건 혼이라고 하시건 그것도 별반 따질 생각이 없습니다.

이때 꼭 중요한 것은 영이라고 하건 혼이라고 하건 중요한 것은 바로 생각을 볼 수가 있느냐 없느냐의 문제입니다.

생각이 드러나고 보인다면 어떨 것이냐? 이 문제는 총론에서 조금 언급한 바 있으며 각각 연구마다 그저 살짝살짝 점을 찍은 정도였습니다. 그러나 간단하게 드릴 말씀이 아닙니다. 생각을 모르기 때문에 부부가 불화합니다.

생각을 알기 위하여 정치를 합니다. 생각을 알아야 결정을 합니다. 생각이 다르기 때문에 문제가 되고 다른 생각을 알아내기 위하여 만나고 협상의 테이블에 앉습니다. 짝을 짓기까지 모든 남녀는 하루도 빠짐없이 매일 만납니다. 매일 만나서 떨어지려고를 하지 않습니다. 종일 붙어 있고도 부족해서 밤이 깊도록 밤이 새도록 헤어지지 않으려 합니다.

도대체 그들은 만나서 무얼 하는가? 그들은 서로의 생각을 확인합니다. 이것저것 미주알고주알 캐보고 말하고 들어 봅니다.

생각을 점검하는 것입니다. 그러다가 짝을 짓거나 그러다가 그만 아니라거나 짝을 짓습니다. 일체가 전부 생각의 문제입니다.

생각은 행동을 결정한다고 말씀드렸습니다. 생각은 인생을 결정하고 생각은 결혼을 결정합니다. 생각이 나라의 운명과 장래를 결정하고 생각이 그의 삶을 결정짓습니다. 그런데 이게 문젠데 바로 생각이란 도무지 보이지를 않는다는 것입니다. 바로 생각은 영이거나 생각은 혼이기 때문입니다.

다만 그가 하는 말에 의하여 그의 생각을 볼 따름입니다. 그런데 하루 종일 지나가도록 단 두 마디도 안 하는 사람이 있습니다. 아니면 말은 하는데 그게 무슨 말인지 영 모르겠는 사람도 있습니다. 무슨 말인지는 알겠는데 이해가 안 가는 경우도 있습니다.

아– 정말 생각을 눈으로 볼 수 있다면 얼마나 좋을까? 그러나 생각을 본다는 것은 있지도 있을 수도 없는 일입니다.

두 번쨉니다. 생각이란 무엇인지에 관해서는 충분히 말씀드린 것 같아서 이만합니다. 바로 어떻게 그의 생각을 알까의 문제로 넘어가 겠습니다

생각은 보이지 않으나 볼 수도 있다는 주장입니다. 생각은 말과 표정으로 나타나기 때문입니다. 말은 무엇일까요? 신개념정신문화연구 시리즈 대화학이라고 하는 과목이 있어서 말에 대하여는 거기서 취급합니다.

간단하게 말하면 말은 생각입니다. 그러나 어려운 것이 말과 생각이 다른 경우입니다. 그리고 또 어려운 것은 말과 생각이 같은데도

믿어지지 않는 경우입니다.

말은 그렇게 하는데 그게 진실인지를 모르겠다 - 우리는 자주 이런 표현을 씁니다. 이런 경우가 어떤 경우일까요? 이때의 경우는 표정을 보아서 생각을 알 수도 있습니다.

그러나 이때의 표정이라고 하는 것은 아주 복잡해서 우리 정신문화연구시리즈의 정체학과 습관학, 그리고 용모학까지 동원해야 파악이 가능합니다.

그러므로 상대의 생각을 뚫고 들어가서 진실을 본다고 하는 것은 융플라우의 만년설의 뚫고 들어가기보다도 어렵다는 것을 알게 됩니다. 그런데 도대체 어떻게 상대의 생각을 볼 수가 있다는 말일까요?

먼저 말과 생각이 같은 경우입니다. 어쩌면 이럴 경우는 참 간단합니다. 그냥 그대로 알면 본 것과 다를 게 없을 테니까요? 그래서 이런 경우 말 그대로를 선택하고 우리의 난제인 생각을 확인한 사람들도 보게 됩니다.

그러나 문제는 그것이 잘된 선택인 경우보다 잘못된 판단인 경우가 훨씬 많아서 그때를 후회하거나 속았다고 분통을 터트리는 경우도 허다합니다. 왜 이런 일이 생긴 걸까요? 틀림없이 말과 생각과 행동이 동일했는데 어째서 가슴을 치게 되었을까요? 그 이유는 생각이란 보이지만 않는 것이 아니라 생각은 곧잘 변하기도 한다는 것 때문입니다.

그러나 변하는 것이 생각이라는 것까지 논한다면 주제가 넓어지므로 잠시 접어 두기로 하겠습니다.

요는 말과 생각이 다른 경우인데 문제는 이때 상대의 말과 생각을 같은 것으로 믿느냐 마느냐의 문제입니다. 그대로 믿기에는 아니다 싶고 절대로 아니라고 믿지 않기에는 말이 그렇고……. 생각과 생각이 만났을 때는 밤을 새우고 다음 날 또다시 만나기를 1년을 해도 아리송할 때가 있으니 문제입니다.

세 번쨉니다. 생각을 알면 인생은 돛단배요 원하는 순풍에 돛대의 방향만 조정하면 오케이입니다. 특히 부부 관계에 금이라도 간다고 하면 생각이라고 하는 것은 요상하고 괴상한 것이 되어서 생각을 모르는 것으로 인한 고통이 심각합니다.

이것은 의처증이나 의부증 환자들의 경우에는 무엇보다도 괴로운 상처입니다. 믿지는 못하고 믿어지지도 아니하고…… 요술거울이라도 있어서 들이대면 생각이 보이려나……? 아내의 생각을 모르고 남편의 생각을 모르기 때문에 끊임없이 상상과 공상에 휘말립니다. 볼 수 없기에 자꾸 물어보지만 말과 생각이 일치하는가의 여부가 고민입니다. 그래서 생각학 콘체르토는 말로서 생각을 알아내는 방법을 생각합니다. 그게 무엇일까요?

지난 제8장에서 '현재는 미래와 연결된 고리'라는 말씀을 드렸습니다. 미래라고 하는 미지의 세계는 결과라고 말씀드렸으며 이 결과는 현재라고 하는 원인에 의하여 결실된다는 말씀을 드렸습니다.

이런 관점과는 좀 다르겠습니다마는 제 생각에는 말로써 생각을 볼 방법도 있다고 유추합니다. 그래서 이제부터 드리는 제 말씀의 허와 실은 여러분이 판단하시라고 하고 이제 말씀을 드려 보겠습니다.

말 속에는 생각이 담겨 있습니다. 그러나 담긴 생각은 거짓일수도 있고 진실일 수도 있습니다. 말 속에는 틀림없이 둘 중의 하나가 들어 있습니다.

진짜냐 가짜냐? 핵심은 바로 이것인데 말만 듣고 이를 어떻게 알수 있을까요? 첫째는 말의 논리입니다. 말의 논리는 알리바이라고 하는 것이 있는데 바로 사안에 대한 육하원칙입니다.

누가, 무엇을, 언제, 어디서, 왜, 어떻게─? 말의 논리에는 이와 같은 육하원칙의 하자 유무가 내포되어 있습니다. 이와 같은 말의 논리가 공식과 정답으로 맞아떨어지고 않고를 분별할 수 있어야 둘 중에 하나가 인지된다고 하는 말씀입니다.

그러나 이 정도까지를 감지하려면 상당한 두뇌가 요구되기에 이것저것 논리를 모르는 사람은 어쩔 수 없이 '느낌'이나 '감'으로 인식하는 수밖에는 없다는 게 문젭니다.

느낌이나 감은 논리보다 우수할 때도 있지마는 기실 느낌과 감은 말의 논리보다는 부정확합니다. 가령 이런 경우 심증(心證)이라는 말과 물증(物證)이라는 말로 예를 들어 보겠습니다.

여기서 말하는 심증은 바로 느낌과 감입니다. 이럴 때 일선 수사관들은 심증을 물증화하기 위하여 고도의 수사기술과 갖은 수사경력·경험을 전부 동원합니다.

그래서 결국 어렵사리 물증을 얻어는 내는데 역시 이렇게 되기까지에는 뭐니 뭐니 해도 역시 말의 논리, 즉 육하원칙의 하자 유무를 집중 검색한다는 것을 알아야 합니다. 다시 말하면 말 속에는 분명 진부(眞否)가 담겨 있다는 것입니다. 진(眞)이 확인되면 숙제는 풀리지만 진인가 부인가를 도무지 알 길이 없습니다.

그럴 때 상대의 생각을 눈으로 보듯이 알아내는 방법— 그것은 '생각보기의 원리적용'이라는 것입니다. 생각 보기의 원리 적용이란 알리바이 짜 맞추기이며 육하원칙상의 하자 발견입니다.

　　네 번쨉니다. 하지만 수사관도 아니고 논객도 아니고 그렇다고 예리해서 꿰뚫고 들어가는 재주도 없습니다. 그래서 단지 느낌이나 감을 의지할 수밖에 없을 경우— 문제는 이때가 문제입니다. 그런데 생각보기의 원리 적용에는 말만 들어 가지고는 판단이 서지 않을 경우에도 또 다른 한 가지 방법이 있습니다.
　　말하는 상대의 표정을 보는 것입니다. 때로 표정은 말보다도 더 명확하게 생각을 드러냅니다. 또 표정은 말보다도 생각을 감추기에 불리하다는 사실입니다. 자세히 보면 사람의 표정은 생각에 따라 달라집니다. 표정의 본질은 원래가 항상 생각에 따라 달라지는 것으로 이 표정은 더구나 생각과 말이 다른 경우에는 더욱 분명하게 변화합니다.
　　그래서 표정은 생각을 나타내는 반사경인데 그러나 말도 생각을 나타내는 반사경이라고 말하기에는 단지 거짓말인 경우에는 이 반사경보다 말 쪽이 훨씬 어두운 반사경이라고 하는 사실입니다.

　　그러니까 말은 말이라는 도구를 위장막으로 쓰고 생각 그 자체마저 거짓말로 감춥니다. 그러나 표정은 거짓말을 감추기가 말보다는 훨씬 어렵다고 하는 특성이 있다는 말씀입니다. 그러므로 생각을 아는 더 좋은 거울은 표정입니다. 그런데 표정은 어디까지나 심증적 측면에 가깝다고 하는 것이 문제입니다.
　　앞서 말한 말의 논리는 물증적 측면입니다. 그러나 표정은 안절부절못한다고 해도 네가 왜 안절부절못하느냐? 그러니까 너 거짓말이지? 이런 식으로 다그쳐도 역시 소용이 없는 것이 바로 아니라고 한다거나 내가 무슨 안절부절못하는 게 있느냐고 해서 다시 미꾸라지처럼 빠져나가고 여전히 생각을 숨긴다고 하는 요술성이 있습니다.

그래서 표정은 수사상에서 어떤 다른 질문으로 알리바이를 캐낼 것인가의 재료와 같은, 수사관의 자기 의지 결집의 용도로는 적당하여도 결정적인 자백을 받거나 생각의 본성을 파악하는 데는 불리한 단점이 있습니다.

그러나 그렇다 치고라도 표정으로 인하여 상대의 생각을 제대로 알기 위한 말씀은 반드시 드려야겠습니다. 어찌 보면 표정이라고 하는 것은 이 표정 때문에 상대가 내게 압도당하여 말의 올무에 걸려들게 되는 배경이 되고 울타리가 되고 장막이 되기 때문입니다.

만일 표정을 감지하지 못한다면 상대의 생각을 알아내고 들여다보겠다고 하는 의지가 무너집니다. 곧바로 포기하고 말게 되어 상대가 하는 거짓말을 말 그대로 믿고 끝나야 하는 패장으로 전락하기 때문에 생각탐지에서 표정감식은 아주 절대적으로 중요하다는 말씀을 드립니다.

그러면 표정감지의 핵심은 무엇일까요? 상식적인 것으로서 첫째는 눈동자입니다. 눈동자가 초점을 가누지 못하는 경우가 첫쨉니다. 생각과 말이 다른 경우의 눈동자는 나를 똑바로 마주 보지 아니하고 옆을 봅니다. 그러므로 얼른 내 눈동자를 마주 보고 이야기하라고 다그치십시오.

그러면 할 수 없이 눈동자의 초점을 맞추는 경우가 있습니다. 이럴 경우 이때는 백발백중, 반드시 얼굴색이 붉게 변한다는 것에 유의해야 합니다. 그러면 그때를 놓치지 말고 재빨리 직설적으로 강공을 퍼부어야 합니다.

─거짓말하지 마─ 거짓말이지? 사실대로 말해요, 괜찮으니까 안심하고 솔직히 말해요─

이런 식으로 몰아세우면 웃음을 터트리고 생각을 드러내어 잘 보면 그 생각을 볼 수가 있습니다. 일단 웃었다 하면 대개의 경우는 거짓말이라는 사실이거든요.

하지만 이 정도는 아주 양호한 경우에 속하고 실전에서는 이런 각본이 무용지물이기 일쑤입니다. 어떤 상황이 벌어지기가 일쑤인가 하면 바로 역정을 낸다는 사실입니다. ─왜 사람이 그렇게도 의심이 많아? 방귀 뀐 놈이 성낸다는 말은 바로 이때가 그 경우입니다.

이럴 때는 호락호락 절대로 눈동자를 마주쳐 주지 않고 오히려 더 멀리 도망치고 마는 것이 보통입니다. 여기서 알아야 할 것은 지나치게 화를 내도 이 경우는 또 거짓말일 수가 있습니다. 자─ 이렇게 되면 생각을 보는 데 성공했습니까? 아니면 실패했습니까? 실패했더라도 포기하지 말아야 합니다.

다섯 번쨉니다. 생각을 들키지 않으려 할 경우에는 말에 자신감이 없으며 행동이 부자연스럽다는 점입니다. 하기야 노련하여 못 말리는 사기꾼은 이럴 때도 연기가 완벽하다는 것이 문젭니다.

말에도 힘이 있고 표정관리도 완벽할 경우 생각의 본질을 감지하기가 어렵습니다. 말의 논리도 완벽하고 표정에서도 하자가 없으면 어떻게 할까요? 바로 이때 꺼내 들어야 하는 것이 느낌과 감이라고 하는 무기입니다.

뭔가 의심스러움 바로 그것이 나의 무기가 되고 힘이 됩니다. 생각 탐지도 하나의 전쟁이므로 전쟁이란 내공이라고 부르는 나의 힘이 첫째입니다. 나의 의지와 도전하는 힘이 없으면 이미 그 전쟁은 하나마나 진 게임입니다. 그러니 나의 무장문제와 동일한 힘과 용기는 상대를 제압하지는 못할지언정 대등해야만 게임이 가능합니다.

느낌의 원리는 이와 같습니다. 상대를 믿어도 되는 증인이 있는가? 예를 들면 속이는 특정사안에 증인 유무이며, 있다면 그는 어떤 인격자인가를 생각하는 것입니다.

같이 있었다는 부장이나 과장에 대한 평소의 평가 문젭니다. 둘이 짜고 같은 거짓말을 할 사람이라면 느낌에서는 여전히 의문(?)마크로 남겨 두어야 할 것이지마는 만일 그 사람이 믿어진다면 이 정도에서 휴전에 들어가고 다음 기회를 기다려야 합니다. 그런데 이때 그러니까 실패한 것으로 보면 안 됩니다. 다음 기회로 미루는 것도 좋은 방법이기 때문입니다.

다음은 간접법입니다. 간접법이란 다른 사안을 부각시켜서 논제와의 연관성을 뚫고 들어가는 방법입니다 엉뚱한 실화를 들추어내되 꾸민 것도 괜찮고 영화나 드라마의 이야기도 좋습니다.

이 경우는 상당한 재치와 지혜가 요구되는데 그러나 수단이 들통이 나기 쉬우므로 오히려 내가 태연스레 거짓말을 할 수 있는 고도의 기술력을 갖춘다는 것이 어렵습니다.

끝으로 역습법입니다. 씨름에서 뒤집기를 하듯 내가 지는 형식을 취하는 것입니다. 그래서 상대방으로 하여금 안심하게 한 후에 틈을 노리는 뒤집기입니다. 참고로 이때는 순간포착이 생명입니다.

　여섯 번쨉니다. 아무리 읽고 읽어도 읽히지 않는 상대가 있습니다. 아무리 들여다보아도 믿지는 못하겠는데 그러나 맞다고 주장하는 상대가 있습니다. 온갖 방법을 다 동원해 보았어도 심증만 있지 여전히 굽히지를 않아서 생각의 진면을 알아낼 길이 없을 때 난감합니다. 어떻게 하면 좋을까요? 역시 생각학 콘체르토에서 고심해야 될 고민거리임에 틀림이 없습니다.

　이렇게 하면 어떨까요? 진실한 설득입니다. 애원이라고 하는 말과 비슷할 것도 같습니다. 달랜다는 말로 이해해도 유용의 가치가 있을 것도 같습니다. 그러나 반론을 하시겠군요. 얼마나 해 볼 만큼 안 해 본 게 없다—라고 말입니다.
　그러나 생각보기의 원리에서 가장 윗자리에 앉혀 마땅한 것은 바로 '진실한 설득'입니다. 물론 이때의 설득이라는 생각은 속으로만 가지고 계셔야 하고 겉으로는 대화라고 해야 합니다. 진실한 대화— 상대의 생각 개폐(開閉)는 진실한 대화가 좌우합니다.

　사람이 가장 약할 때가 언제일까요? 사람은 사람이라 인정에 약하고 눈물에 약하고 이윤에 약하고 사랑에 약하며 무엇보다도 진실에 약한 것이 사람입니다. 그러나 사람은 반대로 얄팍한 잔꾀에 분노합니다.
　생각의 문은 일단 분노하면 열리지 않습니다. 그러니까 생각을 보려면 상대로 하여금 기분을 상하게 하지 말아야 하는 것이 중요합니다. 이는 일단 기분이 상하면 열었던 문도 닫고 꽁꽁 걸어 잠가 버려서 더 이상 본심을 드러내지 않는 것이 사람의 본능이기 때문에 이때는 어떤 처방도 실체에 접근이 불가능합니다.

바로 그래서 중요한 것이 기회포착이요 찬스입니다. 아무 때나 진실이 통하지 않습니다. 진실은 상대의 문이 열려야 통하고 상대의 기분이 호기일 때에 유효합니다. 아니라도 짜증난 사람에게 우리 대화 좀 하자고 진실을 털어놓기를 기대하는 것은 무모합니다. 아무튼 생각은 진실감지에 탁월한 속성이 있어서 마음의 문을 열까 말까를 순간적으로 결심합니다.

그렇다면 진실작전은 때와 장소와 상대의 감정상태가 조화를 이루어야 하기 때문에 당연 절대적인 요소가 바로 분위깁니다. 분위기는 환경입니다.

그러니까 진실한 대화보다 더 중요한 방법은 없으나 진실을 무기로 해서 상대의 마음을 끌어내려면 첫째도 둘째도 먼저 내가 진실해야 한다는 사실입니다.

생각해 보십시오. 내가 진실하지 못하면서 상대의 진실을 받아 낼 수 있을까요? 그래서 생각학 콘체르토는 진실을 말하고자 함에 핵심이 있습니다. 그러나 이럴 경우 진실이 통하지 않는 사람이라면 어떻게 하느냐고 하는 숙제가 있을 수도 있어서 그게 문젭니다 그럴 경우는 내게도 책임이 있으며 풀어야 하는 쪽은 오히려 내 쪽이라고 하고 싶습니다.

이런 이야기가 있습니다. 이 경우는 부부의 경우인데 물론 본 연구가 부부만을 이야기하는 것은 아니지마는 일단 한 예를 들어서 부부라고 하고 들어 보십시오.

어떤 사람이 상담을 왔대요. 남편이 집에 들어오기만 하면 다짜고짜 구타를 한다는 것입니다. 말보다 주먹이 앞서니 속수무책이라서 어떻게 하면 이 못된 남편의 손버릇을 고칠 수 있느냐고 물었답니다.

상담학에서 상담자에 해당하는 응답자(청담자 또는 내담자의 반대: 상담해 주는 사람)는 방법을 제시했습니다. ―남편이 들어오는 소리가 나면 얼른 입에 물을 한 입 물으시오. ―남편이 구타를 멈출 때까지 물을 삼키지도 뱉지도 말아야 합니다―. 그렇게 하면 구타하는 버릇이 없어지겠느냐고 반문을 했습니다. 적어도 열흘 정도만 지나면 틀림없이 고쳐질 거라고 꼭 그렇게 하라는 처방을 받고 그날 밤부터 입에 물을 한 입 물었습니다. 과연 그날 밤에도 남편의 구타는 시작되었고 이튿날도 사흘, 나흘도 여전했습니다.

이렇게 닷새가 지났습니다. 남편은 마침내 손버릇이 없어졌습니다. 그러나 열흘이 될 때까지 아내는 계속 입에 물을 물었습니다. 하루 이틀을 쉬는가 했더니 또 때렸지만 한두 대 때리고는 말더랍니다. 그로부터 남편은 구타를 하지 않게 되었다고 하는 이야기지요.

그렇다면 물어보겠습니다. 남편은 왜 구타를 멈췄을까요? 답은 아내의 말대꾸, 즉 입이 매를 불러들였다고 하는 사실입니다.

입에 물을 물었으니 말대꾸를 하지 않아서 구타를 할 이유가 없어졌다 그 말인데 바로 진실한 대화도 마찬가지라는 뜻입니다.

일곱 번쨉니다. 진실한 대화는 내가 진실하며 진실한 대화마당을 만들고 열어야 하는 책임이 내게 있다는 말씀에 이어서, 생각의 실체를 알기 위한 마지막 방법은 '그러려니론'이라고 하는 저만의 생각입니다.

저는 '그러려니'라는 말로 자주 나를 달랩니다. 내가 상대를 달래기는 어렵고도 어렵습니다. 이는 어쩌면 불가능에 가깝다고도 인정합니다. 그래서 역으로 내가 나를 달래는 것이 바로 '그러려니론'이라고 하는 말씀입니다.

정말 너무 어렵고 힘든 것이 상대의 생각 알기입니다. 이것은 내가 알려고 하면 할수록 더더욱 굳게 닫히는 문입니다. 왜냐하면 사람은 누구나 내 생각을 보여 주면 그것을 역이용당한다는 경계심리가 있는 것이 본성이기 때문에 여간해서는 자기의 속내를 드러내지 않는 것이 인간입니다. 그래서 나의 입장에서는 근본적으로 그러려니 하고 상대의 그와 같은 본성을 인정해 주는 마음가짐을 가진다고 하는 것입니다.

그러면 상대가 설사 생각을 숨기거나 생각과 말이 달라도 나도 그럴 수 있다고 하는 상대의 입장을 내가 나로 인하여(그와 같은 나의 본성을 내가 아는 까닭으로 인하여) 그래도 이해를 하고 속으면서도 믿는 태도를 취하면서도 결코 상대방이 생각하는 생각의 본질을 파고들어 가지 않는 여유와 너그러움으로 대하는 것입니다.

바로 이것이 그러려니 전법으로서 이는 부부가 아닌 일상의 사업과 관계된 많은 상대자와의 수많은 논제에서 적용되는 하나의 방법입니다. 다시 말하면 속는 줄 알면서도, 그래서 그냥 속아 주면서도, 그럴 수도 있다고 전부를 양보하고 모두 다 내가 이해하는 형식입니다. 물론 결과는 보나 마나 역시 처음에는 그렇게 아무 소득도 없이 끝이 납니다.

이 경우는 두 번째 만남에서 결실이 됩니다. '지난번에 뵙고 두 번째 뵙는데 정말 점잖으시고 제가 참 좋게 보았습니다' 하고서 그때부터 생각의 진면을 속속들이 보여 주는 것이 그러려니 전법입니다.

고도의 술책이지만 정말 어렵다는 말씀은 꼭 드리고 싶습니다. 이것은 상대를 진정으로 사귀고 생각을 교감하고 인지하는 뜻한 바의 생각을 눈으로 보고 손으로 만지는 하나의 멋진 방법이며 더불어 아주 군자답고 떳떳한 생각보기라고 생각합니다.

/제11장/

생각의 벽과 상담

生각상답으로 벽이 뚫릴까?

삶이 힘들 때가 있습니다. 이러지도 저러지도 못 할 때가 있습니다. 해결의 열쇠가 없어 애태우게 될 때가 있습니다. 왜 이렇게 된 걸까요? 마땅한 생각이 떠오르지 않는 것이 원인이며, 떠오른 생각이 분석되지 않아 결론을 내릴 수가 없기 때문입니다.

떠오른 대로 결론을 내리면 유익은 보이지 않고 오히려 더 큰 문제가 발생하여 손해가 될 것이라고 판단되기 때문입니다. 이런 경우를 난관에 처했다— 난관에 봉착했다— 이렇게 말하는데 이 시간에는 난관(難關)을 헤치고 나아가는 생각학 콘체르토의 관점을 찾아 말씀을 나누려고 합니다.

첫 번째로 난관의 원인입니다. 지나간 일이라 돌이킬 수는 없으나 필경 원인이 있습니다. 늦었지만 돌이킬 수 있는데 돌이키기 싫은 원인도 있습니다. 첫 번째와 두 번째의 경우가 상이한데 먼저 첫 번째에 해당된다면 어떻게 하면 좋을까요?

사안에 따라 각양각색 다를 것이므로 한마디로는 말할 수 없겠으나 기왕에 돌이킬 수 없는 과거라고 한다면 '인정하는 과거사냐? 인정하지 못하는 과거사냐? 인정하기 싫은 과거사냐?'의 문제로 다시 구별해 볼 필요가 있습니다.

인정되는 과거사라면 마음을 비우는 것이 부닥친 난관을 해소하는 데 차라리 도움이 될 거라고 생각하지만, 인정할 수 없는 과거사라면 규명을 해야 할 것이므로 규명에 따르는 지혜가 요구될 것이며, 무슨 이유로든 인정해야 마땅한 것을 내가 인정하기 싫은 탓에 거절하고 있는 중이라고 한다면 그에 대한 논리의 정당성이나 인정할 수 없는 당위성으로 접근해서 문제의 핵심을 풀어야 할 것입니다.

다음은 늦었다 싶은 경우가 있습니다. 이때는 늦었지만 돌이킬 수 있는가 없는가를 생각해야 하겠습니다. 바로 이와 같은 난관에 부닥칠 때 — 사람은 혼자서는 닥친 난관을 헤치지 못하여 누군가를 찾게 되고 찾아간 사람에게 어떻게 하면 좋겠느냐고 묻게 되는데 이것을 상담(相談)이라 합니다.

상담에는 전문지식이 요구됩니다. 이를 상담학이라 하는데 우리 정신문화연구시리즈도 상담학을 정 과목으로 채택하여 이 문제에 대한 새로운 학문의 장을 열어야 할 것이나 이는 기존 학문이 우리 정신문화연구시리즈보다 앞서 연구되고 있기 때문에 정 과목에서 배제하였습니다. 대신 상담학의 실제는 생각의 문제이므로 생각학 콘체르토에서 간단하게 요점을 생각해 보기로 하였습니다.

두 번째입니다. 생각과 상담의 일체(一體) 문제입니다. 본질이 같고 과정도 같고 얻고자 하는 결론도 역시 생각의 문제입니다.

먼저 간단하게 상담의 원리를 생각해 보겠습니다.

상담학에 들어가면 우선 '내담자(來談者)'라는 말과 상담자(相談者)라는 말을 만나게 됩니다. 내담자는 상담받기를 원하는 사람으로 난관에 부딪친 사람을 일컫는 말입니다. 상담자는 난관에 부딪혀서 어떤 방법을 알려고 찾아온 사람에게 그 방법을 알려 주는 선생님을 가리킵니다. 그러나 우리 정신문화연구시리즈에서는 이 말을 '청담자'와 '응담자'라는 말로 바꾸어 사용하려 합니다.

상담을 청하는 사람은 상담해 주기를 요청하는 사람이므로 '청담자(請談者)'로 말하는 것이 분명한 단어 선택이며 상담을 받아 주는 사람이라는 뜻으로는 상담에 응한다는 뜻의 '응담자(應談者)'라고 하는 말이 정확하다고 생각하는데, 실은 일반 상담학에서 처음에 단어를 선택할 적에 좀 더 신중했더라면 하는 아쉬움도 있습니다.

다음은 '상담자(相談者)'라는 말의 단어 선택입니다. '상담'은 서로가 나누는 대화라는 의미이기 때문에 상담자라고 하면 청담자와 응담자 모두를 가리키는 것이므로 상담자가 내담자에게 난관해소에 대한 고견을 말해 준다는 의미로는 응담자라는 단어보다 약하다는 것이 저의 생각이나 여러분과 생각이 다르다고 하여도 일단 청담자와 응담자, 그리고 상담자에 대하여 우리정신문화연구시리즈가 선별하여 사용하는 단어를 인정해 주시고 들어 주시기 바랍니다.

청담이나 응담은 공히 그 본질이 생각입니다. 청담자가 상담을 원하게 되는 이유는 생각의 질성에 대한 분석과 정확한 판단을 내리기가 어렵기 때문이며 무엇인가 생각의 결론을 내려야 그렇게 내려진 결론대로 행동에 옮길 것 인데 스스로의 힘으로 결론을 내리기 전에 두 가지 이상의 연쇄작용에 대한 각각의 대처는 물론 문제의 본질에 미치는 효과에 대하여 확신을 내리지 못하기 때문입니다.

　세 번쨉니다. 그래서 일단 상담을 받기로 결심한 사람은 먼저 상담을 받아 줄 응답자를 정해야 합니다.

　TV아침마당에 가서 상담하느냐? 아니면 잘 아는 언니를 찾아가느냐? 친정어머니를 찾아가느냐? 아니면 정신문화연구시리즈 선배를 찾아갈 것이냐? 그런데 누군가를 찾아가려고 해 보면 찾아갈 만한 응답자는 많은 것 같기도 하지만 막상 마땅한 사람을 정하기는 어렵습니다. 그래서 옛날의 은사님도 생각해 보게 되고 쉽게 용하다는 철학자를 떠올리기도 하고 누가 잘 안다고 해서 점쟁이를 찾아가기도 합니다.

　그러나 응답자의 선택은 매우 신중을 기해야 한다는 말씀을 꼭 드리고 싶습니다. 왜냐하면 상대가 누구냐에 따라 처방이 다르기 때문입니다. 같은 의사라도 진찰 방법도 다르고 처방전도 다른 것과도 같은 이치입니다. 그러니까 난관에 봉착한 사람이 상담을 받는다고 하는 문제는 누구한테 상담을 받으러 가느냐고 하는 것이 포인트입니다.

　결코 아무에게나 상의해서 그 사람의 생각을 참조하는 것은 차라리 상담이나 조언을 받지 않음만도 못한 역효과가 발생되기 때문에 상담을 잘 못 받으면 인생에 치명적인 상처를 받고 말게 됩니다.

　그러기에 청담에는 원리가 있습니다. 단순 나보다 낫다는 것으로는 부족합니다. 문제에 대한 전문 상담의 능력을 가진 사람을 만나야 한다는 말입니다.

눈이 아픈데 치과를 찾아가는 바보는 없지마는 상담학에서는 일반 의료계와 같이 확연한 그림이 미미하기 때문에 아직도 눈병환자가 치과의사를 찾아가서 그분의 처방을 따르는 경우가 허다하다는 데 주의해야 합니다.

눈이 아픈 사람은 반드시 안과 의사를 찾아가야 합니다. 청담이나 응담의 문제는 매우 신중을 기해야 합니다. 그런데 보다 심각한 문제는 우리 정신문화연구시리즈에서 '그냥 선생'이라고 부르는 아무나 하고 상담을 하고 요즘 유행하는 '길 패션' 옷가지를 사서 입듯 그냥 대충 이야기만 듣고 그 중요한 인생문제의 결론을 내린다고 하는 참으로 위험천만한 사람이 많다는 사실입니다.

'그냥 선생'이란 전문지식이 없으면서 아는 척하는 상담할 자격도 없는 일반 보통의 사람들을 말합니다. 이런 사람들은 결론은 빨리 내리지만 무책임하여 남의 중요한 인생을 감히 다루어서 안 될 사람들입니다. 왜냐하면 상담학의 기본이 처방전으로 약을 지어 주는 약사의 주의사항과도 같은 신중함이기 때문인데 그냥 선생님들은 내가 그건 너무 잘 안다고 해서 그냥 무책임하게 마구 강요하고 믿으라고 까지 하기 때문입니다. 특히 이런 부류의 그냥 선생님들 중에는 소위 세상에서 만난 언니들이 많습니다.

언니도 친언니가 있고 세상에서 만난 그냥 연장자 되는 언니가 많습니다. 이렇게 세상에 널린 언니들은 아우들의 인생문제를 자주 상담받고 응해 주게 됩니다.

그런데 이때 언니들이 주의해야 할 점은 상담은 전문가에게 받는 것이니까 좋은 응담자를 한번 찾아가서 만나 보고 결정을 해라— 반드시 이런 말을 앞세우고 다른 자기가 생각한 말을 해 주어야 한다는 점입니다.

어디 가서 물어볼 것도 없어 그냥 내 말대로 해 넌…… 사람도 아니니 그걸 그냥 둔단 말이야…… 하고 밀어붙이기식으로 강권하지 말아야 합니다. 이는 마치 임금이 정사를 펼 때 무식한 간신배가 '아니옵니다', '그러하옵니다', '그리하옵소서' 하는 식으로 간언을 하는 바람에 결국 임금이 곤욕을 치르게 하는 것과 같습니다.

이처럼 비전문가가 으스대는 통에 동생의 인생에 심대한 큰 멍울을 지게 만드는 경우 같은 것이 극히 주의하고 신중을 기해야 한다는 것입니다. 왜냐하면 감정을 추스르지 못하고 생각의 실타래가 배배꼬여 버린 사람은 지푸라기라도 쉽게 잡고 싶고 그릇된 판단도 분별이 잘 안 되거든요.

네 번째입니다. 응답자도 안과 치과 내과와 같이 전문가가 있습니다. 부부문제의 전문가가 있고 부부문제도 결혼문제로부터 이혼문제, 별거문제, 재혼문제와 같은 각각의 전문가가 있습니다.

무엇보다도 상담학의 기본이 탄탄한 전문가가 있습니다. 상담학에 대한 아무런 기본지식도 없고 파급효과도 모르는 사람이 아무런 안전장치 하나 없이 처방전을 내려 준다면 그 약을 먹은 환자는 병세가 더욱 악화될 것이 뻔합니다. 그렇다면 이제 저는 어떻게 하라는 말일까요?

부부문제라면 주례선생님을 먼저 떠올리라고 하고 싶습니다. 인생문제라면 교회 목사님을 먼저 떠올리시고 부처님을 섬기신다면 큰스님을 떠올려 보시라고 하고 싶습니다. 좋은 응답자를 만나는 것은 이미 치료된 것과 다름이 없습니다. 가장 중요한 것이 바로 응답자 선정이다 — 이렇게까지 말씀드리고 싶습니다.

그래서 모든 결론은 '누가 그러더냐'라고 하는 것이 중요합니다. 알지도 못하는 사람이 무식한 지식으로 한 말을 따르면 안 되는 이유는 소경이 소경을 인도하면 둘 다 넘어진다는 원리와 같기 때문입니다.

그보다도 원칙을 적용하면 상담학을 배웠거나 가르치는 교수님들이 응답 자격자로는 더 이상 말할 나위가 없이 좋습니다.

그래서 상담심리학을 전공하고 상담사 자격증을 주기도 하는 등 변호사나 세무사와 같이 전공한 사람이라면 아주 좋을 것입니다.

문제는 이런 분들과 가까이 살아가지 못하는 것이 문제입니다. 그래서 우리가 쉽게 가까이하는 TV나 라디오 방송의 인생 상담에 문을 열고 자주 들어가게 되는 것이 보통인데 이 경우가 그냥 선생님들의 말을 듣는 것보다는 바람직한 선택이라고 하는 데는 이의가 없습니다.

그러나 이와 같은 방법은 상담이 형식에 그쳐 버려서 피부에 와 닿거나 행동에 옮기는 데 현실감이 떨어지는 단점이 있으므로 이에 대한 보완책이 요구된다고도 하겠습니다.

다섯 번째입니다. 청담자 본인에 대한 원리입니다. 대개의 경우 문제의 귀책이 상대방에게도 있으나 상담을 하다 보면 귀책이 청담자에게 있는 경우가 많다고 하는 사실입니다.

귀책이란 기계로 치면 고장 난 부분이며 이는 생각을 바르게 하지 않았기 때문에 문제가 생기게 되고 불화가 발생된 원인을 지칭하는 말입니다.

다시 말하면 난관(문제)을 만든 사람이 풀어야 하는 문제를 나모른다고 핑계한다는 말입니다. 이 경우 이것은 반드시 결자해지라는 말과 같이 당연 청담자가 풀어야 합니다. 그러나 대개의 청담자는 자기는 문제가 없고 상대방이 이렇게 만들었다고 주장합니다.

그래서 상대가 있는 문제라면 반드시 청담은 양자가 동석하여 상담에 응하는 것이 원칙인데 특히 부부문제일 경우에는 필히 부부가 함께 상담석에 앉아서 응답자의 조언을 듣는 것이 원칙입니다.

이와 같은 원리에서 볼 때 KBS−TV아침마당은 전에 했던 방식의 하나로 부부가 동석한다는 데서 매우 잘 짜인 구성입니다(현재는 달라짐).

그러나 시청자의 입장에서 볼 때 응답자의 조언 시간이 너무 짧아서 처방전에 빈칸이 너무 많다고 생각되는데 이것은 하나의 연출이라고 하는 방송의 재미와 연관시킨 폐단이라고 생각되어 진다는 것이 문제라고 생각됩니다.

그나저나 이와 같은 상담에는 어려움이 있습니다. 나가 보자거니 나가기 싫다거니…… 아침마당에 상담을 온 사람들도 이처럼 가자 싫다로 다투다가 온 사람도 있을 겁니다. 그렇다면 어떻게 상담석까지 같이 나올 수 있을까요? 이번에는 여기에 대하여 말씀드리겠습니다.

상담에는 용기가 필요합니다. 여기에는 세상이 혼자 사는 게 아니라고 하는 생각의 문제가 필요합니다. 창피스럽게 가기는 어디를 가느냐? 많은 사람들이 지금도 상담을 꺼리고 있습니다. 그러나 과연 상담을 받는 것이 부끄러운 일일까요?

분명한 사실은 상담을 기피하는 것은 점점 병들어 가는 아픈 몸을 방치해 두는 것과 다름이 없습니다. 빨리 병원에 가면 불치의 병도 치료가 가능한 것처럼 빨리 상담을 받으면 역시 효과가 빠를 수 있기 때문입니다.

여섯 번쨉니다. 상담의 과정입니다. 응답자는 청담자가 찾아오면 묻고 또 말을 들어 보아야 합니다. 그런데 응답자가 힘들 때가 바로 이 부분입니다. 왜냐하면 청담자가 감정이 격해서 이 말 저 말 두서도 없이 지루하게 오랫동안 말을 하기 때문입니다. 물론 청담자는 이렇게 되나마나 지껄임으로 인하여 치료의 효과를 볼 수도 있을 수도 있을 것입니다. 그러나 여과하여 핵심을 요약하고 간단하게 말하는 것이 응답자가 조언을 주는 데 유익합니다.

심지어는 묻지도 않은 미국 간 올케 이야기에 필요도 없는 친정 남동생네 이야기하고 그가 어떤 사업을 하다가 망했느니 잘됐느니 하는 주접을 떠는 경우도 많이 있습니다. 이때 응답자는 무슨 말인가 하고 열심히 듣다 보면 불필요한 내용들이라서 말을 막아야 하고 그로 인해 에너지가 소모됨에 감정이 흔들립니다.

그러므로 청담자는 먼저 그간의 경위를 간결하게 설명한 다음에 응답자가 많은 질문을 하도록 이끌어 가야 좋은 상담의 효과를 볼 수가 있습니다. 왜냐하면 응답자는 질문으로 정황을 파악하고 문제에 필요한 단안을 찾아내기 때문입니다.

상담에서는 이 문제가 자주 걸림돌이 됩니다. 쉽게 말해서 응답자가 하는 말들을 듣다가 골치가 아프다고 하면 청담자가 불필요한 말로 응답자의 응답 능력에 방해를 주었다는 의미가 되는 까닭입니다.

그래서 청담자와 응답자가 원만한 상담을 하기에 적당한 상담의 실례를 가르치는 것이 상담학입니다.

그러나 이런 문제는 본질적으로 응답자의 책임입니다. 방송에서 보면 사회자는 국회의원의 발언도 제재합니다. 그리고 그 프로에서 전달하고 알리고자 하는 포인트를 향하여 과감하게 자를 건 자르고 하게 둘 말은 하게도 합니다. 다시 말하면 응답자는 어떤 청담자가 와서 아무리 두서없이 지껄인다고 해도 그 사람이 하는 대로 내버려 두면 안 됩니다. 이는 마치 의사가 찾아온 환자가 하자는 대로 둘 수 없고 자기가 이미 알고 있는 치료방법에 따라 꿋꿋하게 정진하는 것과 같습니다.

그런데 또 한 가지의 문제는 대부분의 사람들이 단 한 시간이나 단 30분의 상담으로 전부를 얻으려고 한다는 것도 문젭니다. 그러나 상담의 원리는 그렇게 단시간에 효과적인 처방을 내리게 되어 있지 않습니다.

한 예로 정신병원에서는 환자를 오랜 세월 동안 격리시키고 평소 환자의 습관이나 생각들을 종합적으로 지켜보면서 그러니까 어떻게 치료해야 합당한지를 세심하게 관찰하고 다양한 방법으로 처방해서 환자를 고치고 있습니다.

바로 이때의 이 환자가 청담자와 똑같습니다. 생각의 세계는 많고 복잡해서 단시간에 어떤 한 번의 처방으로 효과를 기대하기에는 무리한 욕심인 경우가 대부분이어서 상당한 여유와 세심한 상담기술이 필수입니다.

그러나 아침마당 같은 TV의 상담을 보면 정말 수박 겉핥기식이고 번갯불에 콩 구워먹기 같다는 생각이 자주 듭니다. 무엇보다도 응답 자로 나온 사람들에게 배정된 시간이 너무 짧아서 하도 간단히 말하려고 하니까 말에 트집을 잡히기 십상입니다.

그래서 상담 능력 있는 사람도 아침마당에 패널로 출연만 했다 하는 날에는 많은 네티즌들에게 험담을 듣게 되는데 차라리 질경질경 씹힌다고 할 정도로 심하게 공박을 받는 것을 보게 됩니다.

이는 응답자의 응답에 필수 과정인 묻기가 생략된 연유입니다. 어떤 패널은 묻다가 그만 시간 때문에 도중에 그쳐서 좋은 상담의 결실을 내줄 만한 충분한 실력을 가졌다고 보이는데도 소기의 성과를 거두지 못하는 안타까운 광경도 보게 됩니다.

일곱 번째입니다. 편하게 주고받는 상담 풍토가 절실히 요구된다는 말씀입니다. 사람은 누구나 고민이 있습니다. 그 고민은 스스로 풀기에는 한계에 다다른 예가 허다합니다. 그래서 난관에 부닥쳐서 이마가 깨지고 가슴이 찢어지고 상처를 받고 가정이 부서집니다.

문제는 본질을 망각한 복잡한 현대인의 삶의 탓이라고 할 수도 있습니다. 그러나 어찌 보면 이는 의식의 문제이며 사회문제입니다. 의식의 문제라 함은 남을 나보다 낮게 여기지 아니하는 개인 우월주의를 가리킵니다.

한마디로 말해서 선생이 없는 세월 탓입니다. 내가 제일이고 나보다 잘난 사람이 없고 너보다는 내가 더 잘 안다고 하는 자만심과 교만함, 현대에는 이 도가 지나쳐서 유능한 사람을 유능한 대로 인정해주지 않는 생각의 병이 심각한 상태입니다.

이처럼 생각에 병이 들면 어떤 결과가 나타날까요?

남을 무시합니다. 존경하는 마음이 사라집니다. 가르침 받기를 거부합니다. 모든 걸 내가 나 혼자의 힘으로 해결하는 것을 최고의 가치로 여깁니다. 상담받을 생각조차 아예 가지지 않습니다.

또 아침마당의 경우를 예로 든다면 선생으로 나온 사람이 걸레 취급을 당하고 있습니다. 자기는 그렇게 말할 수도 없으면서 남이 하는 말에서는 조금도 가치를 두지 않습니다. 아예 귓전에는 가치라고 하는 것이 일체 들리지도 않는 겁니다. 사회적 문제라고 하는 것은 그것이 일반화된 관습적 사회문제입니다.

차라리 내가 못날지언정 너 잘난 것은 정말 싫다— 이런 식으로 배가 아파서 씹지 않고는 견디지 못하는 것이 사회적 병리 현상입니다. 그러나 과연 훌륭한 선생님이 없을까요? 응답자로 많은 사람들에게 생각의 실타래 푸는 법을 가르쳐 줄 사람이 없습니까? 많이 있는데 인정해 주지도 않고 또 찾아오지도 않는 것이 오늘날입니다.

물어보아야 합니다. 물어보는 것이 곧 상담이며 풀지 못하는 생각의 실마리를 푸는 첫 번째 코바늘입니다. 뜨개바늘 아시지요? 털스웨터를 풀려고 할 때 한 코만 풀면 줄줄 풀리는 바로 그 첫 번째 코바늘 말입니다.

자식은 부모님께 물어보아야 합니다. 부모는 노인들에게 물어보아야 합니다. 성경에도 노인들에게 물어보라는 말이 있는데 삼국지에 나오는 관중의 이야기에는 이런 이야기가 있습니다. 관중이 길을 잃고 오도 가도 못 할 적에 늙은 말을 풀어놓고 가는 대로 따라갔더니 길을 찾더라는 늙은 말에 대한 이야깁니다.

나에게 애정 어린 조언을 해 줄 응답자는 일평생 존경하며 따르고 살면 생각의 물레방아는 얼지 않습니다.

/제12장/

많은 생각

＃ 말 하나 행동 하나, 생각은 5만

생각처럼 많은 것은 없습니다. 그러나 아무리 많다 하여도 생각은 그 생각의 무게를 저울로 달아 보지 못하고 잣대로 그 생각의 길이도 잴 수가 없습니다. 또 무엇보다도 생각에는 그 종류가 하도 많아서 일일이 다 쓸 수도 없습니다.

뿐만 아니라 생각은 각각 사람에 따라서 다르기 때문에 진실로 생각을 말하고 논한다고 하는 것은 옛 속담에 비유하면 '바지랑대로 하늘 재어 보기'와 같다 싶어서 제가 시작은 해 놓았으나 제대로 감당치도 못한다는 생각이 끊이지 아니합니다. 그렇다면 이렇게 많은 것을 생각하는 것의 그 많은 것이란 무엇일까요?

실제로 정말 엄청 많은 생각을 하는 것은 맞습니까? 혹 별로 생각하는 게 없지는 않습니까? 가령 골똘히 생각에 잠긴 사람에게 무슨 생각을 하느냐고 물어보면 '아니 — 아무것도 생각 안 해'라고 말하는데 정말 아무것도 생각지 않는 생각의 정지상태도 존재하는 것일까요?

이 시간에는 좀 시적으로 표현한다면 '생각이 머무는 자리', '생각의 빛깔', 일단 이렇게 아름다운 제목을 부제로 설정하고 우리가 많이 하는 생각에 관하여, 또 우리의 생각이 정지된 듯 쉴 때에 대한 이 모저모를 짚어 보기로 하겠습니다.

첫 번쨉니다. 생각은 추려집니다. 내가 고르고 빼려고 하지 않아도 무수히 떠오르고 추려지기를 반복합니다. 그중에서 사실과 맞지 않거나 허무맹랑해서 현실성이 없는 생각들은 생각만 하다가 집어치우는데 이 경우는 생각이라 하지 않고 '공상(空想, fancy)'이라고 하는 단어를 사용합니다.

그러나 공상도 똑같은 생각입니다. 배추를 다듬으면 떡잎이 나오는데 떡잎도 배추인 것과 같이 공상도 생각의 껍데기와 같은 떡잎과 다르지 않습니다. 그래서 떡잎은 짚으로 엮어서 시래기를 만듭니다.

그런데 놀라운 것은 이 시래기 무침이나 시래깃국도 배추김치에 못지않으니 생각의 떡잎처럼 우리가 쉽게 집어치워 버리는 공상도 시래기 무침이 되어 맛있는 요리처럼 우리의 삶에 소중한 양식이 되기도 한다는 것입니다.

그러니까 먼저 생각에는 쓸 데 있고 없고가 없다는 사실입니다. 무의미한 것이 있다고도 할지 모르나 대부분이 다 꼭 필요한 생각들입니다. 다시 한번 비유를 들면 역시 반찬의 비유가 좋겠습니다.

오랫동안 한참을 두었다가 푹 익어서 맛이 들었을 때 먹어야 되는 것의 대표적인 것에 된장이 있습니다. 된장은 담그자마자 먹을 수도 없지만 맛도 없습니다. 뿐만 아니라 된장을 먹게 될 때 가서나 먹을 수 있는 간장도 마찬가지입니다. 이와 같이 ─ 비유가 잘 되었습니까? 생각에도 '숙성되는 생각'이 있다는 말씀입니다. 다시 말하면 생각은 크게 3가지로 분류됩니다. 물론 이제부터 말씀드릴 내용 중에는 생각에 대한 많은 또 다른 분류가 있겠습니다마는 일단 먼저 생각을 3가지로 분류합니다.

첫째는 '알찬 생각'이라 정의하고 현실에 부합하는 당면 문제에 대한 생각으로 이를 '실상(實想)'이라 하겠습니다. 다음은 '떡잎'이라고 표현했던 '공상(空想)'입니다. 세 번째는 간장, 된장에 비유했던 '숙성(熟成) 중인 생각'입니다.

두 번쨉니다. 생각은 허공을 떠돌지 말고 당면한 현실에 충실해야 한다고 여겨서 가장 쓸 만한 바른 생각으로 인정받는 알찬 생각, 즉 현실적인 생각에 대한 말씀입니다.

여러분은 어떻게 생각하십니까? 만에 하나 오해라도 하지는 않으십니까? 알찬 생각은 삶을 실수 없이 이끌어 줍니다. 현실에 합당하고 사리를 판단하는 데 있어 예리한 말과 행동의 밑천이 되어 줍니다.

그러나 우리는 까딱하면 자주 오해하고 오류에 빠집니다. 쓸데없는 군더더기 생각은 않는 게 낫다. 알차고 현실적인 생각만 하자. 그러므로 알찬 생각이 최고야. 이런 식으로 말입니다. 그러나 저는 그것은 생각에 대한 지식이 부족해서 그렇다고 생각합니다.

물론 현실을 떠난 생각은 얼핏 무익하다고 보기가 쉽습니다, 그러나 알찬 생각은 오직 현재 쓰기에만 좋은 재료입니다. 생각에는 재료가 있다고 했고 이것을 '생각 거리'라고 했던 말씀을 기억하시기 바랍니다. 이때 다시 또 비유를 든다면 알찬 생각은 활어회라고 하겠습니다.

겉절이 김치 아시지요? 초봄에 나오는 초봄 겉절이 - 그렇습니다. 알찬 생각은 정말 소중합니다. 무엇보다도 꾸물럭 거리면, 꾸물대면 안 됩니다.

알찬 생각은 순발력이 있어야 하기 때문에 감지기능이 전달해 주는 대로 즉각 결정하고 바로 행동에 옮겨야 합니다. 때때로 화급을 다투는 삶의 현장에서 순간의 판단이 얼마나 소중한가의 문제는 제가 말하지 않아도 여러분이 다들 너무나 잘 아십니다.

그래서 똑똑한 사람은 바로 이와 같은 생각의 민첩함, 생각의 본질이 갖춘 논리성, 그 생각으로 말미암아 발생되는 이윤과 얻게 되는 결과의 만족성, 뿐만 아니라 그로 인하여 모두에게 유익하고 화목하게 되고 그래서 기쁘고 즐겁게 되는 삶의 가치창출로 인하여 사람은 알찬 생각의 능력을 갖추어야 합니다.

그런데 이와 같은 '알참'이란 어디서 나오는 것일까요? 그것은 하나님이 주신 지혜와 총명이라고 하고 말아 버릴까요? 그럴 수도 없고 그렇지도 않다는 것이 저의 생각입니다. 바로 생각을 생각하라는 우리 정신문화연구시리즈의 생각학 콘체르토는 이것은 우리가 우리의 생각을 궁구(窮究)하여 우리의 생각거리와 생각의 실 줄기를 뽑아내고 그것을 잘 다듬어서 버릴 것은 버리고 살릴 것은 살려 가지고 마치 요리를 하듯 알찬 생각이라고 하는 맛있는 접시처럼 내어놓을 수가 있게 된다고 하는 말씀입니다.

그러나 여기에는 알참의 토양이 있습니다. 그런데 여기서 말하는 토양(土壤)이란 분해된 동식물이 부패되어 발생되는 유기물(有機物)이 혼합되어 곡물이 자라날 수 있는 좋은 흙을 말하는 것이 아닙니다.

바로 '알찬 생각이 자라나기에 좋은 조건'을 가리킵니다.

다시 말하면 현실적이고 실리적이며 복된 삶으로 이끌어 가는 알찬 생각이란 그와 같은 생각을 할 수 있도록 그에 맞는 환경이 충족되는 토양에서만 자라나고 싹이 튼다는 말씀입니다. 그렇다면 식물의 성장요소인 동물이나 식물이 썩어서 발효하는 유기물, 즉 이 토양에 해당하는 생각의 토양은 어떻게 발생시킬 수 있을까요?

바로 여기에 상당한 고뇌가 담겨 있는데 한마디로 말하면 자기 자신의 생각학 콘체르토적인 다양한 영양을 섭취해야 한다고 하는 말씀입니다. 이 말을 다른 말로 바꾸면 '노력하라', 즉 '공부를 많이 해라'라고도 할 수 있는데 이렇게 말하면 초등학교 도덕 시간이나 다를 바 없으므로 진부한 연구가 되고 말겠기에 그런 쪽에는 생략하기로 하고 그 대신 다음 제13장에서는 중국고전에서 간결하게 요약한 내용을 '생각의 토양'이란 제목으로 실어 드리기로 하겠습니다.

세 번쨉니다. 생각의 떡잎이라고 말씀드렸던 생각의 또 다른 얼굴이 되는 공상에 관한 말씀입니다. 먼저 '공상도 생각이다'라고 하는 말씀과 함께 '공상과 소망'이라는 부제를 달아 놓고 말씀을 드리겠습니다.

우리는 자주 공상에 빠집니다. 공상은 현실과의 괴리감이 너무 많기 때문에 사람들에게 자주 무시를 당합니다. 그래서 어쩌다가 공상이라도 하는 날에는 야단을 맞습니다. 특히 어린아이가 공상을 많이 하면 부모님들이 야단을 칩니다.

우리 애는 쓸데없는 공상을 많이 해서 공부에 지장이 많다고 들 걱정하는 말을 많이 듣습니다. 또 공상을 하다가 들키면 민망해하고 아닌 척하는 경우도 많이 봅니다.

그러나 공상은 참으로 소중합니다. 한마디로 말해서 공상에서 알찬 생각이 튀어나오고 공상 속에 미래가 있고 공상 속에 우리가 살아가는 소중한 목적에 해당하는 '소망'이라고 하는 정금보다 값진 삶의 가치가 담겨 있습니다.

하지만 아직 좀 더 연구를 해 보아야 하겠지마는 물론 공상에는 폐단도 없지 않다는 문제점도 있습니다. 이를 '공상에 내재된 문제점'이라고 한다면 그 문제점은 첫째로 근거가 없는 공상일 경우입니다.

근거가 없는 공상이란 하고 나서도 무엇을 생각했는가에 대한 아무런 생각이 없는 경우입니다. 그래서 그 즉시 날려 버리고 아예 골똘히 했었던 그 공상의 흔적이나 그림자도 찾지 못하는 것과 같은 예가 그것입니다.

뿐만 아니라 공상이 무익하냐 유익하냐의 여부도 좀 더 연구되고 깊이 생각해 보아야 하겠지마는 그러나 일단 우리 정신문화연구시리즈의 생각학 콘체르토에서는 공상의 가치를 인정하기로 하였습니다.

왜냐하면 공상만화라고 부르는 신비한 비행물체는 놀랍게도 미래의 비행물체로 되살아나는 것이나 공상만화영화에서 황당하다고 비난하던 내용들이 현실로 다가오는 예는 지구의 종말문제나 지구의 환란과 전쟁무기들의 경우도 있고, 신기하게도 그와 같은 양상으로 현실이 되어 나타난다고 하는 것에서 사람의 공상이 미래와 소망으로 교묘하게 연결된 고리가 된다고 하는 이유 때문입니다. 그러나 이것만으로 공상의 가치를 다 말했다고 하면 안 됩니다.

지금 예를 들었던 그런 쪽 말고도 일개 개개인들에게 자주 일어나는 공상은 곧잘 실제 그 사람의 삶이 되고 인생의 꿈이 되는 경우 또한 많다고 하는 것 때문입니다.

실례로 바로 제가 했던 공상과 현실에 관한 말씀입니다. 저는 공상 속에서 우리 정신문화연구시리즈를 생각했습니다. 제가 컴퓨터를 알게 된 1997년, 저는 지금 우리가 매스컴으로만 듣는 유비쿼터스나 나노와 같은 인터넷이라고 하는 생소한 IT 정보에 대하여 자주 공상현상에 빠졌던 때가 있었습니다. 그때의 공상은 그렇게 되면 인터넷으로 정신문화연구시리즈를 만들면 얼마나 좋을까 싶은 그런 공상이었습니다.

그 공상은 3년이 지난 2000년에야 한국 사이버 인생대학이라는 간판을 달고 세상에 나타났습니다. 물론 미약하기 그지없으나 그때 저는 그 자그마한 온라인 인터넷상에 한국사이버인생대학의 문을 열기 위하여 5년여 동안을 공상성의 생각에 빠졌습니다.

그리고 문을 열기 위하여 실제 우리 정신문화연구시리즈 관련 글을 쓰고 또 쓰고 지우고 또 쓰기를 반복해서 정신문화연구시리즈 12개의 정 과목을 선정하였고, 교수가 없어서 전부 제가 혼자 강의문을 채워서 2005년 문을 닫기까지 문을 열었던 일이 있습니다.

그러므로 저는 이렇게 말합니다. 공상은 '더 넓은 생각이다, 공상은 내년 후년에 먹을 것을 말리는 중에 있는 시래기다'라고요.

네 번쨉니다. 알찬 생각이 실상(實想)이라면 공상은 허상(虛想)이라 할 수도 있습니다. 그런데 생각의 창고에는 너무나 많은 공상들이 쌓여 있으나 표출된 실상은 적습니다.

그러나 허상이라고 무시하는 공상도 역시 동일한 같은 생각이므로 우리는 공상에 대하여 깊이 연구해 볼 가치가 있습니다. 이번에는 '환상적인 공상' 이런 부제를 달고 말씀을 드리겠습니다.

생각의 세계는 온도가 차갑습니다. 특히 알찬 실상은 그중에서도 더욱 차갑습니다. 그러나 공상은 이상하리만치 온도가 높고 뜨겁고 따뜻합니다. 뿐만 아니라 실상은 이성적이고 공상은 감성적입니다. 또 생각에는 색깔이 있는데 실상은 흑백이지만 공상은 컬러입니다.

그러나 이렇게 말한다고 근거를 대라고는 하지는 마십시오. 다만 우리 정신문화연구시리즈 생각학 콘체르토에서는 그렇게 말하더라고만 기억해 주시기 바랍니다. 그러고는 여기서도 한술 더 떠서 공상은 아름답다고 하겠습니다.

꽃보다 아름답고 무지개보다도 더 곱고 찬란하며 공상은 축제의 날 밤에 터트리는 불꽃놀이의 화순(花旬) 하고도 비교할 수 없이 곱다고도 인정해 주시기 바랍니다.

이는 그럴 수밖에 없는 이유가 있습니다. 제 경우는 아직 공상의 실체나 실상에 대한 어떤 학자의 서적도 본 적이 없지마는 분명 공상 세계 속에 들어가고 꿈보다 더 아름다운 그 나라를 실제 눈으로 보고 만져도 보았기 때문에 이렇게 말할 수밖에 없습니다.

이런 공상의 세계는 저 혼자만 날아다녔을 리 만무합니다. 여러분들도 당연 공상에 빠져서 황홀한 경지를 저와 같이 그렇게 체험하셨을 거라고 믿습니다. 그러시다면 이제 공상의 세상에 가셨던 기억을 되살려서 저와 함께 공상나라 여행에 들어가 보시겠습니까?

우선 공상에게 감사해야 마땅합니다. 공상은 고갱이의 어머니입니다. 될 나무는 떡잎부터 알아본다는 옛말에서의 떡잎은 고갱이를 안고 키웁니다. 이때의 떡잎은 공상이며 고갱이는 실상에 해당됩니다.

그러므로 공상 속에서 실상이 자라납니다. 이처럼 공상은 무의미한 게 아니기 때문에 우리는 공상에게 감사해야 하는 것입니다.

다섯 번쨉니다. '숙상(熟想)'이라고 하는 신조어로 부르려고 하는 것으로 오랜 기간을 두고 계속 키워 가는 꿈을 말합니다. 이 경우에 해당하는 것이 정신문화연구시리즈입니다. 앞서 그 한국사이버인생대학이나 신개념정신문화연구시리즈도 공상의 산물이라고 말씀드렸는데 좀 더 구체적으로 말씀드린다면 공상이 숙상이 되어 실상이 된 경우입니다.

공상은 무지개와 같아서 잡으려 해도 잡히지 아니합니다. 그러나 연속적으로 같은 공상을 떠올리면 실상도 되고 숙상이 되기도 합니다. 이는 이미 비유로 말씀드린 바와 같이 간장이나 된장과 같이 오랜 세월을 숙성시켜야 비로소 음식이 되어 먹을 수 있는 것과 같은 것이어서 이 숙상은 생각 속에서 반복해서 거듭되는 생각의 과정을 거치는 절차와 시간이 되는 생각의 깊은 맛을 가진 질성입니다.

이에 대하여 제가 하는 공상의 현재를 말씀드린다면 지금 제가 출판해 내는 이 책은 그런 공상과 숙상의 과정에서 얻어진 결실이라고 하는 말씀입니다. 바로 이 생각학 콘체르토라고 하는 새로운 과목의 연구문을 써 가고 있는 중이지요.

이 연구문은 20개 연구과목(장) 약 300쪽 정도의 분량이 될 것으로 생각합니다. 이와 같은 연구문을 84개 과목의 글을 써야 그때 비로소 정신문화연구시리즈의 새 문이 모두 다 열리게 됩니다.

숙상의 과정을 설명하기 위하여 말씀드리는 것인데 아무리 빨라도 약 10년 정도의 시간 필요하거나 만약 다른 사정이나 몸의 상태, 또는 연의원고의 토양이 빈약하기라도 하다면 10년의 갑절에 해당하는 20년 이상도 걸려도 다 쓰지도 못할지도 모릅니다.

제가 왜 또 이런 말씀을 드릴까요? 숙상의 고귀함, 생각의 구분, 그리고 생각학 콘체르토가 원하는 바의 목적을 달성하여 저와 여러분이 아름답고 찬란한 생각의 궁전에서 복된 삶을 살기를 원하기 때문입니다.

여섯 번쨉니다. 생각이 머무는 자리에 관해서 말씀드리겠습니다. 생각에도 진자리, 마른자리가 있습니다. 몹쓸 생각이 진자리라면 건강한 생각이 마른자리라고 해 보겠습니다. 그러나 딱히 진자리도 아니며 딱히 마른자리도 아니며 두 개의 지리가 바뀔 수도 있습니다. 상징적으로 표현한 말씀입니다마는 생각은 어디엔가 머무는 자리가 있다는 말씀입니다

생각이 머무는 자리가 어디일까요? 깊이, 가만히 나를 살펴 생각의 세계를 열고 들어가 보면 지금 나의 생각이 머무는 자리를 발견하게 됩니다. 또 내 생각이 머무는 자리의 모양새도 볼 수가 있습니다. 말을 하지 말고 계속해서 살펴보면 어떤 색깔인지도 알 수가 있습니다. 슬픈 생각도 기쁜 생각도 구별됩니다. 어두운 빛깔의 색깔도 밝은 빛깔의 색깔도 보입니다. 신 나는 일이 벌어질 건지 기분 나쁜 일이

생길 것인지도 또렷하게 알 수가 있습니다. 그렇다면 제 경우 많은 생각들이 모여 있는 생각이 머무는 자리는 어디일까요?

물어보나 마나 생각문제에 대하여 집중하고 있습니다. 생각학 콘체르토의 연구문을 쓰기 위하여 생각의 모양도 그려 보고 어디에 머물고 있는가도 확인합니다. 또 다른 연구문은 무엇을 쓸까의 문제로 생각이 돌고 도는 것을 눈으로 보듯 보게 됩니다.

그러면 불과 결혼을 며칠 앞둔 남녀의 생각은 어디에 머물고 있을까요? 혼인 예식장에 가 있으며 신혼여행지에 가 있으며 신방에 가 있으며 시댁에 가 있으며 신혼살림을 차릴 작은 아파트를 맴돌고 있을 것입니다.

이처럼 생각은 머무는 자리가 있습니다. 거기서 생각의 맛을 숙성시킵니다. 어느 것은 천천히 여유를 가지지만 어느 것은 급하게 서두르고 있습니다. 그래서 생각이 결정된 것을 명령합니다.

빨리 일어나라, 빨리 웨딩드레스 집에 가지 않고 무얼 하느냐?

저의 경우라면 빨리 노트북을 열어라. 바로 이 말을 써야 한다.

놓치지 말고 지금 빨리 써서 잡아 두어라. 그런가 하면 아직 시작하지 않은 용모학이라든가 습관학 같은 것은 계속 삭히고 있는 중이지요. 이것이 생각입니다.

일곱 번쨉니다. 그러니까 생각이 머무는 곳의 풍경은 제각각 모두가 다릅니다. 각기 다른 생각들이 머무는 자리 ─ 거기에는 주로 무엇이 많을까요? 어쩌면 돈이 많은 돈 창고 주변에 가장 많은 생각들이 머물고 있을 것입니다. 어쩌면 이사 갈 아파트에 미리부터 가서 거의 그곳에 머물 것입니다. 승진계급장이 번쩍이는 사람도 있습니다.

그러나 당연 많은 사람들의 생각이 사랑문제에 머물고 있을 거라고 생각됩니다. 사랑은 인간 최고의 가치로 최상급의 대우를 받습니다. 또 사랑보다 곱고 아름다운 빛깔도 없습니다. 그래서 많은 생각들은 양지바른 물가 송사리 모이듯이 사랑의 샘물에 모여듭니다. 그렇다면 이와 같은 사랑은 무엇일까요?

사람이 살아가는 최고의 행복입니다. 이처럼 사랑은 기쁨이고 즐거움이지만 그러나 사랑은 또 가장 가슴 아픈 인생의 고통이 되기도 합니다. 우는 사람들의 대부분은 이 사랑이라고 하는 것이 눈물의 주제입니다.

사랑의 묘약은 무엇일까요? 저는 이렇게 생각합니다. 사랑의 원인이 생각이기에 — 사랑의 현재가 생각이기에 — 사랑은 생각으로 하는 것이기 때문에, 그래서 사랑문제의 근본도 역시 생각이라고 생각합니다. 그러니까 생각으로 사랑합니다. 생각으로 유지됩니다. 그래서 어떻게 생각하느냐의 문제가 곧 사랑을 낳고 사랑을 기르고 사랑하며 살게 되는가의 문제를 사랑의 묘약이라고 단정합니다.

과연 어떤 생각이 사랑의 묘약일까요? 생각학 콘체르토는 종합감기약이 되어 사랑의 묘약이기에 충분합니다. 곱고 아름다운 무지개가 나타나는 사랑의 묘약을 생각으로 드시옵소서.

/제13장/

생각의 토양

***본 제13장은 생각에 대한 생각발생 동기유발 기대효과를 구하기 위하여
중국고전에 나오는 36개 예화를 선별하여 저자가 재구성(윤색)한 글입니다.
생각과 아래의 내용들은 밀접한 관계를 가지고 있습니다. 생각학 콘체르토에
동참하신 독자 여러분께 재미있고도 유익한 생각적 효과를 기대합니다.***

생각이 발아하고 자라나는 조건이 있다면?

첫 번쨉니다. 왕의 값비싼 보석을 훔친 죄를 짓고 도망가는 자를 잡았습니다. 잡힌 죄인은 꾀를 내고 이렇게 말했습니다. 훔친 보석은 잃어버렸다, 그런데도 나를 잡아가면 나는 이렇게 말할 거다. ―나를 잡은 당신이 나의 보석을 삼켜 버렸다고 그러면 당신은 배를 갈라 죽게 될 거다. 그러자 잡은 자가 죄인을 선뜻 풀어 주어 버렸답니다.

두 번쨉니다. 뱀이 이사를 간답니다. 그러나 마을을 지나가야 한대요. 뱀들은 마을 앞을 지나가면 사람들이 뱀을 죽일 거라는 생각입니다. 그래서 큰 뱀의 등에 작은 뱀이 올라타고 올라탄 뱀은 큰 뱀의 머리를 물고 지나가기로 했습니다. 그러면 사람들은 이런 뱀은 신령한 뱀이라고 단정하고 죽이기는커녕 잘 지나가도록 도와줄 거라고 생각한 것입니다. 과연 사람들은 지나가는 뱀에게 절까지 하며 탈 없이 지나가도록 가만두었답니다. 상식과 발상의 전환을 이용하고 신령한 것에 대한 약점을 찌르는 이야깁니다

세 번째입니다. 두 사람이 똑같이 동쪽으로 달아났습니다. 먼저 달아난 사람은 못된 짓을 하고 달아난 미치광이입니다. 그 미치광이를 잡기 위해 다른 사람도 동쪽으로 달려갔습니다. 둘 다 동쪽으로 달려간 것은 동일하나 둘이 똑같지 않습니다. 한 가지 사실만으로 똑같이 판단하지 말아야 한다는 교훈입니다.

네 번째입니다. 어머니의 머리 위에 활을 쏴서 사과를 떨어뜨리는 경기입니다. 어머니는 자기의 자식이 활시위를 당기자 도망을 갑니다. 왜냐하면, 자식의 활 솜씨가 서툰 것을 알기 때문입니다. 믿지 못하면 모자간에도 피하고 도망간다는 내용입니다

다섯 번째입니다. 무식하면 인간이 소가 된다는 내용입니다. 어떤 사람에게 편지가 왔습니다. 그 편지에는 소를 보내 달라는 내용이 쓰여 있는데, 마침 그는 글을 읽지 못하는 자였습니다. 그러나 어려운 손님과 함께 있었으므로 자기의 무식을 탄로 내지 못할 처지였답니다. 그래서 그는 편지를 펼쳐 보고 말했습니다. 알았다고 해라, 갈 거라고 전해라. 그러고는 편지는 도로 주고 손님이 떠난 후에 자기가 바로 갔습니다. 자기가 소가 된 꼴입니다.

여섯 번째입니다. 유명한 화가가 있어서 그림을 그려 달라고 했습니다. 소, 닭, 개, 돼지, 아무튼 아무것이나 잘 그려만 주면 큰돈을 준다는 주문이 들어왔습니다. "무엇을 그릴까요?" 그러자 아무것이고 다 좋다고 하면서 도깨비를 그려도 된다고 하였습니다. 그러자 그는 그러면 도깨비를 그리겠다고 했다네요. 왜 보기도 힘들고 그래서 그리

기도 힘든 도깨비를 그렸을까요? 너도 못 보고 나도 못 본 것은 잘 못 그려도 그러려니 할 것이라는 이유입니다. 개나 소는 다들 많이 본 거라서 잘 그려도 트집을 잡힐 일이기 때문이지요.

일곱 번쨉니다. 사슴과 사자가 달리기를 하면 사슴이 사자보다 빠르답니다. 그래서 논리상 사슴을 뒤쫓아도 사자는 사슴을 따라잡을 수가 없답니다. 그런데 사슴이 사자 밥이 되는 그 이유가 무엇일까요? 진짜는 사자가 사슴보다 빠른 걸까요? 다시 한번 말하는데 사슴이 더 빠르고 더 오래 더 멀리 뛴다는 것은 맞답니다. 그런데 어째서 사자에게 잡히느냐? 그 이유는 단 한 가지 바로 이것입니다. 사슴은 뛰다가 자주 뒤를 돌아다본다는 사실입니다. 앞만 보고 뛰어야 된다는 교훈입니다.

여덟 번쨉니다. 활을 잘 쏘는 백발백중의 명궁수가 기러기를 겨누고 있었습니다. 그는 활시위를 당기면서 말했습니다. 잡으면 삶아 먹자고…… 친구가 말했습니다. 기러기는 구워 먹어야 제 맛이니 구워서 먹자고요. 아니야 삶아야 맛있어 아니야 구워야 맛있어 논쟁을 하다 보니 기러기가 없어져서 활은 쏘지도 못하고 끝냈답니다. 딴전 피우지 말고 우선 현재에 충실하라는 교훈입니다.

아홉 번쨉니다. 공자하고 노자하고 누가 더 큰 성인일까요? 춘추전국 시대 형 나라 사람이 값진 활을 잃어버리고 근심에 빠져 고심하는 중에 인근 성인을 찾아왔답니다. 성인이 말했습니다. 형 나라에서 잃어버렸으니 형 나라 사람이 주울 게 아닙니까? 이 말을 듣고 공자가 말했습니다. "형 나라라고 할 때의 '형'자를 빼면 좋겠구만." 다시 이 말을 들은 노자가 말했습니다. "기왕에 빼려면 '사람'이란 말도 빼면 좋겠구만." 노자는 인간의 모든 소유는 자연과 우주 안에 있으며 잃어버려도 역시 우주 안에 있다는 뜻이랍니다.

열 번쨉니다. 부엉이가 또 동쪽지방으로 이사를 가야 된대요. 왜냐하면 가는 데마다 모든 사람들이 부엉이의 울음소리를 듣기 싫다고 해서랍니다. 올빼미가 말했습니다. 이사를 갈 게 아니라 울음소리를 바꾸는 게 낫지 않겠니? 바꿔야 할 것을 바꾸지 못하면 어느 동네 가도 못 산다는 교훈입니다.

열한 번쨉니다. 어리석은 부자가 3층 집을 짓고 사는 다른 부잣집을 찾았습니다. 나도 3층으로 집을 지어 3층에서 살아야겠다. 그러고는 3층집을 지으라고 했습니다. 1층을 짓고 2층을 짓는데 그만두라고 소리를 쳤습니다. ―내가 필요한 건 3층이지 1층도 아니고 2층도 아니다 3층 하나만 지으란 말이다. 그래서 그만 짓다가 말아 버렸답니다. 하나가 없으면 둘도 없다는 교훈입니다.

열두 번쨉니다. 앞서 제5연에서 말한 내용입니다. 사막에는 포아라고 부르는 식물이 있답니다. 포아는 키가 불과 5cm라네요. 그런데 뿌리는 600km나 된답니다. 한 가지를 얻으려면 그 가치의 240만 배의 수고를 들여야 하나를 얻는다는 교훈입니다

열세 번쨉니다. 인물화를 잘 그리는 사람이라고 해서 그를 사위로

맞은 장인의 이야깁니다. 주문을 하는 사람이 없어서 돈을 벌지를 못한다기에 아이디어를 떠올렸습니다. —당신 내외의 자화상을 그려서 그걸 걸어 놓으면 손님들의 주문이 들어올 거요. 자기 부부의 자화상을 걸어 놓은 날 장인이 찾아왔습니다. 이 그림은 누구를 그린 그림인가? 사위가 말했습니다. '장인어른의 딸입니다. 딸도 못 알아보십니까?' 그러자 장인이 말했습니다. '아, 그렇기는 그렇구만 그런데 어째서 내 딸이 웬 낯선 남자하고 같이 있는 거지?' 진짜 잘 그리고 못 그리고 하는 확인이 제대로 안 된 모양입니다.

열네 번쨉니다. 아낄 것의 가치와 생명 이야깁니다. 비가 오는 날 모든 날 짐승들을 잡으러 왔습니다. 그러나 모든 새들이 다 날아가 버려서 잡히지 않았는데 유독 공작새만 잡혔다네요. 잡힌 공작새에게 잡은 사람이 물어보았습니다. —너는 왜 날지 않고 내게 잡혔느냐? 공작이 말했습니다. —내가 날려면 꼬리를 펼쳐야 하는데 꼬리를 펼치면 꼬리가 젖잖아요? 꼬리 젖지 않으려 하다가 몸뚱이 전체가 삶겨 죽게 된 경우입니다.

열다섯 번쨉니다. 호랑이의 목에 방울이 달려서 밀림에 소동이 났습니다. —누구든 빨리 내 목의 달이 방울을 풀어라, 아니면 모두 다 죽여 버릴 거다. 무두가 오들오들 떨며 누가 방울을 풀어야 할까를 의논했습니다. 그러나 아무도 방울을 풀 동물이 없었습니다. 그때 사슴이 꼭 맞는 정답을 내어놓았습니다. —목에 방울을 단 자만이 풀 수 있다. 개그 같은 이야기지만 결자해지요. 정답입니다.

열여섯 번쨉니다. 맛있는 술을 담그는 비법을 배우러 온 자에게 알려 주었습니다. 쌀 한 말에 누룩 반 말에 물 서 말을 넣고 사흘 후에 거르시오. 그는 돌아와서 누룩 반 말에 물 서 말을 넣고 사흘 후에 걸렀습니다. 그러나 전연 술맛이 나지 않았답니다. 쌀 넣는 것을 잊고 누룩하고 물만 넣었거든요. 정신을 빠트리지 말고 제대로 배워 똑바로 해야 된다는 말입니다.

열일곱 번쨉니다. 스님이 산을 가는데 소매 섶으로 참새가 날아들었답니다. 부처님이 내게 참새고기를 주시는구나 생각하고 손으로 가만히 쥐었다네요. 참새는 죽은 척하고 꼼짝도 않았답니다. 그러자 스님은 손을 놓았대요. 그사이 참새가 날아갔다네요. 부처님이 뭐라고 했을까요? ―참새 한 마리 방생하였도다. 그랬다는데 핑계도 좋다는 말입니다.

열여덟 번쨉니다. 의심에 대한 이야깁니다. 어떤 사람이 도끼를 잃어버리고 옆집 청년을 의심했습니다. 말과 행동이 모두 훔친 것으로 보이더래요. 그런데 도끼를 찾았습니다. 찾은 다음에 보니 그 청년은 전연 의심스럽게 보이지 않더랍니다.

열아홉 번쨉니다. 관중이 전쟁 중에 산에서 길을 잃었습니다. 병들고 나이 많은 늙은 말을 풀어놓았대요. 제대로 걷지도 못하는 늙은 말이 길을 찾아내더랍니다.

스무 번쨉니다. 주왕이 상아로 젓가락을 만들라고 하였습니다. 신

하가 나라가 망하게 되었다고 한탄했습니다. 이젠 질그릇을 쓰지 않게 되었으니 상아 젓가락에 맞게 새로 갖출 것이라는 이야깁니다. 새 양복을 사면 새 와이셔츠에 넥타이도 바꿔야 하고…… 집을 새로 사면 장롱을 바꿔야 한다 그 말입니다.

스물한 번쨉니다. 오기 장군은 사병의 고름이 잠긴 종기를 빨아 주었습니다. 사병의 어머니는 자기 아들이 죽게 되었다고 슬피 울었습니다. ─내가 알았으면 빨아 주지 못하게 할 것을…… 사병의 어머니가 말했습니다. ─내 남편도 오기 장군이 고름을 빨아 주어서 전쟁에 나가 목숨을 아끼지 않았거든요.

스물두 번쨉니다. 자로가 공자에게 물었습니다. 옳은 일을 보면 즉시 행동에 옮겨야 합니까? 아니다. 염유가 공자에게 똑같은 질문을 하였습니다. 그렇다. 공서호가 공자에게 왜 대답이 다르냐고 물었습니다. 자로는 너무 담대하여 그리하였고 염유는 너무 소심해서 그렇다.

스물두 번쨉니다. 활로 쏘아 맞추지도 않고 기러기를 떨어트릴 수 있다고 하는 자가 있었습니다. 과연 활을 쏘자 스쳐만 갔는데도 기러기가 떨어졌습니다. 무슨 연유인가 물었습니다. 병들고 상처받은 기러기를 골라서 활을 쏘았지─ 인간도 병들고 상처받은 자는 쉽게 절망하고 낙심하며 떨어집니다.

스물세 번쨉니다. 나를 모함하는 자가 많으면 아무리 노력해도 안된다는 이야깁니다. 버드나무는 거꾸로 꽂아도 산다. 그러나 누군가가 심는 대로 뽑으면 죽는다.

  스물네 번째입니다. 입신을 위해 애를 쓴 사람이 있었습니다. 왕의
측근들에게 뇌물을 바치고 좋게 이야기해 달라고 했더랍니다. 그는
마침내 고위직에 제소되었는데 그 직위를 사양했다는군요. 이유가 무
엇일까요? 누군가의 좋은 말을 듣고 나를 받아들인다면 누군가가 내
게 나쁜 말을 하면 국왕은 나를 버릴 것이라고 판단하였기 때문이랍
니다.

  스물다섯 번째입니다. 안회가 밥을 짓기에 공자가 가만히 보았습니
다. 안회가 밥을 집어 먹더랍니다. 공자가 물었습니다. 왜 밥을 먼저
먹었느냐? —밥을 지어 푸려고 하니 천장에서 숯검정이 떨어졌어요.
아까워서 그걸 집어 먹은 거래요. 그런 줄도 모르고…… 사람을 제대
로 알려면 그의 사정을 제대로 알아야 하고 그런 다음에야 판단하고
욕해야 한다는 말입니다.

  스물여섯 번째입니다. 돼지 몸속에 기생충 세 마리가 서로 자기가 좋
은 부위를 차지하려 싸움을 벌였답니다. 지나가던 기생충이 말했습니
다. 내가 들으니 이 돼지는 열흘 후 잔치 때 잡을 거라고 했대요. 세
마리 기생충은 싸움을 그치고 열심히 돼지의 피를 빨아내어 돼지가
마르게 하였습니다. 주인은 다른 살진 돼지를 잡고 마른 돼지는 잡지
않았대요.

  스물일곱 번째입니다. 한비자에 나오는 이야깁니다. 한 사람이 '없는

호랑이를 있다' 하면 믿지 않는다. 두 사람이 있다 해도 믿지 않는다. 그러면 세 사람이 호랑이가 있다고 한다면? 그러면 믿겠다고 하였답니다. 세 사람이 입을 맞추면 없는 호랑이도 있다는 이야깁니다.

스물여덟 번쨉니다. 진나라의 문공이 원 성을 칠 때의 이야깁니다. 열흘 만에 돌아온다고 약속을 하고 갔으나 성을 함락하지 못했다네요. 한 부하가 말했습니다. —3일만 더 공격하면 성을 함락시킬 수 있습니다. 그러나 문공은 공격을 멈추고 돌아왔습니다. 성을 얻기보다 신의를 잃지 않는 것이 더 중요하다는 말입니다

스물아홉 번쨉니다. 신의에 대하여 한 가지 더 쓰겠습니다. 증자의 아내가 장에 가면서 아들을 떼어 놓고자 아들에게 말했습니다. 장에 갔다 와서 돼지를 잡아 주겠다. 장에서 돌아오자 아들은 돼지를 잡으려고 준비하고 있었다네요. 그건 네가 장에 따라오려 해서 한 말이니 돼지는 잡지 않겠다. 그러자 증자가 말했습니다. 약속을 어기면 부모가 거짓말을 가르치는 것이니 돼지를 잡으시오. 증자는 그 즉시 돼지를 잡았답니다.

서른 번쨉니다. 신선이 욕심 없는 사람을 찾기 위해 손가락으로 금을 만들었습니다. 한 사람에게 물었대요. 이만 한 돌이면 되겠느냐? 아니요. 바윗덩이를 가리키며 저것을 만들어 주면 되겠느냐 했답니다. 역시 아니라고 하기에 이자야말로 욕심이 없다고 판단하여 흡족히 여겨 물었습니다. —너는 과연 욕심이 없구나, 그렇다면 네가 원하는 것은 무엇이냐? 그자가 대답했습니다. —돌을 금으로 바꾸는 신선

님의 그 손가락이 갖고 싶습니다.

서른한 번쨉니다. 아들에게 공부를 가르치기 시작한 아버지가 '一' 자를 쓰고 '하나 일'자라고 가르쳤답니다. 다음 날 아침 아버지가 책상 위의 먼지를 닦는 걸레로 '一'자를 긋고 이게 무슨 글자냐고 물었대요. 아들이 모르기에 어제저녁에 가르쳤는데 그새 잊었느냐고 꾸짖었답니다. 그러자 아들이 대답했답니다. —하룻밤 새 글자가 어떻게 그렇게 컸단 말이요?

서른두 번쨉니다. 추기라는 사람이 서공과 자기 중에 누가 더 미남인가 물었답니다. 아내가 말했습니다. 당신이 더 미남이라고…… 첩에게 물었습니다. 당연 당신이 더 미남이라고 하였습니다. 찾아온 손님에게 물었습니다. 어르신이 더 미남이십니다. 추기가 알아냈습니다. 내가 서공보다 더 미남이 아니거늘 세 사람이 왜 모두 내가 더 미남이라고 했을까? 아내는 자신을 사랑하기 때문이요. 첩은 자기를 두려워하기 때문이요. 손님은 내게 바라는 것이 있기 때문이다.

서른세 번쨉니다. 길을 가던 장님 둘이 농부에게 뭇매를 맞았습니다. 그리고 돌아가기에 농부가 뭐라고 욕을 하는가 살금살금 따라가며 엿들어 보았습니다. —정말 참 다행이다, 우리가 장님이 아니었다면 아마 우리는 맞아 죽었을걸……. 감사하며 사십시오.

서른네 번쨉니다. 술집의 주모도 예쁘고, 술맛도 최고고, 안주도 최고고, 술값도 싸고, 시설도 좋고, 서비스도 좋고…… 아무런 이유가 없는데도 장사가 안되는 집이 있어 유명한 선비에게 그 이유를 물었습니다. ―혹시 그 집에서 개를 기르지 않습니까? ―개하고 장사하고 무슨 상관이 있습니까? 그러자 선비가 대답했습니다. 손님 중에는 개를 싫어하는 사람이 참 많다오. 안되는 이유는 여러 가지랍니다.

서른다섯 번쨉니다. 아내가 바지 감을 들고 남편에게 물었습니다. 내가 입은 이 바지하고 똑같이 만드시오. 아내가 만든 바지를 입은 남편은 깜짝 놀랐습니다. ―왜 멀쩡한 천에 구멍을 냈단 말이요? 아내가 대답했습니다. ―이것하고 똑같이 만들라고 하셨잖아요?

서른여섯 번쨉니다. 주인은 집을 나설 때 흰옷을 입고 나왔습니다. 밖에서 소낙비를 만난 주인은 흰옷을 벗고 검은 옷으로 갈아입고 집에 돌아왔습니다. 개가 주인을 보고 사정없이 짖어댔대요. 주인은 개를 몽둥이로 내려쳤습니다. 이것을 보고 옆집 현자가 말했습니다. '개가 낫다.'

/제14장/

생각의 양식

生각도 먹는다, 무엇을 먹이나?

저는 사흘에 한 번씩 여러분이 알지 못하는 음식을 먹습니다. 그것은 현미 죽입니다. 현미 죽은 생마늘종하고 먹으면 제맛입니다. 음식 궁합상으로 볼 때는 이게 어떤지 모르지만 제 입맛에는 현미 죽은 마늘종이 제격이고 어쩌다가 한 번씩 고추장 찍은 멸치 반찬을 곁들입니다.

저는 미식가도 아니고 별식에도 관심이 없습니다. 좋아하는 음식 한 가지가 더 있는데 그것은 밤고구마 말고 물고구마입니다. 이것도 또 별나게 먹습니다. 껍질째로 먹습니다. 약간 식혀서 따뜻할 적에 손으로 잘라 가지고 구운 김에 싸서 먹습니다. 흙냄새와 김 냄새가 어우러진 물고구마가 제게는 최고의 간식입니다.

저는 농촌에서 태어난 원래 촌사람이라 좋아하는 음식도 촌스럽습니다. 고속도로 휴게소에서 식사를 해야 될 경우에도 별종으로 즐깁니다. 닭 다리를 한 개 사고 우동을 한 그릇 시켜 가지고 우동에다가 닭다리를 찢어 넣습니다. 제가 이름을 붙인 건데 이게 '닭 우동'이란 이름의 퓨전입니다.

퓨전하면 더 놀라운 것이 냉면에 넣어 먹는 치킨입니다. 집에 가서 먹는다고 치킨 집에서 치킨을 한 마리 시켜 가지고 오는 길에 냉면집에 들렸다가 문득 닭 우동 생각이 나서 몇 토막을 물냉면에다가 집어넣었더니 시집간 딸이 깜짝 놀라는 것입니다. 그걸 무슨 맛으로 드시냡니다.

－얼마나 맛있는지 아니? 그리고 그걸 먹었더니 과연 맛만 좋던데 딸아이가 이 맛을 몰라서 그럴 겁니다.

사람이나 동물은 무엇이든 음식을 먹어야 삽니다. 그래서 입이 있고 그 입으로 음식을 먹습니다. 그러나 식물은 필요한 양식을 뿌리로 먹고 이파리로 먹습니다.

하지만 바다와 육지와 같은 만물들은 뿌리도 없고 입도 없습니다. 그러나 자세히 보면 입이나 뿌리가 없는 만물들도 생존하고 있는 그 자체에는 무엇인가를 섭취(?)하는 것을 볼 수 있는데 이것은 존재하기에 합당한 환경입니다.

그러니까 필연으로 존재하는 것이 있어 그것을 환경이라고 하던 음식이라고 하던, 어쨌건 존재하는 그 객체가 존재하기 위하여 그 존재가 존재할 수 있는 절대적인 요소가 있어야 존재합니다.

이 시간은 그렇다면 과연 생각이라고 하는 존재는 '어떻게? 무엇으로 존재하는가?'라고 하는 주제를 가지고 생존의 원칙과 존재의 원리에 관하여 생각학 콘체르토적 측면에서 말씀을 드리기로 하겠습니다.

첫 번째입니다. 사람과 동물, 그리고 식물이나 자연환경들은 어떻게 존재할까요? 너무 쉬운 경우는 사람입니다. 음식을 먹고 산다고 하는 사실입니다. 이와 같다고 해도 되는 경우가 동물입니다.

먹이사슬이라고 하는 자연생태의 먹고 먹히는 이치―풀을 먹은 곤충으로부터 플랑크톤을 먹는 물고기로부터 사슴을 잡아먹는 사자까지―줄줄이 다 쥐어 펠 수도 없는 먹고 먹히는 생태계의 실상들을 알고 있습니다. 그중에 사람으로 태어난 우리들은 채소라고 구분한 풀도 먹고, 가축이라고 부르는 짐승도 먹고, 철따라 날아오는 기러기도 먹고, 산속의 야생동물들을 잡아먹기도 하고 민물고기고 바다고기고 할 것 없이 끓여도 먹고 회로도 먹고……

이 정도만 하겠습니다. 만일 더 했다가는 뱀도 먹고 굼벵이, 지렁이도 먹는다고 하는 소름끼치는 몬도가네 이야기까지 나올까 싶으니까요.

이제 본론으로 가야 합니다. 우리의 관심은 생각학 콘체르토이며 생각학 콘체르토에서도 오늘은 생각의 양식이란 제목입니다. 그런데 생각도 무언가를 먹습니까? 안 먹는다고요? 어디 한번 잠깐 생각해 보고 맞건 틀리건 생각나는 대로 대답을 해 보십시오. 객관식으로 두 가지 보기를 드려 보겠습니다. 1번―생각은 육체가 아니니까 굶는다. 2번―배는 부르지 않겠지만 뭔가를 먹는다? 여러분은 어느 쪽이십니까?

제가 고민할 문제를 드려서 죄송합니다마는 저는 잠 안 자고 생각한 것만 해도 오랜 세월이었습니다. 정답은 『생각도 먹어야 산다』입니다.

그러나 이렇게 말씀드려 놓고 어쩌면 저는 도망가야 할지도 모릅니다. 생각이 무슨 무얼 먹는다는 거냐? 그런 헛소리하지 마라. 감당

키 어려운 주제를 정하여 생각의 양식이라고 하였으니 양식이 다 뭐 말라비틀어진 거냐고 정말이지 잘못하면 연구문을 읽다가 치울까도 걱정입니다. 그러나 생각이란 영체도 반드시 자기 존재를 위하여, 생각이 이렇다고 소리칠 정도로 강한 에너지, 즉 생각의 내공을 가지기 위하여, 맞습니다. 생각도 생각에게 필요한 양식을 먹어야 합니다. 하지만 단어선택이 잘못되어서 『양식』이란 말은 이치에 틀린 것도 같습니다.

또 『먹는다』는 표현도 이치에 맞지 않습니다. 이런 걸 어색하다고 하는가요? 그러나 생각의 양식이란 말과 생각도 먹는다고 한 말을 의태어(擬態語)로 받아 주시면 제 말이 문제 될 일은 없다고 생각합니다.

아무튼 이제 분명히 말씀드립니다. 반드시 생각은 자기 자신 생각에게 필요한 그 무엇이 있습니다. 그래서 그것을 먹습니다.

먹는다는 것이 양식이라는 말입니다. 먹는다는 표현이 불편하시다면 『안다』로 바꿀 수도 있습니다. 또 『양식』이라는 단어가 맘에 안 드신다면 『조건』이라거나 『취함』이라고 바꿔도 됩니다.

다만 분명한 것은 생각도 그냥 나오는 것이 아니라는 점입니다. 생각에도 생각을 이루고 생각을 인격이라고 한다면 인격이 필요로 하는 그 무엇이 전제되어야 존재된다는 말씀입니다. 그러므로 이제 생각의 양식이라는 단어로 단일화시키고 다음 말씀으로 넘어가겠습니다.

두 번쩹니다. 저는 이미 기독교사상을 가진 사람이어서 생각은 영혼이라고 말씀드렸습니다. 그러나 불교인과 단절되기 원치 아니하므로 저는 매번 불교적인 입장에서도 말씀드렸는데 그 경우는 혼이라고 하거나 귀신이라고 말씀드렸습니다.

그러나 불교는 자력종교이며 수행의 미덕을 존중하는 자기 수양 중심이기 때문에 누가 불교에서 영을 혼이라 하느냐 거나 왜 귀신 이야기를 꺼내느냐고 하는 본론 외적인 쪽으로는 제가 크리스천이므로 사실 그쪽에는 약하니까 양해해 주시기 바랍니다.

그보다 진짜 우리가 생각하고자 하는 본질은 생각도 무얼 먹느냐고 하는 『생각의 존재조건』이므로 생각에 대하여 예리한 통찰력이 중요하기 때문입니다.

그렇다면 이제 생각해 봅시다. 육체는 음식을 먹는데 영과 혼에서 분리되어 존재하는 생각은 무엇을 먹을까요? 입이 없으니 입으로는 못 먹는 게 확실할 것이고 무얼로 무엇을 먹을까요? 생각은 무엇을 어떻게 먹고 어떤 환경에서 존재할까요? 생각도 과연 무얼 먹긴 먹는 걸까요?

입이다, 먹는다, 아니다 하는 이런 말이 영 거부감이 생길지도 모르니까 다른 말로 바꾼다면, 생각이 생각으로서 존재하기 위한 여건은 무엇일까요? 『생각의 존재조건』이라 한다면 그게 무엇이겠습니까? 다시 말하면 생각은 뭔가가 있어야 하느냐? 아니면 아무것도 필요한 게 없느냐의 문제입니다.

참 어려운 문제라고 생각하였습니다마는 알고 보면 생각의 존재조건은 간단합니다. 첫째는 견식이며, 두 번째는 청식이고, 세 번째가 험식입니다.

이제 세 번째로 넘어갑니다. 견식(見識)이란 『보아서 아는 것』을 말합니다. 그러니까 생각은 본 것에 의존하여 존재의 조건을 구성하니다. 보지 못한 것도 공상(空想)으로 떠올리지만 알고 보면 공상은 미견식(未見識) 현상입니다.

이는 보지 못한 것을 본 것으로 그려 내는 생각의 속성에 내재된 기능입니다. 그러므로 생각은 저절로 존재치 못합니다.

눈을 통하여 먼저 보는 작용이 일어나면 수백억 개의 뇌세포는 보이는 것으로 생각화(化)현상을 일으킵니다. 한문이 약한 젊은 세대를 위하여 설명을 한다면 『생각화』란 『생각이 되도록』이라고 하는 뜻입니다. 뿐만 아니라 견식은 본 것 중에서 당시에 필요한 것은 그때 즉시로 사용하여 생각화하고 남은 것들은 본 대로 저장합니다. 그리고 저장된 본 것을 양식으로 하여 자라납니다.

이 대목에서 생각이 자라난다는 말은 별도로 기억해 주십시오. 생각은 사람의 키가 크듯 자라날 뿐만 아니라 사람의 근육이 발달하듯 견고해지고 우수해진다는 것도 기억해 주시기 바랍니다.

다음은 청식(聽識)입니다. 저는 미흡하나마 약간의 신조어를 만드는 쪽에 재주가 있습니다. 그러나 우리가 일상에서 생소한 견식이나 청식이란 단어는 컴퓨터 검색에서도 막히지 아니하는 제가 만든 신조어도 아닙니다.

그런데 이 견식과 청식은 생각의 절대적인 양식입니다. 비유로 말하면 견식은 밥이요 청식은 김치라고 할 정도로 생각이 먹는 양식에서 주식(主食)에 해당됩니다. 그러면 청식은 무엇일까요? 글자 그대로 『들어서 아는 것』을 가리킵니다.

생각은 견식과 똑같은 과정으로 취할 것은 당시에 취하고 아닌 것들은 들은 바대로 역시 또 창고에 저장합니다. 그러니까 원리는 견식과 마찬가지입니다.

　끝으로 험식(驗識)입니다. 험식이란 말은 신조어라서 설명이 필요하겠군요. 험식이란 『겪어 본 바』라고 하는 뜻입니다.

　이것은 체험한 것, 또는 경험한 것이라고 하는 뜻입니다. 원리는 견식이나 청식과 동일하여서 생각은 이와 같은 요소를 존재조건으로 하여 생각으로 표출된다고 하는 말씀입니다. 그러니까 생각도 우리의 육체와 같이 각양의 근거가 결집되어 영체로 작용합니다.

　그러나 이렇게 말씀드리면 하나님의 영으로부터 분배되었다고 하는 생각학 콘체르토에서 기론(旣論)한 문제를 해결치 않을 수 없는 모순이 발생합니다. 그러므로 이 문제에 대하여 어떤 해명이 필요할 것 같습니다.

　생각은 하나님의 영과는 달라서 하나님의 영은 전지전능하지만 사람이 분배받은 생각은 본질상 사람이 살아가는 일생에 필요한 인생 100년간의 육체와 영혼을 생각으로 조절하는 유한적인 역할을 하도록 하기 위하여 배분되었다고 하는 점에서 다른 것입니다.

　그러므로 생각은 인간의 육체와는 다르지만 어쨌든 필요한 요소가 갖추어져야 할 뿐만 아니라 수급의 질성에 따라 역사하는 능력에서 하나님의 영과 근본적으로 다르다고 하는 말씀입니다.

　예를 들면 생각은 제대로 본 것과 잘못 본 것에 따라서 표출하는 질성이 다릅니다.

　눈이 잘 못 보고 전달한 실상에 대하여 생각은 잘 못 본 그대로 기능하고 더 이상은 미치지 못합니다.

　바로 그러기 때문에 생각에는 양식이 있어야 하지마는 잘 못 먹은 음식이 소화 장애가 발생하는 것처럼 생각도 생각의 질성에 하자가 발생할 수밖에 없다고 하는 점에 유의할 필요가 있습니다.

다음 네 번째입니다. 견식은 밥이요 청식을 김치라고 한다면 험식은 된장이라고 설정하겠습니다.

이 세 가지가 사람이 먹고사는 주식이라고 한다면 사람은 밥과 김치, 된장만 먹고는 힘을 못 써서 그런지 아니면 입맛 때문인지는 알바 아니나 사람이 좋아하는 음식 중에 빼놓을 수 없는 것이 고기반찬입니다.

어쩌면 이제 김치보다 고기를 더 먹는 세월인지도 모를 정도로 고기가 오르지 않는 식단은 찾기 어려울 지경입니다. 그러다 보니 생각도 취하는 것도 예전과 아주 달라져 버리고 말았습니다. 그것은 홍수 속에 빠진 수많은 먹을거리들입니다. 그런데 여기서 말한 『먹을거리들』이란 절대로 육체이야기가 아니고 당연 생각이 먹는 양식을 가리킨다고 하는 것과 혼동하지 말아야 합니다.

생각도 별식과 같이 고기를 좋아하는데 여기서 말하는 고기라고 하는 것은 바로 지식(知識)입니다. 그러나 지식은 거의 전부가 눈과 귀를 통해서 들어오지만 눈과 귀가 아닌 경로로도 얻어진다는 것도 기억해 주시기 바랍니다.

어쨌든 여기서 말하는 지식은 단순한 지식으로 이해하시면 맞지 않습니다.

다시 말하면 『보는 것과 듣는 것이 전부다, 지식이다』 이렇게 생각하십니까? 틀렸습니다. 『보는 것과 듣는 것은 전부 보는 것이요, 듣는 것』일 뿐 그것이 지식은 아닙니다. 생각학 콘체르토적 측면에서 지식을 곰곰 분석해 보면 지식에는 『무익한 지식』이 있고 『유익한 지식』
이 있습니다.

차라리 모르는 것이 나은 것도 일단 지식은 지식입니다. 도박이나
마약이나 절도와 같은 경험은 험식이고 견식이고 청식이지마는 이런
것을 지식이라고는 하지 않습니다. 그러니까 지식이란 반드시 『생각
이 받아서 향기를 낼 수 있는 양식다움의 질적 요소』를 가진 것이라
야 그것만을 지식이라고 인정합니다.

그러므로 아무거나 보는 것이 다 지식에 속할 수는 없습니다. 들었
다고 해서 들은 것이면 그게 전부 지식도 아닙니다. 경험도 모두가
다 지식이라고 하면 안 됩니다. 지식이란 고고하고 고상하며 유익함
을 갖추어야 그것이 지식대접을 받을 수 있습니다. 그러므로 제가 이
제 여기서 드리는 말씀은 생각이 받아먹어서 소화불량이 일어난다거
나 썩은 악취가 나는 것이 아닙니다.

그런 것은 지식이 될 수 없으며 이제 말씀드리는 고기반찬이 될 수
도 없습니다. 다시 말하면 이것은 곧 생각이 먹을 만한 생각의 양식
으로 고기반찬과 같은 고단백 영양식품이라야 그것이 지식이라고 하
는 말씀입니다.

다섯 번쨉니다. 그렇다면 생각은 어떤 존재조건에서 생장하고 표
출되느냐? 이제 여러분은 어느 정도 이해를 하셨을 것입니다.

이는 생물들도 그들이 요구하는 환경조건이 있듯이 생각도 생각의
환경이 있다는 것도 이해를 하셨을 것입니다. 그런데 분명한 것은 생
물의 경우와 마찬가지로 생각도 여건이 열악하면 존재로서의 실체도
따라서 열악하다고 하는 말씀입니다. 가령 잘 못 먹는 음식처럼 잘

못 본다든가, 혹은 잘 못 듣기라도 한다면 생각도 그 각도가 삐뚤어져서 생각다운 생각을 만들어 내어 줄 방도가 없다는 것입니다.

선짓국밥을 먹으면 변이 검은 것과 이치가 같습니다. 그러나 고구마를 먹은 사람의 변은 노랗습니다. 그러면 생각의 고기반찬이 되어 생각으로 하여금 우리의 기쁨과 행복을 생각하여 표출하게 하려면 무엇을 먹게 해야 할까요? 바로 지식이라고 하는 고기반찬을 먹여야 합니다.

구체적으로 어떤 것이 고기반찬으로 분류되는 고단백 지식일까요? 그것은 『지식의 제1은 독서』라고 하겠습니다. 그러나 이렇게 말하면 교양연구가 될까 싶군요. 누가 그걸 모르느냐? 책 많이 보면 좋다 소리는 누가 못 하느냐? 그러나 그게 아닙니다. 책같이 어려운 선택이 없다고 하는 점 때문입니다.

현대는 별반 책을 보지 않는 세월입니다. 그래서 서점들도 너무 달라진 것이 현대입니다. 즐비하던 책꽂이가 온통 만화책으로 채워지고 비디오로 가득 찼습니다. 독서문화가 인터넷에 밀려서 책은 저쪽으로 쫓겨났습니다. 그럴 수밖에 없는 것이 인터넷으로 책에 못지않은 지식취득이 간단하고 편리하기 때문입니다.

또 인터넷에는 우리 정신문화연구시리즈와도 같은 볼거리가 넉넉합니다. 그게 아니라도 많이 있습니다. TV입니다. 심지어는 스마트폰이 온갖 정보를 다 제공합니다. 그러니 고리타분하게 책을 펴들고 앉아서 읽지 않아도 지식정보가 넘친다고 하는 것입니다. 그러니까 바로 여기에 이것이, 저는 바로 이게 문제라고 하려 합니다.

물론 다 좋습니다. 인터넷도 좋고 TV는 더욱 좋습니다. 문제는 그렇게 넘실대는 정보들이 과연 생각의 양식으로 어떠하냐고 하는 질문입니다. 생각이 생각답게 생각하기에 오히려 해로운 지식이라면 그것은 지식이라 할 수 없습니다.

예를 들어 썩은 음식이라면 그것을 음식이라 할 수 없는 것처럼 지식도 지식으로서의 가치를 인정받을 수 없는 것이라면 그것을 고기반찬 급의 고급음식처럼 지식의 반열에 올려놓을 수가 없다는 말씀입니다.

그러니까 생각학 콘체르토는 중요한 이념이 『자유』라고 하였습니다. 허나 자유지만 자유의 결과는 어떠한가? 이 중차대한 문제에 대하여 제7장은 이미 선택의 결과, 즉 자유의 결과는 심지어 사망으로까지 연결된다는 말씀도 드렸습니다.

여섯 번쨉니다. 사람의 입은 참 간사한 거라고 말합니다. 한 예로 단것을 좋아하니까요. 단것은 입에는 달지만 단맛 속에는 독이 들어 있습니다. 지식도 마찬가집니다. 달콤한 유혹으로 우리를 손짓합니다.

컴퓨터가 그렇습니다. 때론 TV도 똑같습니다. 재벌이 없는 드라마가 없고 미인 아닌 탤런트가 없습니다. 부자들은 좋은 집에 살고 고급레스토랑에서 돈 생각 않고 만납니다. 아주 좋은 옷을 입고 아주 고급 선물들을 주고받습니다. '그런데 나는 이게 뭐냐?' 무의식중에 인생에 대한 회의를 가지게 하고 나도 모르는 사이에 미남과 미인들의 로맨스를 꿈꿉니다.

인터넷에는 벌거벗은 탤런트가 허벅지를 노출시키고 뭐하자는 걸까요? 풍성풍성 그들은 물 쓰듯 돈을 씁니다. 세상이 이상해요. 이렇게 나가는 꼬락서니는 소돔과 고모라를 방불케 하고 온갖 유혹들이 단물을 내뿜어서 우리 정신문화연구시리즈는 축에도 못 낄 판입니다.

사이비가 판치는 세상이 되었으며 쓴 약이 없는 세월입니다. 아무리 먹으면 병 된다고 소리쳐도 혀끝의 단맛에서 헤어날 수가 없습니다. 돈에 미쳐서 한탕만을 노리는 생각 없는 말과 행동들…… 아무도 손쓸 방도를 못 찾습니다.

못 찾느냐? 안 찾느냐? 어쩌면 찾아야 한다는 의식마저도 병들었습니다. 책을 사야 하고 독서문화로 돌아가야 하는데…… 그런데 책은 나도 본대요. 문제는 책이라고 해서 모든 책이 다 책이 아닙니다. 책은 양서보다 악서가 더 많은 건데 양·악서의 분별능력이 마비되었습니다.

그러므로 생각에 병이 들어서 모든 사람이 아주 이상해졌습니다. 이상하다는 말—여러분 이상한 게 뭔지 아세요? 그것은 똑바르게 내려 주신 하나님의 사랑하심과 다른 생각입니다.

일곱 번쨉니다. 부모님과 하나님은 동질입니다. 그러면 무얼 합니까? 부모 말을 듣는 자식이 없습니다. 그러니 하나님의 말을 듣는 사람이 있을까요? 선생님의 말을 듣는 제자가 없습니다. 그러니 누가 스승이 되고 싶겠습니까? 돈이라면 선배도 모르고 양심이란 흔적도 없이 멸절되었습니다. 바른말은 간섭이 되어 자유가 술에 취해 비틀거립니다. 혼비백산한 잃어버린 생각마비증으로 인하여 애꿎은 자식들이 고아로 전락합니다. 왜 그럴까요? 누가 그럴까요?

아버지가 딴 여자를 만나서 그렇게 된 거랍니다. 어머니가 집을 나가서 이 모양이 된 거래요. 극도로 혼미한 세월에 마비된 생각을 어떻게 되돌릴 방법을 생각합니다. 같이 생각에 잠겨 주시기를 간곡히 부탁드립니다. 제발 돌아가십시오. 사랑하는 자식들의 눈에 맺힌 눈물을 씻어 주시기 바랍니다.

/제15장/

생각장애

\# 지체장애보다 불쌍한 생각장애인

생각에도 장애현상이 있어 생각장애라 하였습니다. 생각장애는 결과로 나타나나 결과에 있지 아니하고 과정에 있으며 고정화된 생각습관현상입니다. 생각하기에 대하여 깊이 생각하지 않음으로 인하여 생각이 틀린 것이 아니라 생각하는 방법이나 요령에 문제가 있는 경우를 생각장애라 합니다.

참 딱한 사람입니다. 제일 불쌍한 사람입니다. 생각하는 것이 왜 그 모양이냐 할 게 아니라 생각하는 방법을 바꿔 주어야 합니다.

장애인이라는 단어에는 예리한 면도칼로 어딘가의 가슴 속살 한편을 쩍 가르는 듯한 애잔함이 있습니다. 그래서 원래는 장애라는 제목 대신 오염이란 단어를 써서 『생각오염』이라고 하려고 했었습니다. 그래서 사실 이 제14장의 제목은 『생각의 오염』이라고 하는 게 맞습니다마는 고칠까 하다가 그냥 둡니다. 왜냐하면 장애라고 하는 것이 보다 더 체감적이라고 생각되기 때문입니다.

장애는 크게 두 가집니다. 하나는 정신장애요, 또 하나는 지체장애입니다. 제대로 감당치도 못하지만 저는 오래전 대전시청에 등록된 장애인봉사회 회장이기도 해서 누구보다도 장애인에게 관심이 많았던 사람입니다. 그런 제가 이제 생각학 콘체르토를 쓰면서 가슴 아리는 장애라는 주제를 가지고 생각에 대하여 말하게 되다니 먼저 장애를 가졌으나 그 장애를 극복하면서 살아가시는 많은 장애인들에게 굳센 용기를 기원합니다.

이 시간의 첫 번쨉니다. 현대는 거의 대부분의 사람들이 모두가 다 장애인이다 싶습니다. 그러나 지체나 정신의 장애인이라는 말은 아닙니다.

생각에 장애가 있다는 말입니다. 이것은 병은 병이지만 병으로 등록되지는 않았습니다. 시각장애나 언어장애나 청각장애와 같은 지체장애는 등급이 있으나, 같은 장애라고 하여도 요즘 유행하는 말에 속하는 '관계 장애' 같은 것도 병이라고 쳐 주지를 않으니까 제가 말씀드리는 이 생각장애는 더더구나 병도 아니라고 할 거라고 생각됩니다.

하기는 생각장애라는 말은 들어 본 적도 없습니다. 음치(音癡)가 음정장애라면 박치는 박자 장애라고도 하던데 사실은 기계에 소질이 없는 기계치도 있고 사랑에 실패를 거듭하는 애치(愛癡)도 있는데 이는 '치'자가 들어가는 것들은 전부 장애라는 단어와 같은 뜻이라고 생각됩니다.

어쨌건 이 시간은 생각장애에 관한 말씀이 주제입니다. 장애는 걸림돌입니다. 불완전 요소입니다. 걷어치워야 하거나 고쳐야 하는 것이요 병이 곧 장애입니다. 고쳐지지 않는 것이라면 변용하거나 응용

하는 적응성 등 저항력을 갖추지 않으면 문제가 되는 부분입니다.

그렇다면 과연 진짜배기 장애인이 누구일까요? 장애의 불리함을 이기고 살아가는 많은 장애인들, 이들이 장애인일까요? 저는 그분들이 아니고 이 시간 주제가 되는 생각장애를 가진 사람이 진짜 못 말리는 장애인이라고 하겠습니다.

왜냐하면 첫째로 자기의 병을 자기가 모르니 아무런 대책이 없는 환자들이라고 보기 때문입니다. 차라리 눈에 드러나면 그때는 방법이 있습니다. 그러나 생각장애인은 생각장애가 드러나지 않기 때문에 이야말로 해결의 방도가 없어서 하는 수 없이 불치의 고질병으로 볼 수밖에 없다는 것이 가장 중요한 문제입니다. 그러므로 이제 우리는 먼저 생각장애에 대하여 구체적으로 알 필요가 있습니다.

이를 위해서는 잠깐 정신장애에 대하여 말씀을 드려야 할 것 같습니다. 정신장애에 대하여도 잘은 모릅니다마는 우리가 아는 정신장애인은 선천적인 경우가 대부분입니다.

자랄 때부터 지능 발달능력이 따라 주지 않았거나 발달하다가 중도에 성장을 멈춰 버린 경우가 대부분이어서 그들은 대개 10세 이하 어린이 수준의 지능에서 멈춰 버렸습니다.

그러나 생각장애인은 이와 다릅니다. 정상적으로 할 만큼 성장은 같이 하였는데도 생각하는 사고력이 온전치 못한 경우입니다.

이런 사람은 모든 게 정상이지만 언제나 결론이 사리에 맞지 아니하고 목적 자체가 본질에 어긋나 있어서 삶의 질이 떨어지거나 심각한 실수를 연발하기도 하고 심한 경우 우울증으로 인하여 본인은 물론 가족에게도 문제를 일으키는 경우가 많습니다.

두 번쨉니다. 그런데 이와 같은 생각장애가 심한 사람들이 우리 주변에는 너무나도 많다고 하는 것에 문제의 핵심이 있습니다.

무엇보다도 내 남편이나 내 아내가 그렇다고 말하는 사람들이 특히 많은데, 이런 현상은 생각장애가 그만큼 쉽게 발견되지 않는 어려운 증상이라고 하는 이유입니다.

이는 분명 아내가 볼 때나 남편이 볼 때는 중증 생각장애인이 맞습니다. 그러나 제3자들이 볼 때는 아무렇지도 않고 멀쩡한 사람으로 평가됩니다.

오히려 내 남편이나 아내에게 생각장애가 있다고 말하면 그 말을 들은 사람이 인정을 하지 않습니다. 반대로 그렇게 말하는 당신이 생각장애인 아닌가를 의심받기 십상입니다. 그래서 생각장애인은 일정 거리를 가지고 상대하는 사람들에게는 여간해서 느껴지지 아니합니다.

가까우면 가까울수록 가까운 사람들에게만 더 심하게 느껴집니다. 그럴 거라고 생각지도 않았던 사람이 생각장애라고 느껴진다면 그것은 그와 가까운 관계로 같은 직장이거나, 아니면 부부 같은 경우라고 볼 수 있습니다.

문제는 그러니 남들은 괴로운 나의 마음을 알아주지를 않는다는 게 고통입니다. 시아버지도 모르고 형제들도 모릅니다. 같은 회사에 근무하지만 경리과에 근무하는 친구도 모릅니다.

그래서 속 터지는 심정을 어디 대고 하소연을 해 보았자 그 사람 안 그럴 것 같다는 말만 듣게 됩니다. 환장을 할 노릇이 바로 이런 경우가 아닐까요?

아무튼 장애 중에는 생각장애도 있다는 말씀을 드립니다. 그러나 생각장애는 정신장애와는 다릅니다. 정신장애는 등급이 있으나 생각장애는 등급이 없습니다. 정신장애가 중증현상이라면 생각장애는 경증현상이기 때문입니다. 그래서 생각장애인은 좀처럼 드러나지 않습니다.

그러나 관계 당사자는 심지어 어떨 때는 미친놈같이 보일 정도 입니다. 하지만 아무도 정신장애인을 가리켜 미친놈이라고는 하지 아니합니다. 정신장애니 정신박약이니 이런 말을 가려서 쓰는 이유는 이런 사람은 미친 것과는 다르기 때문입니다.

그러나 생각장애인은 미친놈이란 생각까지 들 때가 있습니다. 미친놈이란 말은 그럴 리 만무하다고 보이는 멀쩡한 사람인데 그 생각이 턱도 없이 미치지 못하거나 심하게 오염된 듯한 말과 행동을 생각이라고 하는 기관으로부터 발동할 때 쓰는 말로서 사실은 미치지 않았다고 인정하면서도 도무지 이해가 안 갈 적에 쓰는 말입니다.

그러니까 바로 이래서 생각장애에 대한 문제가 심각합니다. 아무도 알아주지는 아니하고 속은 터지고……. 먼저 이런 경우에는 어떻게 하면 좋을까요? 짧은 생각일지 모르지만 제가 내려 드릴 처방은 이렇습니다.

원리부터 말씀드리면 이와 같은 생각장애는 일종의 병이라고 하는 말씀입니다. 병은 치료를 받아야 하지만 치료의 근본원리는 치료 효과에 대한 최고 책임은 환자라고 하는 사실입니다.

우리는 의사가 책임지고 병을 고친다고 잘못 알고 있습니다. 어느 정도의 비중을 두고 하느냐에 따라 다르겠지만 분명 의사는 환자가 나을 수 있도록 도와주는 도우미입니다.

이와 같은 사실에 근거하여 생각장애인의 병 치료 문제는 원리대로 하면 장애를 가진 환자 당사자의 몫입니다.

그런데 이 말에는 동시에 이런 의미가 포함되어 있는데 이 경우는 바로 누구보다도 관계되고 부딪혀서 그로 인해 피해가 많다고 주장하는 관계당사자 당신이 의사가 되어 주어야 한다고 하는 사실입니다.

세 번째입니다. 병은 병을 아는 사람만이 치료를 할 수가 있습니다. 특히 생각장애인은 아내나 남편이 가장 치료할 조건을 잘 갖춘 사람이라고 이해하실 수 있습니다. 그러니까 아무리 생각해 보아도 저 사람은 분명 환자가 맞다거나, 아무리 생각해도 정신병원에 가야 된다고까지 생각된다면 병원보다 당신이 더 좋은 의사라고 하는 말씀입니다.

그렇다면 내가 어찌 이런 병을 고쳐 줄 의사가 될 수 있을까요?

의술은 인술이라고 하는 말은 많이 들으셨을 것입니다.

인술(仁術)이라고 할 때의 인이란 어질고 착하다는 의미이므로 말 그대로 먼저 당신이 장애를 가진 환자를 치료해야 하는 의사라고 여기고 사랑의 관계로 당신이 당신의 생각 자체를 바꾸는 것이 첫째의 덕목입니다.

그러면 저를 보고 또 말도 안 되는 소리 하지 말라고 하시렵니까? 내가 아는 게 뭐가 있다고 남의 병을 고치느냐고 하실 겁니까? 나는 배운 것도 없으며 내 한 몸도 추스르기 힘겨운데 무슨 말이냐고 하시렵니까? 그러나 이는 보지 못하는 어느 누구도 치료가 불가능하기 때문에 겪어 보아서 너무나 잘 안다고 하는 당신만이 의사와 같은 도우미의 역할을 할 수 있다고 하는 말씀입니다.

그런데 여기서 한 가지 꼭 기억해야 하지 않으면 안 될 중요한 것이 있습니다. 그것은 바로 당신이 확실하다고 인정하는 상대의 생각 장애현상은 대개가 상대적이라고 하는 점입니다. 다시 말하면 당신이 고통받는 바로 그 점에 대하여 다른 사람은 거의 불편을 모른다고 한다는 사실입니다.

그러니까 그렇게 못마땅한 생각장애현상은 반드시 당신만이 느끼는 것이며 상대는 다른 사람에게 똑같은 고통을 주지 않는다고 하는 사실입니다.

왜 이렇게 요상한 경우가 있는 것일까요? 이는 바로 당신도 또한 똑같아서 상대는 반대로 당신처럼 당신 때문에 괴로워한다고 하는 사실입니다. 그러니 그 사람도 문제요 당신도 문제라고 하는 생각장애의 쌍방현상이라고 하는 말씀입니다.

그러므로 이렇게 말씀드릴 수 있겠습니다마는 제 말을 듣고 궤변이라고는 단정하지 마시기 바랍니다. 일단 생각장애로 누군가와 충돌이 일어난다면 대개의 경우 한 절반의 책임은 바로 나에게도 있다고 보아야 한다는 말씀입니다.

그러나 이와 같은 원리를 무시하고 −난 이상이 없어 −저인간이 문제지 나는 멀쩡해−라고 말한다면 오히려 진짜 생각의 장애는 당신이 더 심할지도 모른다고 생각합니다.

왜냐하면 생각장애 현상인 생각의 차이로 인한 고통은 상대적이므로 먼저 당신 쪽에서 내게 생각장애는 없는가를 생각하고, 그렇다면 부딪치는 저 상대방에게 내가 어떤 도우미의 역할을 하여 줄까를 생각하지 않음으로 말미암아 오히려 두 사람 모두가 더욱 심한 고통을 받게 되는 결론만 나온다고 생각하는 것입니다.

네 번째입니다. 그러므로 가까운 사이에서만 받게 되는 상대의 생각 장애로 인한 고통은 피차가 사랑으로 대처해야 합니다. 그러기 위해서는 먼저 내가 생각을 바꾸는 것이 전제돼야 할 것입니다. 이것은 반대의 경우도 마찬가집니다. 그러면 이제 반대로 내가 상대방이라고 느끼는(내가 볼 때 생각장애인) 경우에 관하여 말씀드립니다.

생각장애는 욕심이나 애정결핍이 주된 원인으로 발병됩니다. 욕심은 부부의 경우 사랑이 욕심이 되었거나 아내나 남편이 나를 행복하게 해 주지 않는다고 하는 행복의 욕심, 아니면 사랑받기 원하나 사랑해 주지 않는다고 느낌으로 인한 애정결핍 같은 것이 주된 생각장애의 원인이 됩니다.

직장상사나 동료의 경우에도 비슷합니다. 직장에서의 발병원인은 협력관계에 미치지 못한다거나 상대로 인하여 상사에게 문책을 당하는 경우, 또는 이성 관계로 인한 고통 같은 것이 보통의 생각장애를 유발하는 원인이 되는 경우가 많습니다.

그렇다면 이제 내가 가해자 쪽의 사람이 되었다고 가정해 봅시다. 나는 생각장애인 취급을 받고 있다는 말씀입니다. 이때 질문을 드려 보겠습니다.

당신 자신이 당신으로 말미암아 상대가 피해를 보고 힘들어한다고 하는 사실을 아십니까? 모르십니까? 안다고 하면 아는 대로 문제요 만일 모른다고 하면 또 모르니까 문제이니 둘 중 어느 경우라고 하더라도 생각해 볼 문제가 참 많이 있습니다. 먼저 안다고 할 때의 경우입니다.

그렇다면 혹 당신 때문에 상대가 힘들어하는 것을 즐기십니까? 오해하지 말고 사실대로 대답해 보십시오. 왜 이렇게 묻느냐 하면 많은 경우에 속하는 예가 바로 알면서 즐기기라도 하는 양 그대로 방치해 두고 있다고 하는 사실 때문입니다.

그러거나 말거나 가만두는 경우라면 당신은 마땅히 상대의 고통에 대한 일체의 책임 전체를 져야 한다고 하는 것입니다. 그러면 걱정 말라면서 내가 다 책임지고 알아서 할 거라는 말도 듣게 됩니다. 그런데 이것은 정말 좋지 못한 대처라고 하는 말씀입니다.

심하게 말하면 이는 아주 못된 경우에 해당됩니다. 나쁘게 말하면 악질이다 그 말입니다. 왜 악질이냐? 그러므로 받게 되는 상대의 피해는 물질의 피해로도 보상이 안 될 뿐만 아니라 언제까지라고 하는 데 대하여 아무런 기약이 없으니 과속으로 달리는 자동차의 브레이크가 고장 난 것과 같아서 언제 무슨 사고가 터질지 모른다고 하는 것을 방치해 두는 격이기 때문입니다.

다섯 번쨉니다. 아무튼 지금은 생각장애를 어떻게 치료하느냐의 문제에 대한 말씀을 드리고 있는 중입니다. 가해자라고 하는 상대가 아닌 피해자가 된 나의 경우도 말씀드렸고 지금은 가해자가 된 당신이라고 설정하고 치료에 대한 말씀을 드리는 중입니다.

다시 처음 이야기로 돌아가서 병은 환자가 치료하는 것이며 의사는 도우미 일 뿐입니다. 그러나 육체의 병은 비중이 의사 쪽에 무겁습니다. 그래서 간호사까지 동원하고 간병인까지 채용합니다. 그러나 생각의 병 치료의 비중은 의사보다 환자가 더 무겁다는 말씀입니다.

그래서 정신병원은 간호사의 역할이 외과나 내과보다 미미합니다. 특히 외과나 내과에 비해서 정신병원은 의료기구도 많지 않습니다. 의료도구는 별로 없는 대신 정신병원의 주 치료도구는 '말'의 비중이

제일 높습니다.

그러나 일반 병원은 많은 말이 필요치 않습니다. 그래서 드라마를 보아도 의사는 별로 말이 없기 때문에 환자의 가족들은 의사한테 무슨 말이라도 들어 보려고 목을 빼지마는 정신과병원의 경우는 정반대입니다. 의사가 주로 말을 많이 하는 데 비해서 다른 의료도구는 거의 사용하지 않습니다.

그러니까 생각장애를 치료받기 위해서는 절대적이라고 할 만큼 말이 의료기구가 된다는 것을 알게 됩니다. 다시 말하면 생각장애는 대화에 의해서 치료를 받을 수가 있다는 말입니다. 그러므로 당신이 생각장애인라면 말을 듣고 말을 해야 치료가 시작됩니다. 그런데 문제는 생각장애증상을 가진 생각장애인도 정신장애인과 같이 대개 말을 아낀다고 하는 데 문제가 있습니다.

이렇듯 생각장애증상이 발발하면 첫째로 입에 말이 줄어 버립니다. 뿐만 아니라 귀에 말도 듣지 아니합니다. 말을 해야 증세도 알고 치료방법도 알게 되는데 완전 폐쇄적인 성격으로 변하고 말을 안 하는 이것이 문제입니다.

이것은 대인기피증상과는 또 다릅니다. 대인기피증은 어느 누구도 피하는 열등의식이요 자폐증인 데 비해서 생각장애인은 상대자 단 한 사람에게만 입을 닫고 다른 사람들하고는 너무 잘 지껄인다고 하는 이상한 특징이 있습니다.

여섯 번쨉니다. 그래서 당신이 생각장애에 빠졌다면 먼저 그 사실을 인정하라고 하는 말씀을 드립니다. 생각장애는 일시적인 증상도 될 수 있지만 그것이 오래 지속되면 하나님이 주신 고귀한 보배가 녹슬어서 생각이 누리는 자유와 생각으로 얻어지는 행복이 저해를 받습니다.

또 생각장애는 수치스러운 것이 아닙니다. 이것은 영어나 중국어를 모르는 것이 수치와는 무관한 것과 같습니다. 생각장애는 생각을 가진 사람이라면 단세포적이라고 할지언정 누구나 나타날 수 있고 가질 수도 있는 증상입니다.

그래서 드라마의 청춘남녀는 이와 같은 생각장애성 애정결합으로 인하여 사랑의 언덕으로 올라가는 과정에서 이런 문제가 흔하게 나타나는 것을 볼 수가 있습니다. 속이 팔팔 끓고 애가 타는 드라마의 남녀관계는 부부가 되고 난 다음에도 여전히 나타난다고 하는 사실은 어찌 보면 자연스러운 일이라고 해도 됩니다.

그러니까 치료하라는 말씀입니다. 말을 하라는 말씀입니다. 아니면 조용히 상대가 하는 말을 들어 보라는 말씀입니다. 말을 기피하고 말을 막고 말을 싫어하면 생각장애는 치료할 방법이 없습니다.

다음은 말을 하되 아까 말한 인술(仁術)에서의 '인'과 '사랑'으로 말해야 합니다.

피해자라고 하는 상대가 말을 걸어오면 인과 사랑으로 받아 주어야 합니다. 인과 사랑으로 받아 주는 것이란 무엇일까요? 내 마음을 다스리는 것입니다.

내가 나의 마음을 달래는 것입니다. 솟아오르는 분기(憤氣)가 곧 나의 생각장애라고 인정해야 합니다. 그리고 눌러야 합니다. 누르는 것이 바로 치료 약입니다. 말을 들어야 낫습니다. 이때 솟는 대로 분을 내고 상대의 말을 듣지 않으면 생각장애라고 하는 병은 치료되지 아니합니다. 내가 고치지 않으면 의사도 못 고치는 것이 생각장애이기에 내가 다스려야 합니다.

그런 다음에 내 말을 해야 합니다. 이때도 중요한 것은 인과 사랑입니다. 생각을 부드럽게 하여야 하고 부드럽게 말해야 합니다. 나오는 분노대로 생각하고 말하면 생각장애는 치료되지 아니하고 오히려 더욱 심해집니다.

일곱 번쨉니다. 우리의 주변에는 생각이 병든 생각장애인이 많습니다. 이것은 공기오염에 의한 기관지천식과 같이 생각이라고 하는 폐에 병이 든 것이라고 할 수도 있습니다.

처음 말씀드린 것처럼 공기는 공기인데 오염된 공기라고도 할 수도 있습니다. 그리고 또 너나없이 우리는 단편적이지만 사실 모두가 다 생각장애증상을 가지고 있습니다.

그러나 생각이 생각답지 못하여 상대방에게 피해를 주고 그로 인해 불화가 생기는 이 생각장애 문제는 우리 정신문화연구시리즈에서 책임지고 해결하기에는 무리입니다. 사회교육 분야에서 생각장애를 생각하고 이에 대한 연구가 있어야 합니다. 제가 지금 생각장애라는 무거운 주제를 가지고 잠깐 말씀드린 것은 아주 미미한 각성의 기회로도 많이 부족합니다.

다시 한번 사랑하는 마음을 강조합니다. 생각장애는 사랑문제이며 욕심의 문제가 원천입니다. 내 아내를 누가 치료하겠으며 내 남편의 생각장애를 누가 염려하고 고쳐 주겠습니까? 내 몫에 태인 사랑의 십자가로 아내를 치료하고 남편을 치료해야 합니다. 그보다도 더 중요한 것은 바로 나입니다.

사실은 내 생각이 굴절되고 병들었습니다. 문제는 아니라고 한다는 점입니다. 내 마음을 부드럽고 고운 양모 붓으로 털고 닦는 길을 생각하시는 여러분과 제가 되어야 할 줄 믿습니다.

/제16장/

생각과 감정

마음과 생각은 어떻게 다른가?

인간은 육체와 함께 감정을 가지고 있습니다. 이때의 감정이라고 하는 것은 『생각에서 우러나오는 다양한 질성』을 의미합니다. 그러므로 인간에게는 소중한 것 두 가지가 있습니다. 바로 몸과 마음이라고 할 때의 이 마음이며, 이때의 마음에 해당되는 것을 감정이라고 합니다.

이에 누가 묻기를 몸과 마음 중에 어느 것이 더 소중하냐고 한다면 그것은 우문입니다. 몸이 소중한 만큼 마음도 중요한데 어찌 보면 몸은 인간의 희로애락과 같은 마음의 상태, 즉 감정을 담는 그릇이라고 하는 말을 현답이라고 해서 드릴 수는 있습니다.

몸은 그릇이요, 마음은 그 안에 들어 있는 내용물이라고 하는 비유입니다. 그러니까 인간이라고 하는 말은 그릇과 그 그릇에 담긴 내용물을 합쳐서 부를 때 붙이는 호칭이라고 할 수 있습니다.

가령 꿀을 가지고 이야기한다면 꿀단지가 인간의 몸이며 단지 안에 든 꿀은 마음입니다. 그렇지만 꿀 좀 가지고 오라고 할 때는 꿀단지에 꿀이 있기 때문에 단지만 가지고 갈 수 없으며 아무런 그릇도 없이 꿀만 가져갈 수도 없는 것이므로 꿀단지와 꿀을 합친 것을 가져오라고 할 때에는 꿀 좀 가져오게 되는데 이때 가져오라는 꿀이 곧 인간이라고 하는 말씀입니다.

첫 번쨉니다. 인간의 몸은 발달된 의학으로 알게 됩니다. 그러나 인간의 마음은 마음학으로 안다고 하는 대신에 심리학이라고 하는 학문으로 알 수가 있습니다. 그런데 심리학(心理學)은 말 그대로 『사람 마음의 이치』를 가르치고 배우는 학문이므로 이는 인간의 심성에 대한 고고한 학문이라 저와 같은 초보자는 5부 능선에도 오를 수 없는 높은 경지에 도달해 있다는 것을 알고 있습니다.

그러나 우리 정신문화연구시리즈에서는 심리학이라는 기존 개척된 분야가 아닌 새로운 방향을 설정하고 우리에게 맞는 생각학 콘체르토라는 과목을 정해 놓고 이 시간에는 생각과 감정이라는 주제로 깊은 생각에 잠겨 보는 탐구학습을 겸하여 연구하고 있습니다.

오늘 이 시간은 생각학 콘체르토의 본질 가운데 가장 어렵고도 복잡하다고도 할 수 있는 인간의 감정문제를 생각하게 될 것입니다.

인간의 감정이란 곧 마음입니다. 이 마음은 생각의 과정을 거치고 정제되어 완성된 하나의 제품(?)입니다. 얼핏 보면 생각이 바로 감정이고 감정이 곧 마음이 아니냐고 쉽게 생각할 수도 있겠습니다마는 생각과 감정과 마음은 약간씩 다릅니다.

첫째로 생각은 마음이 되어 '이것이다' 하고 내어놓기 위한 원료입니다.

감정은 원료를 배합하거나 끓인다거나 하는 정제과정에 있는 생각의 위 단계입니다. 마음은 완제품입니다. 그러니까 마음학이라고 한다면 그것은 완성된 것이어서 붉거나 노랗거나 하는 등의 색깔이 결정 난 것과 같아서 그것은 이미 출시된 물건이므로 원료에서 제조라고 하는 과정으로 되돌릴 수는 없는 확정된 결과입니다.

이런 것을 도자기에 비유하면 어떨까요? 생각은 옹기를 만드는 흙이라고 하는 재료입니다. 물도 생각과 같은 역시 재료입니다. 유약도 역시 재료이며 생각에 해당됩니다.

다음은 옹기그릇을 만드는 작업과정이 시작됩니다. 반죽이 질어도 안 되고, 너무 굳어도 안 됩니다. 만드는 과정에도 덜렁덜렁 굴러가는 판을 뭐라고 하는가는 모르겠지만 구르는 속도와 손의 감각이 모양으로 조화되어 장인답게 만들 수 있는 여건을 모두 갖추어야 합니다.

간단히 하겠습니다. 음각이든 양각이든 상감이든 문양이든 요구하는 과정을 거치고 그다음에는 옹기가마 속에 넣어 구워내야 합니다.

두 번쨉니다. 역시 도자기에 대해서 잘 모르니까 힘은 듭니다. 어쨌건 마침내 가마에 지핀 불을 끄고 물건을 꺼내 냅니다. 바로 여기까지가 제조 과정이며 이것을 '감정'이라는 단어로 선택하였다는 말씀입니다.

그런 다음에 가마에서 꺼낸 '물건'이 바로 도자기입니다. 이때 도자기라고 부르는 이 '물건'에 해당하는 것이 마음입니다. 그러니까 마음은 재료가 과정을 거쳐서 완제품이 된 것이기에 이제 다시는 재료로 돌아갈 수도 없고 역시 제작과정으로도 되돌아갈 수도 없습니다. 다시 말하면 반듯하면 반듯한 대로, 찌그러졌으면 찌그러진 대로, 쓰게 되면 쓰는 것이고 못 쓰게 되면 못 쓰게 된 대로 더 이상 새로 고칠 방도가 없는, 결정된, 모든 것이 끝난 것입니다. 그러니까 어떻게 하던가요? 못 쓰게 된 도자기는 그 자리에서 내동댕이쳐 깨뜨려 버리고 말게 됩니다.

이처럼 마음과 감정이 다르고 생각이 다릅니다. 흔히 마음을 다스린다고 하는데 이 말은 틀렸습니다. 생각을 고르고 감정을 다스린다고 해야 맞습니다.

마음은 더 이상 다스려지지 않는 것입니다. 그러나 생각은 마음이 제작되는 과정이므로 되돌릴 수 있으며 생각을 바꾸면 다시 완제품이 된 다른 마음이 나타납니다. 마음을 바꾼 게 아니라 생각을 바꾸는 것입니다.

그래서 우리 정신문화연구시리즈는 생각학 콘체르토라 하고 생각학 콘체르토에 집중합니다.

마음보다 훨씬 이전단계일 뿐만 아니라 아직 제작 과정, 즉 착공도 하지 않은 원료 단계인 반면에 감정은 '공사 중'이며 제작 중에 해당되는 과정 상태라고 하는 것입니다.

그럼에도 이를 잘 헤아리지 않고 감정이 격해진다는 말을 씁니다. 감정이 상했다고도 하고 감정이 나쁘다는 말도 씁니다. 그러면 감정이 상했다는 말은 무엇일까요? 마음으로 완제품을 내어놓기 전에 이미 과정 상태에서 마음이 돌아섰다는 뜻입니다. 감정이 나쁘다는 말도 마찬가집니다. 마음을 꺼내 놓지 못할 상황이 되고 말았다는 뜻입니다.

세 번째입니다. 어쨌건 이 시간은 감정이라고 하는 생각이 본질탐구의 시간입니다. 그렇다면 감정은 어떻게 다스릴까요? 아니 마음이 되기 이전의 제작과정 중인 감정은 어떻게 만드는 것이 좋을까요? 거의 미개발의 영역이라고 접어 두었던 우리의 감정에 대하여 이제 저와 함께 생각해 보기로 하겠습니다.

아시다시피 재료가 되는 생각은 수천수만 가지입니다. 그것은 마치 도자기를 만드는 흙으로 비유해도 마찬가지입니다.

색도 다르고 점토의 끈기도 다르고 섞인 모래의 비율도 다릅니다. 무엇보다도 만들려고 하는 도자기의 용도에 따라 확연하게 다른 것이 꼭 맞는 흙이라고 하는 조건입니다. 그러나 생각은 이런 모든 조건을 빠짐없이 공급하고도 남는 수만 가지로 준비가 되어 있습니다.

그런데 사람이 선택을 잘못합니다. 질이나 색깔이나 재룟값에서나 각각 다릅니다. 이때 바로 생각학 콘체르토 제7장에서 말한 자유의 원리가 적용되는데 고장이 여기서부터 나지 않아야 합니다. 고장은 잘못된 재료 선택입니다.

한번 생각해 봅시다. 똑같은 문제를 가지고 이렇게도 저렇게도 할 수가 있는 게 맞지 않습니까? 가령 내가 돈을 받아야 할 채권이 있다고 해 봅시다. 한두 번 좋은 말로 했는데 고의가 됐든 실제의 형편이 그래서 그렇든, 좌우간에 세 번 네 번 약속을 하고 준다고 한 날짜를 넘기는 채무자에게 전화를 건다고 해 봅시다. 이걸 그냥 삭 욕지거리를 해서 당장 내놓으라고 고래고래 소리를 지르려면 물론 그렇게 할 수가 있습니다.

생각을 해 보는 것입니다. 그래서 욕의 실타래에서 아주 더러운 욕지거리를 선택합니다. 그리고 깊이 생각하지 않습니다. 정제 과정이고 제조 과정이고를 다 무시하고 그걸로 결정해 버리고 이놈저놈, 도둑놈, 개새끼, 소새끼 하고 소리를 질러 댑니다. 분명 자기 생각은 자기 마음대로니까 누가 간섭치도 못하고 하지도 않습니다.

반면에 그렇게 하지 않을 수도 있습니다. 부드럽고 작은 목소리를 실타래에서 뽑아냅니다. 장인이 손바닥으로 흙을 착착 개듯이 정성껏 말을 합니다.

─아직도 어려우신가 보지요? 그런 다음에 자세한 형편을 묻고 들어 봅니다. 하는 일이 무엇이냐라든가, 그래서 어떻게 되겠느냐라고 하는 것으로부터 상대의 생각을 마음껏 뒤집어도 보고 눌러도 보는 겁니다.

그것은 마치 빈대떡을 뒤집듯 하는 겁니다. 고루 뒤집어서 익혀 가는 과정입니다. 그런 다음에 가서야 자기의 형편을 말하는 것입니다. 빨리 받지 않으면 안 되는 다급한 사정도 말해 줍니다.

네 번쨉니다. 생각은 자기가 하는 대로이며 과정도 장인의 손과 같이 자기의 감정처리에 달렸습니다. 이와 같은 선택이나 과정과 판단과 결정은 전적으로 내가 정할 특권입니다. 그러나 많은 사람들이 감정을 추스르지 못해서 오히려 손해를 많이 봅니다.

손해는 꿀로 비교할 때 꿀이 상하는 것입니다. 꿀이 상한다는 말을 속이 상한다고 말하는데 이때의 속이라는 게 무엇입니까?

바로 내용물, 즉 마음이 상한다는 말입니다.

실제로 꿀만 상하는 게 아닙니다. 그릇이라고 말했던 인간의 육체에는 꿀이라고 했던 내용물이 담겨 있습니다. 그 내용물은 물이건 음식이건, 아니면 마음이라고 해도 똑같이 상합니다.

그러니까 생각은 변하고 생각은 상하고 생각은 썩습니다. 기분이 많이 상할 때를 속이 썩는다고 말하는 것은 신비롭게도 생각학 콘체르토적인 말입니다. 속이 상하면 그릇도 상처를 받습니다. 꿀단지에서 꿀이 상한다거나 애써서 달여 놓은 꼬리곰탕을 끓인 찜통에서 곰탕이 썩는다거나 아니면 전기밥솥에서 밥이 상하면 그릇에는 썩은 곰팡이가 달라붙습니다.

이 참 옳은 표현입니다. 생각한 대로 되지 않을 경우, 우리는 기다리다 못해 속이 탄다고 말합니다. 바로 양은냄비에 올려놓은 냄비 안의 밥이 탄다는 것과 똑같습니다. 누룽지가 되다 못해 아예 숯검정이 돼 버립니다.

그러면 냄비가 상합니다. 수세미로 문질러도 안 되고 요즘 새로 나온 철수세미로 팔이 빠지게 닦아도 냄비의 숯검정은 없어지지 아니합니다.

생각의 병은 감정처리 과정에서 본인의 실수로 인하여 몸이 상하게 되는 순서로 발전하는 일이 다반삽니다. 그래서 건강을 지키려면 스트레스를 받지 말라고 하고 되도록이면 신경을 쓰지 말라고도 말합니다.

병원이라도 가기만 하면 누구나 큰 선물처럼 뿌듯하게 받아 가지고 나오는 말이 바로 신경 쓰지 말라고 했다는 그 말입니다. 그래서 그걸 대단한 것인 양 아내에게 말하고 남편, 자식, 며느리에게 그걸 힘주어 강조합니다. 의사 선생님이 날보고 절대 신경 쓰면 안 된다고 하셨다고…….

다섯 번쨉니다. 그러나 의사들은 100이면 100, 모두가 이렇게 말합니다.

이 말은 꼭 당신에게만 한 말이 아닙니다. 그러나 그런 줄 알면서도 그 말이 귀에 쏙 박히는 이유가 있습니다. 너무나 당연하게 우리 정신문화연구시리즈 생각학 콘체르토, 바로 본 제16장의 지금 이대목과 딱 맞는 원리가 부합되는 말이기 때문입니다. 뿐만 아니라 분명 두 번 세 번 하고 또 하고 강하게도 강조했을 겁니다.

-'절대로 신경 쓰지 말고 맘 편하게 잡수세요, 아셨지요?' 라고 하는 말입니다. 그런데 그런 말을 들은 사람은 누구나 똑같이 신경을 안 쓰려야 안 쓸 수가 있느냐고 말합니다.

그렇다면 한번 물어보겠습니다. 도대체 무슨 신경을 그렇게도 많이 쓰십니까? 대답은 듣지 않겠습니다. 들어 보나마나 당연 신경 쓸 수밖에 없는 일들, 그럴 수밖에 없는 이유들이 너무나 많다는 것은 불문가지이기 때문입니다.

문제는 그렇게도 단단히 부탁한 의사선생님의 말을 하루도 못 가서 잊어버리고 맙니다. 그리고 또 더 이상한 일은 그토록 간곡히 부탁한 그 신경 쓰지 말라고 하는 애정 어린 처방을 잊어버리고도 잊어버린 줄도 모른다는 사실입니다.

사실 그까짓 말은 아무런 의미도 없다고 보거든요. 그저 당시에 위로하는 말이라고, 친절한 의사선생님이 그저 해 준 말이라고 가볍게 잊어버립니다. 바로 이것이 잘못되었습니다.

내용물이 썩는다는 말 아시지요? 마음에 병이 들거나 마음이 상하면 그릇이 절단 난다고 하였지요? 그렇습니다. 이것은 우리 정신문화연구시리즈에서 주장하는 생각학 콘체르토의 요점이 되기도 하는 아주 중요한 말입니다.

바로 생각의 문제라는 의미이며 결코 의사가 인사치레나 친절용으로 외교적·접대성 말을 한 것이 아니라고 하는 점에 주목해야 된다는 뜻입니다.

당연한 말이지만 사람은 동물과 판이란 감정을 가지고 있습니다. 그 대표적인 것이 희로애락을 느낀다고 하는 것입니다. 그러나 이와 같은 달랑 4가지 분류만으로는 아닙니다. 동물의 왕국에서 흔히 보는 것처럼 동물들도 새끼가 죽으면 괴로워하기 때문에 동물에게도 애(哀)가 있다는 것을 알 수가 있으니까요. 애가 있다면 희도 있고 락(樂)도 있다고 짐작해 볼 수가 있는데 과연 희(喜)도 있을까요?

중요한 것은 이쪽이 아닙니다. 인간에게는 희로애락의 열 배, 백배, 수만 배의 감정이 있다고 하는 사실입니다.

여섯 번째입니다. 동물에게 네 가지나 열 가지의 감정이 있다고 한다면 인간에게는 수만 개에 달하는 어떤 감정이 있을까요? 인간의 감정에 대한 종류에 대하여는 저 혼자서 찾기보다 여러분의 도움이 필요할 것 같습니다.

각자 50개씩의 종류별 감정을 써서 100명이 올렸다면 중복되는 것도 상당히 많겠지만 올려 준 사람만이 생각해서 찾아낸 각 종류의 감정들이 있을 것이므로 쉽게 수십조 가지(종)는 못 돼도 아마 전 인류가 70억이라면 100억 가지 그 이상의 수많은 인간의 감정들을 종류대로 존재할 것입니다.

찾아내어 우리 정신문화연구시리즈에서 수집한 것이라고 하고 학술자료지에 발표도 가능할 것으로 생각합니다. 다만 연구를 하는 제가 이렇게 여러분한테만 떠밀어 놓는 것이 무책임할 거라고 여겨지는 까닭에 이제 저는 감정이란 말을 잠시 감성(感性)이라는 말로 바꾸어서 생각하시는 데 도움을 드리려고 합니다.

감성이란 말도 성(性)입니다. 성이라는 글자는 성분이나 성질을 가리키는 질성의 의미이며 이때의 감(感)이란 느끼는 것을 말합니다. 그리고 감성이란 단어 뒤에 선(線)이라는 글자를 붙여서 이번에는 인간의 감성선(感性線)에 대한 말씀을 드리겠습니다.

감성선이라는 단어는 아시다시피 신조어입니다. 신조어 감성선이란 무엇이냐? 앞으로 펴내려고 하는 사랑학에서 자주 쓸 말인데 문어의 발을 연상하시면 좋겠습니다. 문어발에는 발 그 자체와 빨판이라고 하는 흡취 기능이 있습니다. 그래서 문어의 빨판은 자신에게 필요한 것은 붙잡고 놓지를 않습니다.

다 빨아들여 입으로 가져가기도 합니다. 인간에게 감정이 있다면 그것은 감성으로 작용됩니다. 감성은 감성선이라고 부르는 보이지 않는 선 모양으로 생겼습니다.

거미줄은 가늘어도 곤충이 지나가다 걸리면 거미의 몸속에서 분출시켜 발라 놓은 끈끈이 성분으로 말미암아 날짐승의 날개나 몸뚱이가 그 작은 거미줄에 걸리는 순간 도망을 못 갑니다. 바로 빨판에 걸린 것과 마찬가지지요.

인간에게도 감정이 있는데 이 감정은 감성선을 타고 공기 중에 보이지 않는 거미줄과 다르게 허공을 휘젓습니다. 그런데 인간의 감성선에는 문어하고는 다르게 선 끝에 빨판과 같은 기능을 하는 밀고 당기는 선별기능의 밀착 겸용의 밀·흡착판이 있습니다. 그런데 이 판은 지구의 남극과 북극처럼 당기는 기능과 동시에 밀어도 내는 두 가지 기능이 복합되어 있습니다.

제가 지금 말씀드린 이 내용을 오해하지는 마십시오. 이것은 현재 어떤 학술지에 연구논문이 되어 등재된 바도 없고 제가 생각학 콘체르토를 연구하기 위하여 생각(허구)으로 드리는 말씀이니까요.[저자주 ; 두뇌에서 신경세포 뉴런(neuron)과 세포 사이에 작용하는 시냅스(sɪnnæps)의 축삭돌기(軸索突起) 등 전문연구 인용은 후일 정체학에서 상세하게 될 것임]

자─ 그러면 이제 그렇다고 칩시다. 바로 이 감성선은 어떤 작용을 할까요? 절대적으로 생각학 콘체르토의 관점이며 생각과 감정이라고 하는 본 연구의 주제영역 범위에서 말씀을 드려 보겠습니다.

감성선은 그 수가 1인당 억대를 넘습니다. 아까 말한 희로애락은 물론이며 의식주를 동반하고 인생이 추구하는 부귀영화와 육감오체를 망라합니다.

바로 이 모든 인간의 감정들은 제가 생각할 때는 이 감성선이 곤충의 더듬이 역할을 해서 감지되는 촉감수준 정도가 아닙니다.

이것은 감각도 아니고 분별수준 정도도 아닙니다. 도저히 말로는 표현도 할 수 없는 차라리 거대한 영적 감각으로 작용한다고 본다는 사실입니다. 그래서 감지되는 모든 사안에 대하여 재빠르게 분석하고 재빠르게 흡취하고 재빠르게 떨쳐 버립니다.

일곱 번째로 이에 대한 말씀을 사랑문제로 비유해서 계속 말씀을 드리겠습니다.

두 사람의 남녀가 만났습니다. 눈과 눈이 마주칩니다. 순식간에 무엇이 곤두설까요? 그 숫자를 감히 셀 수도 없고 상상도 할 수 없는 억대에 이르는 감성선이 곤두선다는 말씀입니다. 그리고 순식간에 남녀 양인의 흡취판이 빨대처럼 벌어집니다. 서로 동시에 수백만, 천만 가지의 조건들이 서로를 확인하고 맞춰 봅니다.

1) 착하게 생겼다.
2) 눈이 예쁘다.
3) 돈이 많다.
4) 머리가 비상하겠다.
5) 건강은 좀 나쁠 것도 같다
6) 치아가 고르지 못하구나.
7) 헤어스타일이 구식이다.
8) 넥타이가 안 어울린다.
9) 나에게 관심이 있게 보인다.
10) 나이는 30세 정도 되겠다······.
스무 가지까지만 써 보겠습니다.
11) 입술이 너무 얇다.
12) 눈을 옆으로 돌려 뜬다.
13) 걸음걸이가 휘청거린다.
14) 말이 거칠다.

15) 구두가 지저분하다.

16) 양복색이 어둡다.

17) 코가 높고 코밑이 지저분하다.

18) 귀가 잘생겼다.

19) 머리가 너무 길다.

20) 기분 나쁘게 빤히 오래 쳐다본다⋯⋯.

밤이 새도록 써도 아마 몇 날 며칠을 두고 써도 다 쓰지도 못할 정도로 그 가짓수가 너무나 많은 이 모든 것들을 순식간에 보아 버립니다.

단 3초 동안에 자그마치 100개가 됩니까? 어쩌면 1,000개도 넘는 것을 번개보다도 더 빠르게 단 1각의 찰나에 몽땅 다 인지합니다.

재미있는 것은 지금부터입니다. 흡착판이라고 했지요? 놀라운 것은 이 흡착판이 똑같은 찰나에 동시에 맞부딪친다고 하는 것입니다. 그래서 싫은 건 서로 밀어내고 좋은 건 둘이 착착 달라붙습니다.

두 번째 만나면 갑절 이상이 곤두섭니다. 차라도 한 잔 마시고 이야기를 1시간 정도만 한다면 수천만 가지가 감지되고 분석되고 선별됩니다.

그렇게 매일 만나기를 1년— 그러면 차차 또다시 거치고 거쳐서 적어도 수십억 개의 감성선들이 밀고 붙고 그래서 보이지 않는 감성선끼리 따다닥 달라붙습니다.

허수(虛數)에 가까운 이야기지만 가상적 픽션입니다. 이렇게 만나서 부딪혀 보기를 반복하여 약 1억 개 정도의 감성선 끝 흡착판이 서로 엉겨 붙으면 웨딩마치를 울리고 결혼을 한다고 칩시다.

그렇다면 천만 개 정도가 달라붙은 남녀 간에는 친구 정도로 정해

지지 않을까요? 참 신비로운 감성선이라고 하는 이 선을 소위 분위기
라고 말합니다.

부부는 감성선의 결합입니다. 그런데 하루에도 수백 개씩의 감성
선들이 머리카락처럼 밀치고 떨어지고 붙기를 반복하는데…… 마침
내 5천만 개로 줄고 드디어 2천만 개로 줄었다가는 끝내 천 개, 백 개
로 내려가면 기대할 게 없다고 도장을 찍고 갈라서는 이혼으로 막을
내립니다.

/제17장/

생각의 힘

생각보다 크고 강한 힘은 없다

생각은 생각하는 원천의 힘에서 생겨납니다. 이 힘은 흔히 말하는 에너지라는 뜻입니다.

그러므로 먼저 생각이라고 하는 생각존재의 생성에너지가 되는 생각의 힘은 어떻게 발생되는가에 대하여 생각해 볼 이유가 있습니다. 그 이유는 생각의 원인과 원천을 아는 것으로 인하여 생각 다스림에 유용하기 때문입니다.

우리는 생각의 재료라는 말로 이미 제14장에서 『생각의 양식』이라는 주제 아래 생각의 원인에 대하여는 생각해 본 바가 있었습니다. 이는 보고 듣고 경험하고 아는 것이라고 했던 견식과 청식과 숙식을 포함한 지식을 통(재료로)한다고 하는 말이었습니다.

원인과 원천이라고 하는 말은 다릅니다. 제 경우 원인은 그렇게 나타나는 생각의 재료들을 원인이라고 하였습니다. 그러나 원천이라는 단어는 재료를 재료로 이용하기 위한 재료가 재료성을 갖출 수 있는 환경이라는 의미를 원천이라는 단어를 쓰고자 하는 것입니다.

물론 언젠가는 선택해서 이미 사용했던 단어들도 교체해야 할 때도 올 것으로 생각합니다. 다만 생각에 대한 새로운 의식을 일깨우고 우리의 생각 세계에 대한 새로운 도전을 받기 위한 첫 실마리가 되자는 것이 이 생각학 콘체르토의 제1차적 목적이기 때문입니다.

첫 번쨉니다. 생각이 솟아오르는 원천에는 무엇이 힘으로 작용할까요? 그것을 우리가 탐구하고자 하는『생각의 힘』이라고 명명할 때 바로 이 생각의 힘이란 무엇일까요?

힘의 구조는 어떠하며 그 질성의 특성은 무엇일까요? 힘이 없는 힘. 힘이 연한 힘. 이 두 가지의 원리는 무엇일까요? 솟아오른 힘의 역사(일함)란 무엇일까요? 힘은 무엇을 필요로 할까요? 그렇다면 우리는 힘의 양식(먹을거리)을 고단백 에너지로 공급이 가능할까요?

생각의 힘이 가지는 효율성에 대하여 우리 정신문화연구시리즈의 생각학 콘체르토는 무엇을 생각하면 유익할까요? 이 밖에도 우리는 수많은 생각의 힘에 대한 궁구(窮究)의 목표를 정할 수가 있습니다.

먼저 생각의 힘은 어디서 오는가의 문제입니다. 생각의 근원은 하나님의 영이라고 하는 말씀은 이미 드렸습니다. 그러므로 생각은 하나님이 하나님의 영에서 분배해 주신 선물이라고 말씀드렸는데 이 영은 하나님의 자연적 속성이란 말씀과 함께, 그러므로 생각은 영체(靈體)라는 말씀도 드렸습니다.

그러면서 또 한편으로 이런 말씀도 드렸습니다. 비크리스천이라면 하나님의 존재를 부정하므로 그런 분들이라면 내게서 온다거나 저절로 온다고 생각할 것이라는 말씀도 드렸습니다.

그러나 이 또한 역시, 맞다, 틀렸다, 그렇다, 아니다의 논쟁은 신학자나 철학자들의 몫이고 우리의 관심이 되는 주제의 분류는 그런 쪽이 아니라 이 시간의 주제가 되는 '힘'이므로 곧바로 생각의 힘에 관한 말씀만 연구하자는 것입니다.

어디서 오든 어떻게 왔든, 분명한 것은 생각에는 생각이 솟아오르는 데 필요한 힘이 있습니다.

이때 눈으로 이 본 사물이 생각의 힘이라고 할지도 모르지마는 본 것은 본 것이어서 힘과는 다릅니다. 보았고 들은 것은 "맞다 보니까 이러하다"라고 인식하고 인식한 내용을 입으로 전달하거나 인식기능체인 뇌에 전달하는 힘은 따로 있습니다.

그러나 바로 이 생각과 힘에 대한 지식이나 논리는 당연 제게는 버겁습니다. 그러기에 같이 생각해 보자고 누차 강조한 바와 같이 여러분은 읽으시고 들으시고 생각해 보시고 아니면 그냥 내던져 버리셔도 좋습니다.

이는 콩나물의 성장이치와 동일합니다. 제가 하는 이 모든 말씀들은 콩나물에 뿌린 물처럼 전부 빠져나가도 콩나물은 자라는 것과 같이 제가 생각한 힘보다 더 명확하거나 더 유용한 생각의 힘에 대하여 적합한 새로운 결론을 내어놓는 계기가 된다면 더 이상 만족할 것이 없기 때문입니다.

두 번쨉니다. 한마디로 말씀드리면 생각이 생각이 되어 생각으로 나올 수 있게 되는 힘은 『힘의 환경』과 밀접한 관계가 있다고 하는 말씀입니다.

그렇다면 이 『힘의 환경』이란 무엇입니까? 힘을 낼 수 있는 『조건』

이라고 할까요? 조건보다 더 좋은 다른 말은 없을까요?

다시 말하면 눈이 보았습니다. 눈이 본 것은 생각으로 추려야 합니다. 생각의 속성이란 말씀드린 자유로 선택을 한다는 말씀입니다. 다음은 만들어야 합니다. 도자기를 만드는 장인의 작업공정 말씀입니다.

이 과정에서 같은 흙(재료)으로 공기를 만드느냐, 대접을 만드느냐, 술병을 만들 거냐를 결정짓습니다. 확정이 되면 만든 도자기(생각)에 유약을 바르고 가마로 옮겨서 구워냅니다.

지금 말씀드린 이와 같은 공정들, 이 공정상에는 장인의 환경이라고 하는 바로 힘이라 칭하는 에너지가 절대적 요소라고 하는 것이 이 시간의 주제가 되는 바로 『생각의 힘』이라고 하는 것입니다.

생각을 선정해서 도자기처럼 생각을 분석하게 됩니다. 그러니까 도자기를 만들어서 유약을 바르고 가마로 들고 갑니다. 들고 가다가 넘어집니다. 아니면 들고 가는데 갑자기 소낙비가 쏟아집니다. 아니면 굽는 도중에 가마가 무너집니다. 이 모든 것을 환경이라고 말씀드린 것입니다.

힘은 건강한 몸이냐 허약한 몸인가의 문제도 역시 환경으로 작용하여 도자기를 만드는 문제에 직접적인 영향을 미치게 됩니다. 그렇다면 우리가 생각을 깊이 해서 무언가의 결론을 내는 데 있어서 적용되는 힘에는 또 다른 어떤 것이 있을까요?

세 번쩝니다. 아내의 말 한마디가 생각을 바꾸게 하는 외적 힘으로 작용됩니다. 동료의 경험 한마디가 힘을 내게도 하고 힘이 빠지게도 합니다. 의지가 가라앉게도 하고 솟아오르게도 합니다. 이 모든 힘의 환경 문제는 첫째로 바로 그때 어떤 사람을 만나서 어떤 말을 듣느냐 고 하는 것이 중요합니다.

한 가지 예를 들겠습니다. 건물을 하나 사려고 여러 군데의 건물을 많이 보았습니다. 아니라도 보상금이 나오면 꼭 건물을 사야겠다고 언제부터 다녔는지 모릅니다. 마침내 두세 곳에서 하나를 선택하기로 압축을 하였습니다. 그리고 내일 계약을 하는 것으로 최종 결정을 하 였습니다. 주인이 지방에 있다고 해서 어제 하기로 했다가 주인의 사 정상 내일로 최종 결정을 한 것입니다.

그래서 속이 다 후련한데, 그런데 지하철에서 우연히 고향 선배를 만났습니다. 근황을 주고받다가 무슨 일로 어디를 갔다 오느냐고 해 서 이런 일로 거기를 갔다가 오는 거라고 말하고 내일 계약을 하기로 했다고 말했습니다.

그러자 고향 선배는 거기가 좋다고들 하는데 그게 아니라고 하면 서 차라리 나머지 중의 하나를 선택하는 게 낫겠다고 하는 겁니다. 생각이 바뀌었을까요? 안 바뀌었을까요? 바뀌고 말았습니다.

사람은 생각을 바꾸게 만드는 생각의 힘을 가지고 있습니다. 우리 가 알지 못하는 사이에 했던 생각을 걷어치우고 포기하게 하는 것이 생각이 작용하는 힘이 되어 우리의 인생 자체를 근본 뿌리부터 바꿔 버립니다.

이것이 소위 말하는 귀인이란 존재입니다. 기독교에서는 하나님의 역사요 섭리라고 하지만 비크리스천의 경우, 또는 음양오행을 연구한 소위 철학관을 운영하는 사람들은 이런 경우를 동쪽으로 가면 귀인을 만난다거나 아니면 나무 木자 들어가는 성을 가진 사람은 해코지를 하니까 그런 사람을 피하라고 하는 처방전을 내어놓기도 합니다.

두 가지 모두가 다 생각의 힘, 즉 에너지를 불어넣거나 풍선처럼 부풀어 오른 공의 바람을 빼 버리는 등의 힘이라고 하는 환경적 요소가 됩니다.

모처럼 많은 고민 가운데 열과 성을 다했으며 그래서 어렵게 결정한 생각의 결론을 180도 완전히 바꾸게 한다는 것입니다. 이것은 이제 말씀드렸던 사려고 했던 건물 계약, 즉 내일 하기로 한 계약 약속을 없던 걸로 하게 해 버립니다. 반대로 마지막 결정단계에서 아쉽게 탈락한 다른 건물이 계약할 건물로 바뀌게 되는 결과가 난다고 하는 사실입니다.

이와 같이 생각은 바뀝니다. 이런 경우를 마음이 변했다고 하는데 보다 정확한 표현은 생각이 바뀌었다고 해야 하고 생각이 바뀐 데는 이와 같이 작용한 생각의 힘이 만난 고향 선배라는 사람을 통하여 반대쪽으로 치우치게 하는 작용을 한 것이라고 이해할 수가 있는 것입니다.

이런 예는 무수히 많습니다. 그래서 여자 분들께서는 아주 죄송한 말씀이지마는 이런 말이 있습니다. 여자의 마음은 갈대라느니 하는 이런 말입니다.

더 심한 옛말도 있는데 하지 말까 하다가 하겠습니다. 그것은 바로 '여자는 부엌에서 밥상을 차려 들고 방으로 들어오는 그 짧은 동안에 저 죽을 생각을 열두 번을 한다'라고 하는 말입니다. 점잖은 문자로는 이 경우가 사자성어 조변석개(朝變夕改)입니다.

아침저녁으로 바뀌는 것이 사람의 생각이라는 뜻입니다. 아침저녁으로 하루에 두 번만 변하고 바뀔까요? 10년을 하루같이 변하지 않는 사람도 있다고 하겠지마는 하루에도 열두 번씩 변하고 바뀌는 것이 사람의 마음이란 말씀입니다.

그런데 우리 정신문화연구시리즈는 여기서 이런 것이 중요한 것이 아니라 바로 생각의 환경이 되고 생각의 근본에까지 역사(작용)하는 에너지, 즉 힘을 이해하자고 하는 것이 중요합니다. 생각의 힘은 이처럼 알게 모르게 우리의 생각 골수와 심장을 꿰뚫고 들어옵니다.

그러므로 생각은 언제나 견고함을 잃어버리고 여기서 저기로 저기서 이리로도 올 수가 있는 가변성을 가지고 있다고 하는, 그런 특성이 있는 것이 생각입니다.

그러나 참고로 하나님의 속성에는 가변성이 없습니다. 이를 신학용어로 하나님의 여러 가지 속성 가운데 불변성이라고 하는데 변치 않는 하나님은 우리에게 생각을 분할해 주시면서 가변적(可變的)인 것으로 주셨습니다.

네 번째입니다. 한 가지를 더 예로 드는 게 좋겠다 싶습니다. 건물을 산다고 하는 부동산 문제가 아닙니다. 인생에서 정말 중요한 문제에 해당되는 이혼에 관한 묵직한 경우에도 그와 같이 작용합니다.

'언니, 나 어떻게 하면 좋아?'라든가, 아니면 '더 생각해 볼 필요도 없어'라고 하면서 이혼을 결심하기로 하는 과정에서 이제 결론을 내리려고 합니다. 남편은 제발 이혼만은 하지 말자고 애걸복걸 설득을 하고 있는데 이게 하루 이틀 생각해 본 것은 아닙니다. 마침내 그러거나 말거나 아니라고 하는 판단이 서서 마음속으로 결정을 낼 단계에 와 있습니다.

　사정하고 달래다가 지친 남편도 더 이상 사정해도 소용이 없다고 여기고 지친 나머지 내가 하자고 하는 대로 이혼에 동의하는 걸로 마음을 굳힌 상태입니다.

　다음 주 월요일에 가든지 화요일에 가든지…… 두 날 중에 하루를 가정법원 가는 날로 생각을 정리했습니다. 그런 가운데 잠도 안 와서 TV 부부클리닉 사랑과 전쟁을 보게 되었습니다. TV에는 뜻밖에 자기와 똑같다고 할 만큼 그렇게 오랜 세월 동안 고심하다가 이혼을 결심하는 사람이 나옵니다.

　그리고 묻습니다. 이혼찬성이냐 이혼반대냐? 그런데 찬성이라고 해야 할 본인이 반대쪽으로 기울어집니다. 왜냐? 지친 남편을 보니 가엽기도 할뿐더러, 두 남매의 해맑은 철부지스러움이 어쩌면 그렇게도 자신의 가정을 빼다 박은 듯 국화빵이던지…….

　그러자 반대하는 것이 그 가정에게 깨어지게 될 행복의 꿀단지를 바로잡아 주는 것이 될 거라는 쪽으로 생각이 기울어지는 것입니다.

　바로 어느 한 쪽으로 솟구치고 있던 생각의 에너지가 TV라고 하는 외부의 환경이 되어 생각의 힘으로 작용했기 때문입니다. 그러자 갑자기 이런 생각이 솟아오릅니다. '나 하나만 참으면 자녀들도 편하고 남편은 또 얼마나 좋아하고 정말 얼마나 잘해 줄 것인가?'

　생각지도 못했던 응어리가 봄 눈 녹듯 녹아내리기 시작합니다. 이혼하고 가서 우선 임시로 살겠다고 작정했던 원룸을 계약하지 않은 게 얼마나 다행인가? 친구한테 부탁한 일자리는 별 문제될 게 없으니 이 또한 다행이라는 생각도 듭니다. 야심해진 시각 — 서재에서 잠 못 드는 남편을 찾아가서 위로해 주고 없었던 일로 하자고 하려고 들어섭니다.

생각은 변하고 바뀝니다. 사람이 생각을 바꾸어 주는 생각의 힘이 되고 이처럼 친구가 바뀌게 해 주고 TV가 생각을 바꾸게도 해 줍니다. 그래서 침 뱉고 간 우물물을 다시 마신다는 옛말은 옛말일 뿐이 아닙니다.

정치문제에서, 사업에서, 부부문제에서…… 사람은 생각이 바뀝니다. 여기에는 생각의 힘이 작용하고 이 힘은 생각의 한 가닥을 바꾸게 하고 근본 터 채로 바꾸게까지 한다는 말씀입니다.

다섯 번쨉니다. 생각을 바꾸게 하는 생각의 힘으로 작용하는 것으로 최고의 힘을 가진 것은 돈입니다. 눈앞에 이득이라면 안면 따위는 우습게 여기게 되고 얼굴 가죽을 두껍게 합니다.

얼굴에 철판을 깔아 버리는 변심, 이것은 돈입니다. 돈은 생각이 바뀔 수밖에 없게 만드는 데 타의 추종을 불허합니다. 그래서 어제 한 약속 정도는 헌신짝처럼 내던지게 하는데 사람들의 비난 따위는 겁나는 게 없습니다.

대개의 경우는 언제나 돈 문제입니다. 그런데 바로 이 대목에서 우리는 바뀌는 생각의 결과에 대하여 고심해 볼 필요가 있습니다.

어떤 사람은 가차 없고 여지없이 바꾸지만 어떤 사람은 고뇌하고 어렵게 바꾸나 어떤 사람은 그래도 끝까지 바꾸지 아니합니다.

바뀌는 사람과 바뀌지 않는 사람— 이 두 사람의 차이는 결과로서 달라집니다. 다시 말하면 바꾸어서 잘 되는 사람이 있습니다.

바꾼 대가가 금전이 되어 많아졌습니다. 그러나 바꾼 것이 오히려 돈의 손해를 가져온 결과로 나오는 경우도 없지 않습니다. 그리고 이런 경우도 나타납니다. 돈 생기고 인심 잃는 경우입니다.

반대로 돈은 잃었지만 인심은 얻은 경우는 있습니다. 돈도 안 생겼고 인심도 잃은 경우가 있으며 드문 경우겠으나 돈도 생기고 인심도 얻는 경우도 있을 수 있습니다. 그러니 바꾸지 말라는 말일까요? 아닙니다. 당연 우리 정신문화연구시리즈 생각학 콘체르토는 바꿔라 바꾸지 말라고 말하는 것이 목적일 까닭이 없습니다.

생각의 힘으로 작용하는 외부적 요인은 예상치 못하는 결과가 된다는 것만 말할 뿐입니다. 그래서 어느 쪽이 선이고 어느 쪽이 악이라는 말은 해당이 안 됩니다. 다만 자유로운 것이 생각이지만 생각을 바꾸는 힘이란 결과가 천양지차(天壤之差)라고 하는 것은 알아야 한다고만 말씀드릴 뿐입니다.

그러기에 산다는 것이 간단치 않습니다. 정치의 계절이 오면 정치의 꿈속을 헤매는 정치지망생들은 당락의 문제보다 더 힘든 것이 바로 걷잡기가 너무나 힘든 선택의 문제에 대한 고뇌입니다.

여당으로 갈 것이냐? 야당으로 갈 것이냐? 이때 참 묘한 것은 유리하다 싶은 당에서는 냉담하여 아부를 해야 하는데 불리하다 싶은 정당에서는 아침저녁 러브 콜을 보내고 있습니다. 문제는 선거란 투표일을 앞둘수록 하루가 다르게 판세의 기복이 심하다고 하는 점입니다.

그래서 과거의 경우를 떠올리면서 자기 나름대로 예리하게 저울질을 해 봅니다. 변수가 아무리 많다 한들 정치판의 막판 변수보다 더 심한 변수는 없습니다. 바로 이럴 경우, 당사자 되는 정치인은 친한 사람만 만나면 진지하게 물어봅니다.

여당이 낫겠는가?

야당이 좋겠는가?

이 경우가 바로 외부의 힘을 빌리자고 하는 생각의 힘에 해당됩니다. 어떤 대답이 나올까요? 물어보나 마나 자명합니다. 이쪽이라는 사람과 저쪽이라는 사람— 아니다 차라리 무소속이 백 번 낫다는 사람— 도무지 판단에 아무런 보탬도 될 게 없습니다. 결국 자기의 몫입니다.

이 말 저 말 다 듣다 보면 머리만 깨지고 답도 안 나옵니다. 공연한 시간만 낭비하고 이게 뭐란 말이냐? 머릿속은 더욱 혼미해지고 맙니다. 차라리 물어보지나 말았을 것을…… 하면서 결국은 혼자 결정하고 답안을 내려야 합니다.

여섯 번째입니다. 외부의 힘에 해당하는 유명한 예화는 옛날 국민학교 국어책에 나왔던 '팔려 가는 당나귀'라는 이야깁니다.

처음에는 타지 않고 부자가 끌고 갑니다. 이상하다, 왜 타고 가지 않고 끌고 가느냐는 말에 당나귀 등에 아들을 태우고 당나귀를 팔러 갑니다. 그러자 불효자식 같으니 아비는 걸어가고 저는 타고 가느냐고 하는 말에 아들을 보고 내리라고 하고 이번에는 아버지가 타고 갑니다.

그러자 빨래터에 아낙네들이 어린아이는 걷게 하고 어른이 타고 가다니 이상한 아버지라고 하는 소리가 들려서 이러지도 저러지도 못하여 이번에는 부자간에 둘이서 같이 타고 갑니다. 그러자 이번에는 아무리 짐승이지만 두 사람이 타고 가면 가혹하지 않느냐면서 실없이 한마디를 내던집니다.

'차라리 둘러메고 가시오!' 그래서 결국은 부자가 끙끙대고 당나귀를 둘러메고 간다고 하는 이야기 말입니다. 아시지요? 이 이야기는 외부에서 작용하는 힘을 생각하게 합니다.

그러니까 외부의 힘은 생각이라고 하는 자동차로 비유하면 자동차의 핸들과도 같다는 것입니다.

그러니 결국은 어떻다고 할까요? 생각이란 내가 내 마음대로 하는 자유의지지마는, 자세히 알고 보면 외적 요인에 의하여 굴절되고 반전되는 정반대의 결과로도 나타난다고 하는 말씀입니다. 그러나 그렇다고 해서 자유가 훼손된다거나 자유가 제한된다는 의미는 아닙니다. 자유하기 때문에 외부의 힘도 직접적인 자유의 영향으로 심대한 작용을 한다는 것입니다.

일곱 번쨉니다. 생각의 원리를 분석해 보면 희미하게나마 생각의 흐름이 보입니다. 내가 내 의지대로 자유롭게 하는 것이 생각이지만 내가 아닌 다른 사람이나 돈이나 TV- 그게 아니라면 바다를 보거나 산을 보거나 나약한 풀 한 포기를 보는 것으로 인하여서도 생각이 바뀌어 버립니다. 그것은 그것이 생각을 흐르는 대로 가게도 하지마는 막기도 하기 때문입니다.

때로는 돌아서라고도 하고 건너뛰라고도 하고 버티라고도 합니다. 하라고도 하고 말라고 하고 사라고도 하고 사지 말라고도 합니다. 그냥 살라고도 하고 이혼하라고도 채근합니다.

그러나 무엇이 유익하고 어느 쪽이 손해고 뭐고 하는 것은 우리 정신문화연구시리즈의 생각학 콘체르토의 목적은 아닙니다. 다만 생각이란 이러하다고 하는 것을 알아야 한다는 사실입니다.

그래서 생각의 길을 닦고 생각의 승용차로 그 길을 가야 합니다. 안전하고 즐겁게 정한 목적지 되는 인생에 행복의 샘이 솟아오르는 평안의 쉼터로 즐겁고 기쁘게 가야 합니다.

/제18장/

생각 차(差)

생각이 다른 것이 장점 아닌가?

　　　　　　　　　　　　　사람은 모두가 다 다릅니다. 체
질도 다르고 생김새도 다르고 무엇보다도 생각이 다릅니다. 우리는
흔히 생각이 다른 경우 『성격이 다르다』고 말하는데 최근 이혼하는
부부의 이혼 사유로 가장 많은 비중을 차지하는 것이 『성격 차이』라
고 하는 말도 듣게 됩니다.

　그런데 여기서 말하는 '성격 차이'란 생각의 질성을 가리키는 말이
며, 이는 곧 우리가 생각하고 있는 바의 생각이란 말로서 『성격』이란
말을 『생각』이라고 바꾸어도 동일합니다.

　이 시간에는 생각학 콘체르토에서 가장 많은 화두가 되는 '틀림'을
포함한 '다름'과 '차이'에 대한 주제를 가지고 여러분과 같이 생각해
보기로 하겠습니다.

　생각과 생각이 만나면 상이(相異)+차(差)가 나타납니다. 좀 더 구체
적으로 분석을 하여 보면 다른 말도 있습니다. '거리가 멀다'고 할 때
의 간격(間隔)이 있습니다. 이해가 안 간다고 할 적에 사용하는 이상

(異常)하다는 말도 있습니다.

그 밖에도 또 다른 말들이 나타나는데 그러나 이 모든 말들은 궁극적으로 『상이와 차』라고 하는 두 개의 말에 뿌리를 둔 개략은 거의 비슷한 뜻을 가진 말이라고 쉽게 생각합니다.

첫 번째입니다. 생각이란 문제에서 가장 비중의 높은 것은 뭐니 뭐니 해도 부부문제일 거라고 하겠습니다. 또 이 부부문제에서 가장 중심에 있는 문제는 성격 차이라고 하는 것인데, 이는 현대 이혼 사유의 으뜸까지 차지하는 생각의 상이와 생각의 차이입니다. 그러면 이제 이 시간 이 말씀으로부터 시작하겠습니다.

만일 누군가가 생각의 상이나 생각 차라고 하는 성격 차이 문제에 대하여 속 시원한 분석을 하고 그 결과로 성격 차이의 원인을 제대로 분석함에 따라 이혼으로 가는 길목까지 차단해 주기라도 한다면 이는 그야말로 얼마나 획기적인 기여라고 할 수 있을까요.

어쩌면 대단히 큰 사회 기여 포상을 받아야 마땅할 것입니다. 생각학 콘체르토는 언젠가 제가 일으킨 이 생각학 콘체르토가 동기가 되어서 지금처럼 어지럽게 벌여 놓은 학문적 문제를 정리 정돈은 물론이고 보다 실증적인 근거자료를 완벽하게 갖추는 먼 훗날을 기다립니다.

그때 과연 이제 말한 『부부 이혼의 성격 차이에 관한 연구』라는 제목의 논문으로 박사도 나오고 또 아까 말씀드린 『사회 기여 공로 훈장』이라는 생소한 이름의 훈장과 포상을 받는 사람이 나오게 될지도 모른다고 하는 50년이나 100년 후의 그 어느 날도 헛될망정 꿈이라도 꾸어 보고 싶습니다.

꿈은 꿈이라고 치기로 하고, 그러면 이제 먼저 '생각의 상이'에 관한 말씀부터 드려 보겠습니다.

'상이'는 말 그대로 서로가 다른 것입니다. 틀린 것과 다른 것은 다릅니다. 틀린 것은 3+4=7이라고 써야 하는데 8이라고 답을 쓸 때를 틀렸다고 합니다. 다른 것은 좀 복잡합니다. 3+4=7인데 7−4=3이라고 썼다면 둘 다 맞지만 다른 것이란 3+4=7이라고 할 경우에 해당합니다.

이런 경우는 다르다고 해야지 틀렸다고 하면 안 되므로 『맞지만 7이 아닐 적』의 경우이므로 이를 다르다고 해야 합니다. 바로 이와 같은 틀리고 다른 것은 지금 예를 든 수학문제가 아니라 부부문제나 부부가 아닌 인생문제 전체에서도 자주 적용되고 있습니다. 이렇게 볼 때 '생각의 상이'란 두 개가 서로 맞지 않고 『다르다』는 것에 해당됩니다.

다음은 '차이'입니다. 차이는 더하기와 빼기의 문제가 아니라 같은 더하기거나 같은 빼기 문제인데 간격이 있을 경우를 차이라고 합니다.

3+4나, 7-4처럼 공식이 틀린 게 아니고 맞는 공식이면서 다른 것이 상이하며, 차이란 7-4로 하느냐? 아니면 7-3으로 할 거냐고 하는 4와 3이라고 하는 1의 간격문제입니다. 어렵게 들리시지 않을까 싶습니다마는 처음으로 해 보는 생각 문제라서 그러니 여러분도 생각해 보시기 바랍니다.

중요한 것은 얼핏 보면 왜 이런 비생산적이다 싶은 생소한 방향 쪽의 이런 생각을 무엇 때문에 하라고 하느냐 싶다 하실까도 우려됩니다.

흔히 말하는 '성격 차'를 해소할 방도를 찾아보려고 한다면 우선 생각의 특성과 원리에 대하여 재료가 되는 말로 표현할 원칙이 있어야 하기 때문입니다. 그러니 실은 읽으시는 여러분보다 제가 더 복잡하니까 계속 생각의 줄을 팽팽하게 잡아당기고 놓지 마시기 바랍니다.

생각이 상이하다면 상이함은 바꿔야 할 문제입니다. 생각의 차이가 있다면 차이는 조정의 문제입니다. 생각의 원천 재료가 다른 경우가 상이입니다. 상이는 생각의 실타래라거나 생각 재료라고 했던 원료를 자유의지로 뽑아내어 감정처리과정에 들어가기 전, 그러니까 장인이 도자기로 술병을 만들려고 하면서 점토를 선택할 때 간장독을 만들 때 쓰는 점토를 사용한 것과 같아서 이는 고의건 과실이건 재료 선택(생각)의 문제입니다.

두 번쨉니다. 이렇게 잘못 선택된 재료에 의해 발생한 상이의 문제는 생각의 근원으로 인한 결과가 되기 때문에 이는 견식이나 청식 또는 지식의 문제입니다. 그래서 상이가 문제를 발생시킨 게 아닌가의 여부를 생각해 보아야 합니다.

그렇다면 이것으로는 미흡하지만 우리는 이제 생각 차와 상이함의 문제에 대하여 간단한 원리를 찾아내었습니다. 만일 상이함의 문제가 화근의 원인이 아닌가를 생각한 후에 과연 그게 맞다고 판단된다면 선택했던 생각의 재료를 집어 내던지고 다시 뽑아야 한다는 것이 결론입니다.

이 경우를 가리켜 발상의 전환이라고도 하는데 발상의 전환이라고 할 게 아니라 '발상의 재선택'이라고 하는 것이 보다 명확한 표현이 아닐까 싶습니다.

그러니까 우리는 생각 차로 한없이 부딪칩니다. 예를 들어서 가장 쉽게 공감할 수 있는 부부문제로 말할 경우 부부가 부딪치는 가장 많은 원인은 바로 발상이라고 하는 생각 재료 선택의 문제이며 이것이 상이라는 현상으로 나타나게 되고, 그러면 발상 재 선택이 해결의 실마리가 된다는 말씀입니다.

그런데 부부가 싸우는 말을 들어 보면 제일 많이 하는 것이 바로 '정말 왜 그래?'라고 하는 말과 '그게 아니야'라고 하는 말입니다. 왜 그럴까요?

맞는 재료를 선택하지 않았기 때문입니다. 그게 아니면 무엇일까요? 반죽이 좀 더 진 점토여야 한다는 말입니다. 그래서 부부가 싸웁니다. 그러므로 이럴 때를 가리켜 사이클이 안 맞는다는 말이나 채널을 바꿔야 한다고 합니다. 그런데 서로가 다르다고 하는 이 생각의 문제는 하나님이 주신 생각과 자유라는 차원에서 주신 자유의 사용 폭이 협소한 것이 원인입니다.

말 그대로 이렇게도 저렇게도 마음대로 고를 수 있는 자유로움의 원리를 스스로가 제한하고 일정한 틀 속에 가두어서 이를 되돌려도 된다고 하는 사고의 유연성이나 사고의 탄력성의 특성을 생각화하지 못하기 때문입니다.

뿐만 아니라 생각이 변하고 바뀌는 것을 부정적인 측면으로 오해하지만 실은 생각은 많이 바꾸고 많이 변할수록 삶에 유익합니다. 오히려 자주 생각이 바뀌는 것은 아름답습니다. 그래서 자주 미안하다고 하고, 금세 아니라—라고 하면서 바로 미안미안—이라고 말하는 사람은 정말 매력이 넘치는 사람임에 틀림없습니다.

하지만 분명 마음속으로 그렇구나 하면서도 실제로는 그릇으로 선택한 첫 재료를 얼른 바꾸지를 아니합니다.

세 번째입니다. 생각의 차이는 어떻게 극복할까요? 불필요한 소모적인 논쟁처럼 여겨지는 아주 작은 생각의 차이는 너무나 예민하기 때문에 앞서 제14장에서도 말씀드린 바와 같이 부부와 아주 가까운 관계에 있는 사람 사이에서나 발견할 수 있는 것입니다. 그런데 이 소소한 차이가 부부 사이를 힘들게 하는 불화의 씨앗이 되어 싸우게 합니다.

우리는 생각이라고 하는 주제에서 미미하고 작은 것에 대하여 간과하기 일쑤입니다. 이것은 실제 세상의 이치에서도 마찬가지여서 제방 둑도 개미구멍에서 무너진다는 것과 같은 원리입니다. 이때 개미구멍이 제방 둑을 무너지게 하는 이치를 생각해 보실까요?

바늘구멍이 송곳 구멍으로 늘어나고, 그래서 다시 송곳 구멍이 작대기구멍으로 늘어나면 그다음은 걷잡을 수가 없어서 호미로는 막지 못하고 곧바로 가래는커녕 포클레인으로도 막지 못하는 대형사고가 터지고 말아 버립니다.

네 번째입니다. 이와 같은 개미구멍은 『빨리 막지 않으면 바로 커진다』라는 것이 상식입니다.

부부문제도 똑같습니다. 개미구멍의 비유가 딱 들어맞다고 할 정도로 순식간에 커져 버립니다. 그래서 부부가 싸우는 것을 보면 남들이 볼 때는 싸울 일도 아닌 거라고 보이게 되어 있습니다. 왜냐하면 제방 둑을 쌓지 않은 사람은 실낱처럼 가느다란 개미구멍이 보이지조차도 않거든요.

하지만 제방 둑과 같은 부부라고 하는 둑을 이루고 사는 당사자 부부는 흐르는 시냇물을 막고 처음부터 둑을 같이 쌓은 사람들이어서 자기 부부의 둑의 구조를 너무나 자세하게 알게 마련입니다.

그러니 부부는 당연 남들은 모르는 문제가 문제로 부각됩니다. 자기네 둑의 두께나 높이의 길이뿐만 아니라 어디는 어떤 둑 재료가 어떻게 둑을 이루고 있는가를 아주 상세하게 알게 마련입니다. 그러니까 비가 내리면 둑의 수문을 어느 정도 어떻게 열어야 한다는 것은 물론 둑 위·아래와 둑 상·하류의 물흐름도 세심하게 인지하고 있게 마련입니다.

예를 들면 시댁의 모든 것과 친정의 전반을 꿰뚫어 알고 남편의 건강 문제로부터 아이들의 성격까지 전체를 다 알고 있습니다. 다시 말하면 어디에 어떤 영향을 미친다는 것도 빠삭하게 판단합니다.

개미구멍보다도 더 작고 미세한 분야에까지를 섭렵합니다. 그래서 부부는 이처럼 예민하기 때문에 전혀 남들의 눈에는 눈을 까뒤집고 보아도 안 보이는 것까지 전부를 다 보게 마련입니다. 그러니까 이것은 정말 남들이 말하는 아무것도 아닌 문제가 아닙니다. 절대로 작은 문제도 아닙니다. 아주 복잡합니다. 그러니까 문제가 문제로 보이는 까닭에 부부는 그래서 싸웁니다.

자— 그러니 이것을 어떻게 할까요? 차이 문제를 해결해야 합니다. 어떻게 해결할까요? 바로 이럴 경우— 보통사람들은 '이해'하라고 하는 단어를 들이댑니다. '사랑'이라는 단어도 들이밉니다. 또 하기 좋은 말이라고 '양보'하라고 하는 말도 많이 합니다.

그러나 여러분— 이게 진짜 이해하고 넘어가도 될 문제입니까? 사랑으로라고 하는 말이 가당키나 하겠습니까? 절대로 양보할 문제가 아닙니다.

왜 그럴까요? 둑이 무너진다고 생각하기 때문입니다. 도저히 그냥 이해하고 양보하려야 양보할 수가 없는 문제입니다. 기가 막히는 것은 보이지도 않는 문제인데도 보통 심각한 것이 아니어서 이건 사랑하고 미워하고 그런 문제하고도 근본적으로 차원이 다른 문제입니다. 어떻게 해야 할까요? 바로 생각학 콘체르토의 생각적인 원리 문제입니다.

그러니까 오직 원리로 풀 수밖에 없다는 말씀입니다. 원리라는 말을 자주 하는데 그렇다면 그 원리라고 하는 것이 무엇일까요?

1, 2층을 짓고 나서 3층을 짓자 하면 이것은 원리입니다. 그러나 3층을 먼저 짓고 나중에 1, 2층을 짓자고 하는 것은 원리가 아닙니다. 부각된 그 생각의 차이를 똑바로 보고 재빨리 문제가 되는 개미구멍을 얼른 틀어막아야 한다고 하는 것이 원리입니다.

네 번쨉니다. 그러면 구체적으로 빨리 틀어막는다고 하는 말은 어떤 것이겠습니까?

미루지 말라는 말이 첫째입니다. 아내가 하는 작은 말들을 가볍게 듣지 말고 저녁에 와서 이야기하자고 했으면 낮부터 그 문제를 간간이 생각을 해 보아야 하고 반드시 퇴근하고 돌아오면 꼭 그 이야기를 자세히 들어 보라고 하는 것입니다.

그런데 대개는 이 소중한 때를 놓칩니다. 심지어는 아침에 내가 한 말 어떻게 생각하느냐고 말을 거는데도 귀찮아하고 다음에 얘기하자고 꽁지를 빼거나 무시해 버립니다. 첫 번째 해결방법인 기회를 놓쳐 버리는 실기(失期)가 구멍을 키워서 드디어 가래로도 못 막게 되고 맙니다.

다음은 성의(誠意)입니다. 무성의한 대처가 또 구멍을 키웁니다. 원리상에서 차이인가 상이인가에 대하여 피차 부부간에 성의를 가지고 자세히 분석해 보아야 합니다. 잘 안 보이면 손전등이라도 갖다가 들이대고 진짜 구멍이 난 게 맞는가를 자세히 들여다보아야 합니다.

아내가 잘못 본 거라면 잘못 보았다는 물증을 실증으로 보여 주어야 합니다. 이때의 물증이나 실증에 대하여 바르게 이해를 하십니까?

이건 개미구멍 이야기가 아닙니다. 바로 당신이 받는 오해일 수도 있습니다. 무심코 했던 당신의 말일 수도 있습니다. 실제와 상이하다고 여긴 당신의 생각에 대한 아내의 생각 문제일 수도 있습니다. 그러나 아내의 오해가 아닌 경우도 있습니다.

그게 무엇일까요? 당신의 생각 재료 선택이 잘못된 경우 같은 것입니다. 발상의 재선택이 요구되는 것으로 완전 각도가 틀려서 3+4가 7이 아니라 8이라고 하는 틀린 답을 고집한 실수일 수도 있습니다. 어떻게 해야 할까요? 아까 말한 그 인정(認定)의 문제입니다. 즉시 미안하다고 해야 개미구멍이 막힌다고 하는 것입니다.

다섯 번째입니다. 이제 생각 차의 문제 해결에서 중요한 말씀을 드리겠습니다. 특히 이제 드리게 되는 이 말씀은 생각학 콘체르토에서 차지하는 비중이 상당히 높다고 하는 점에 힘을 주어 드리는 말씀입니다.

그것은 바로 저음(低音)이어야 한다고 하는 말씀입니다. 이 말처럼 명심하라고 할 말도 많지 않습니다. 이 말처럼 꼭 기억하시라고 강조하고 싶은 말도 많지 않습니다. 생각학 콘체르토에서 드러나는 생각 차는 부부파탄의 뇌관입니다. 작은 불씨가 큰 재난으로 이어지듯이 아주 작은 생각의 차이가 부부를 이혼으로 몰고 갑니다.

여기에 가장 큰 공로자는 고성(高聲)입니다. 목소리를 낮춰야 합니다. 큰소리는 사람의 감정을 거스릅니다. 감정을 상하게 합니다. 기분이 나빠져서 상대하기도 싫게 합니다. 이것은 양자가 똑같습니다.

어느 쪽이든 일방에서 소리를 지르면 상대방은 점점 개미구멍만 더 커집니다. 아예 심정이 상해 버려서 반대로 구멍을 더 크게 뚫어 버립니다.

뿐만 아니라 본류에서 이탈됩니다. '왜 소리는 지르고 야단이야?' 이야기가 엉뚱한 데로 가 버립니다. 산불 번지듯 점점 불똥이 다른 데로 멀리 튀어 버립니다. 그러나 일방도 아니고 쌍방이 똑같이 목소리를 키우기가 일쑤더군요. 이렇게 되면 급속도로 점점 더 둑이 무너지는데도 부부는 삽을 들고 막지는 않고 싸움질만 하는 꼴입니다.

이 일을 어떻게 하면 좋을까요? 흔한 말로 인격 수양이 덜 돼서 그렇습니까? 대책이 없는 겁니까? 방법은 있습니다. 평소에 생각학 콘체르토를 만나지 못하였으나 이제라도 늦었다 하지 말고 생각학이 아니라도 좋으니 우리의 생각들을 다듬어야 한다는 것입니다.

하지만 이런 경우는 이렇습니다. 가령 일방에서만 소리를 지르는 경우ー 이때는 한쪽에서 숙여야 합니다. 숙이고 말아야 한다는 말은 다음으로 미루라는 말입니다. 그러나 백날이 가도 역시 똑같다고 할 때는 어떻게 해야 할까요? 제가 이 경우에는 말이 막혀 버립니다.

참고 살아라? 저는 그런 말은 하지 않습니다. 그러면 헤어져라? 그런 말도 저는 못 합니다. 어떻게 하느냐고요? 모르겠다 그 말입니다.

아니 모르면 어떻게 한단 말이냐고 하시겠지요? 궁여지책(窮餘之策)이라고 아시지요? 궁여지책으로 드릴 말씀이 하나 있는데 『생각 접기』라고 하는 것입니다.

생각 접기는 제가 이 생각학 콘체르토를 제21장까지 쓰기 위해 차서에 따라 다음 몇 장째가 될지 모르나 제목으로 정한 생각학 콘체르토의 기본 설계라고 할 수 있는 골조에 해당하는 초안으로 선택한 단어입니다.

그러나 이 연구 초안을 제치고 하도 많은 제목들이 내가 이 자리라고 새치기를 하고 들어오는 바람에 그 초안대로 '생각 접기'라는 제목을 쓸 수가 없게 되었습니다. 저는 21장까지 쓰기 위해서 30개가 넘는 골격을 세워서 골라 쓰고 있거든요. 그래서 간단하게 접기에 대한 요약으로 생각 접기는 마감할 생각입니다.

이렇게 막다른 골목에 오면 『포기』와는 다른 『접기』라는 단어가 있습니다.

인생은 살아가면서 포기할 때 포기할 줄 아는 것이 소중합니다. 그러나 포기는 부부를 말하는 생각학 콘체르토의 경우에는 『자살』이라는 말과 같은 성질이 있어서 그런 단어는 쓰지 않아야 한다고 보는 게 제 생각입니다. 만일 같이 출판하게 되는 '부부학 콘체르토'에서마저도 포기하라고 한다면 학문의 존재가치의 의미가 없으니까요. 이는 마치 강도가 되는 방법을 연구하는 것처럼 사회 정의에 반하기 때문입니다.

그러나 접기는 다릅니다. 이 접기는 인생의 일상사(日常事)에서 매우 유용한 것입니다. 특히 부부 사이에서는 필연처럼 접기가 따라붙습니다.

그러므로 인생이란 아무리 싫어도 평생 한두 가지 정도는 반드시 이 접기를 수용해야 한다는 것이 우리 정신문화연구시리즈 생각학 콘체르토의 이념입니다.

그러나 강조하건대 포기를 자살이라고 본다면 접기는 반 자살에 가까운 포기의 질성이 다분하므로 접기는 최대한 유의하면서 그 가짓수가 적어야 한다는 것입니다. 자주 접지는 마세요.

여섯 번째입니다. 그럼 이제 언제 무엇을 어떻게 접을까요? 그것은 전적으로 당신이 선택합니다. 그러나 남편이나 아내는 반드시 꼭 접어주어야 할 문제가 있습니다. 그게 그의 허물일 수도 있고 태생일 수도 있고 여러 번 시도했지만 불가능에 가까운 문제일 수도 있습니다.

무엇일까요? 바로 이때는 내가 나의 생각을 바꾸는 것입니다. 그러면 터지는 둑은 어떻게 하느냐고요? 혼자서 막아야 합니다. 힘들다고 당신마저도 막는 걸 포기한다면 둑은 터집니다. 하지만 여기서 한 가지 기억해 두어야 할 것이 하나 있습니다. 이 세상을 사는 모든 사람들, 즉 모든 부부는 누구나 다 이와 같은 한두 가지, 많으면 네댓 가지를 접고 산다는 사실입니다.

이것은 나만이 아니라 판·검사 부부도 마찬가지고 대통령과 영부인도 예외가 아닙니다. 그러니까 부부는 접는다는 것이 행복의 둑을 지키는 지혜입니다.

　그럼에도 불구하고 난 못 해요－라고 한다면 인생으로 태어난 근본에 대한 무모한 도전이 됩니다. 참고 산다는 말은 접고 살라는 말이지만 생각학 콘체르토적 원리에 대한 이해를 무시한 말입니다.

　어떻게 참고 살겠습니까? 참지 못합니다. 참을 수가 없고요. 그래서 접고 살아야 합니다. 접고 사는 사람은 언젠가는 상대가 접은 것을 펴 주는 날이 옵니다.

　그러니까 이래서 인생에는 맛이 있습니다. 지성이면 감천이란 말이 체감되는지는 모르겠으나 이 말은 그 말입니다. 그러나 생각학 콘체르토에서는 지성이면 감천이라는 말보다 더 좋은 말이 있습니다. 사람의 생각은 바뀐다고 하는 말 말입니다. 이는 제15장 '생각과 감정'에서 자세히 드린 말씀입니다.

　어느 날 TV에서 나오는 부부클리닉을 보고 이혼할 생각이 바뀌더라는 예는 바로 접기에 대한 소망입니다. 접고 산다는 것은 일면 오그린 채 펴지를 못하고 평생 새우잠을 잔다는 것과 같은 고역입니다.

　그러나 언젠가는 다리를 쭉 펴고 주무시라고 펼쳐 주면서 안마까지 해 주는 날이 올 수가 있는 것이니 이것이 인생을 사는 보람이며 인생의 진미요 엑기스가 이런 게 아닐까요? 하지만 접기의 본질은 그런 날이 꼭 올 거라고 하는 조건을 붙인 전제와는 무관합니다. 안 올 거라고 생각하면서도 접고 살아가는 것이 참다운 접기입니다.

일곱 번쨉니다. 그렇다면 진짜 인생이란 고해(苦海)일까요? 펴지 못하고 사는 인생, 이 얼마나 괴로운 거냐고요? 그렇지 않습니다. 생각의 원리를 이해하고 접으면 차이가 극복되어 다른 문제는 전신 사지가 다 편안합니다.

예를 들면 예수님의 죽음입니다. 예수님은 십자가에서 더 없는 고통 속에 운명하셨습니다. 그런데 만일 예수님이 자기의 고통과 죽음이 모든 인류를 죽음의 죄에서 구원하는 것과 아무런 관련이 없다고 생각하셨다면 그와 같은 십자가의 고난을 이겨 내셨을까요?

요는 무가치하여서 그냥 죽는 죽음이라면 죽음을 맞이하는 예수님의 고통은 생명을 살리는 죽음으로 맞는 고통과는 비교할 수 없었을 것입니다.

더 중요한 것은 그렇게 돌아가신 그 후, 바로 그다음입니다. 생명을 구원하기 위함이라고 하는 죽음(접기)은 우리 정신문화연구시리즈에서 말하는 생각의 원리를 적용하는 그런 죽음(접기)에 해당됩니다. 그래서 죽음 뒤에 오는 영생을 받아 누리는 희생제물이 되어 우리로 구원에 이르게 하셨습니다.

왜? 무엇을 위하여? 바로 하나님의 생명 구원이라고 하는 원리에 의해서입니다. 그러니까 원리가 중요합니다. 무작정 접으면 그것은 화병(火病)이 됩니다. 가슴에 응어리가 맺혀서 암 덩어리가 됩니다. 마침내 내가 먼저 병들고 내가 더 못 견디고 먼저 죽습니다. 억울하니까 그렇습니다. 바보 같고 손해 보고 나만 힘들고…….

도대체 기쁨이 없습니다. 마치 공연히 죽는 예수님과 같은 꼴입니다.

그러나 예수님은 하나님의 구속의 원리를 말씀하셨고 누구보다도 명확하게 본질과 목적을 아신 것입니다. 그래야 이 땅에 온 목적을 이루고 그래야만 인간을 죄에서 건져 내신다고 하는 것 - 이게 무엇입니까? 생각학 콘체르토에서 보면 이것은 바로 둑입니다. 부부요 가정이요 자녀입니다.

그러므로 인생은 희생 없이 피울 수가 없는 꽃입니다. 열매 맺는 인생은 아내나 남편의 희생의 토양에서 결실됩니다. 그러나 누가 이런 희생을 자원할 이가 있겠습니까?

그러므로 희생이라고 말하지 않겠습니다. 희생은 모든 것을 다 바치는 손해의 의미가 농후한 단어지만 접기는 희생보다는 부담이 적을 때 쓰는 말입니다. 왜냐하면 사실 인간이란 뻔히 알아도 좀처럼 희생한다고 대들지 못하는 존재거든요.

성격 차이라고 하는 말과 상이라고 하는 말과 생각 차이라고 하는 말씀을 드렸습니다. 그중에서도 상이와 다른 아주 작고 하잘것없는 차이에 대하여 집중적으로 말씀을 드렸습니다.

차이를 어떻게 극복할까? 제가 드린 말씀을 여러분 모두에게 원인을 제공해 드리고 동기를 부여해 드리는 수준에 불과합니다. 복된 삶에 여러분의 생각의 영역이 더욱 넓어지시기를 기원합니다.

/제19장/

생각과 사랑

�\# 사랑은 덮고 감싸 받쳐 주는 것

'생각학 콘체르토'라 하고 시작한 제 연구가 이제 정점에 이르렀습니다. 정점에서는 인간이 죽고 사는 문제라고 보아야 하는 '사랑'이 주제입니다. 물론 죽고 살고의 문제는 당연 먹는 문제라고 해야 맞는 말이라 생각합니다.

그러나 사람이 '떡으로만 살 것이 아니요'라는 말씀뿐만 아니라 하더라도 '밥만 먹고 사느냐'라고 하는 말에서도 알 수 있듯이 사람은 밥도 밥이지만 밥 말고 인생 문제 최대 제목을 정이라고도 하는 '사랑'을 먹어야 산다고 하겠습니다.

우리 정신문화연구시리즈도 결국은 '사랑정신문화연구시리즈'라는 것이 全主(전체의 주제)이며 생각학 콘체르토의 大主(최고의 주제)도 역시 사랑입니다.

첫 번쨉니다. 저는 먼저 사랑이란 두 글자에 대하여 좀 심하다 싶다 할 정도로 강하게 대들려고 합니다. 한마디로 말하면 『사랑, 사랑하지만 그것은 사랑이 아니다』라고 하는 도전입니다.

그게 무슨 사랑이냐고도 하겠습니다. 사랑이란 단어를 거기다 갖다 붙이지 말라고도 하려 합니다. 이 세상의 모든 사랑이라는 단어에 5·16에 버금가는 대혁명을 일으키고 대대적인 사랑 숙청을 단행한 다음 일대 개혁을 일으켜야겠다고 하는 거대한 의지를 불태울 생각입니다.

도저히 — 정말 도저히 이렇게 있어서는 안 된다는 시대의 예언자적 사명으로 현대판 사랑학의 르네상스 시대를 열어야겠다고 생각한다는 저의 의지부터 말씀드립니다.

제가 매우 흥분하였습니다. 도대체가 밑도 끝도 없이 왜 이 야단이냐고요? 진정하고 차근차근 이제 생각과 사랑이라는 제목으로 생각학 콘체르토적 관점에서 사랑 문제의 본질 탐구에 들어가겠습니다.

어디서부터 말을 해야 할지 — 격한 감정이 가라앉지를 않고 할 말이 너무 많아 두서가 헷갈립니다. 본 연구의 제목은 일단 저대로 그냥 두고 잠정 제목을 이렇게 바꾸겠습니다.

‘사랑이냐? 욕심이냐?’입니다. 바로 저의 흥분은 이에 기인하였습니다. 사랑보다 욕심이라는 것이 저의 생각이기 때문입니다. 그러므로 ‘내가 너를 사랑한다고 말하지 말아야 한다’는 것입니다. 이렇게 말해야 맞다는 말입니다. ‘내가 너를 욕심낸다.’ 이래야 맞다는 말입니다.

사랑이 무엇인지 알지도 못하면서 사랑한다는 단어를 턱도 없이 감히 어디다 끌어다 붙이느냐고 하는 말입니다. 진짜 사랑이 뭔지도 모르면서 사랑한다고 하다니 이건 엄청난 모욕이라고 생각되실 것도 같습니다. 부부가 되어 같이 사니까 틀림없이 사랑이라고도 하지 말아야 합니다.

잠깐, 정말 깊이깊이 ─ 얼마나 깊이 생각해야 하느냐고요? 아주 깊이, 그리고 정말 냉철하게. 이제 다시 한번 저와 여러분이 말하는 사랑이라는 이 단어를 파고들어 가 보자는 말입니다.

꼭 그래야 마땅한 이유가 있습니다. 그렇다면 그것이 무엇일까요? 욕심입니다. 사랑이 아니라 욕심인데 욕심을 욕심이라 하지 않고 신성한 단어 '사랑'을 막 끌어다 붙이고 어쭙잖은 사랑이야기를 하고 싶니다.

이것은 지금 당신이 '나는 아니다' 하실지 모르겠으나 인생 60여 년 앞산 중턱에 와서 보니 바로 이제야 제가 뭔가를 좀 알게 되었기에 솔직히 말씀드린다면 조금 전에 제가 거칠게 했던 그 흥분은 제가 저에게 한 흥분이었습니다. 우선 여기서 먼저 욕심이 무엇인가를 생각해 보겠습니다.

욕심은 제3장의 제목이었으므로 다시 한번 제3장을 읽어 주시면 될 것입니다.

한마디로 말해서 '사랑도 욕심이다'라고 하는 것입니다. 저는 욕심장(제3장)에서 같은 말을 한 적이 있습니다. 부부가 사랑한다고 하는 본질에 들어가 보면 그것은 사랑하는 게 아니라 피차간에 욕심을 부리는 것이라고 하는 말씀입니다.

아내가 성욕을 채워 주는 욕심의 대상입니까? 그런데 그게 아니고 사랑하니까 안고 싶어서 그런다고 말합니다. 말 자체가 틀렸습니다. 안아 주고 싶은 이유가 사랑하니까가 되면 틀린 것이고 내가 당신을 사랑하는데 안아 주는 것이 좋겠냐고 말해야 맞습니다.

또 '내가'가 아니라 '네가'이어야 하는 것이 사랑입니다. 그저 바라보기만 해도 아름다운 아내가 나의 시욕(視慾)의 대상입니까?

바라보는 것이 싫다면 바라보지 않는 것이 사랑입니다. 꼬박꼬박 타는 대로 월급 털어 갖다 주었으니 사랑한 게 아니냐고요? 자주 외식도 시켰고 선물도 얼마나 많이 사다 주는지 아느냐고요? 그래서 아내가 얼마나 흡족해하는지 모른다고요? 좋습니다. 그러면 제가 졌으니 한 발짝만 뒤로 물러나겠습니다.

두 번쨉니다. 그때는 100%를 사랑이라고 인정해 드릴까요? 좋습니다. 그렇다면 당신은 사랑이라는 단어를 쓰셔도 됩니다. 욕심소리는 저의 실언이었습니다. 그런데 또 덤벼들 겁니다. 사랑은 대단히 가변적(可變的)이라는 말씀입니다.

물론 방금 말한 경우도 완전 100%는 못 될지도 모릅니다. 그러나 사랑이 90%요 욕심이 10%라면 이 경우는 인생 100년을 살아도 몇 번 맞기 힘든 아주 초극상의 점수입니다. 참고로, 인생 백 년을 산다면 사랑 시험(사랑 확인)은 몇 번이나 볼까요?

억만 번이요? 돈은 억이라면 엄청난 거지만 사랑 시험에서 억은 우리가 아는 10 정도의 수준입니다. 그러니까 억의 백 배? 천 배 정도요? 그래 보았자 천억이니까? 만 배라고 할까요? 이게 중요한 게 아니고 그 많은 사랑 시험 중에서 불과 몇 번이라고 한다면 그게 무슨 가치가 있을까요?

반대로 아내에게 물어보십시오. 100%냐? 90%냐? 몇 번이냐? 그때는 내가 남편이 나를 진정으로 사랑한다고 느꼈다고 몇 번 정도를 기억해 낼까요? 적어도 이 질문은 부부 나이 50세쯤 되거든 그때 물어보아야 한다는 조건입니다. 아마 백 번을 꼽는다는 건 어려울 거예요. 어쩌면 열 번 꼽는 사람도 있을 겁니다.

'있긴 뭐가 있어?' 아마 이러는 아내도 있을 겁니다. 이와 같이 사랑의 평점은 받는 사람이 매겨 줍니다.

그러니까 곰곰 생각해 보아야 합니다. 사랑이 70이고 욕심이 30이라면 이미 넘어서는 안 될 경계선을 넘은 것이기에 '사랑하니까'라고 하는 말은 '내가 욕심이 나 가지고'라는 말로 바꿔 써야 한다는 말입니다.

욕심은 사랑이 아닙니다. 욕심은 욕심이기에 사랑이란 말로 핑계치 말아야 합니다. 그런데 문제는 욕심과 사랑을 분별치를 못하기 때문입니다.

사랑의 본질을 무엇이냐? 나를 위하여도 틀리고 너를 위하여도 틀립니다. '네가 좋다면'입니다. 상대가 싫다면 덤비지 말아야 합니다.

또 중요한 것이 있습니다. 생각이 없는 단순 본능적인 사랑이 아니어야 한다는 것입니다. 생각이 있되 그 생각이 온전해야 합니다.

분명 좋다고 하였다고 해서 요구하는 대로 덤비는 것도 사랑이 아닙니다. 왜냐하면 좋다한다고 해서 불덩어리를 입에 넣어 줄 수는 없기 때문입니다.

세 번쨉니다. 달라고 한다고 불덩어리를 손바닥에 쥐여 주는 것이란 상대의 생각이 미치지 못하는 상대의 생각하자(瑕疵)의 문제입니다. 그렇다면 나는 책임이 없을까요?

그때는 나 또한 생각하자입니다. 하자를 하자로 보는 게 아니라 사랑으로 본다는 것은 제14장의 『생각의 양식』이나 제13장 『생각의 토양』의 문제입니다. 그런데도 그것을 사랑이라고 인정하면 되겠습니까? 둘 다 하자투성이들입니다. 둘 다 생각이 없는 경우입니다. 이게 어떤 경우일까요?

불륜이 이런 경우에 해당됩니다. 말이 나왔으니 단언할 게 있습니다. 불륜이야말로 욕심의 극치입니다. 불륜 관계는 절도나 강도보다 더 극심한 도둑질에 해당합니다.

도둑질은 왜 합니까? 한마디로 욕심 때문입니다. 그러나 웃기는 사람들은 그것도 사랑이라고 강변합니다. 그래서 불륜자는 도둑놈입니다.

도둑질한 걸 자랑이라고 떠벌리는 사람(놈)들도 있더라고요? 가볍게 면박을 주면 이놈들은 이렇게 말합니다. 어쨌거나 그 여자가 나를 좋아하는 것은 사실이라고……

그러나 이때 '좋아하는 것'이라고 할 때의 '좋아'라는 단어는 '욕심'이라고 해야 하고 '욕심을 내는 것은'이라고 바꿔 써야 옳은 말입니다. 그렇다면 좋아하거나 욕심낸 거나 그게 그거 아니냐고 하는 사람들이 있습니다. 문제는 그 여자의 욕심은 그 여자의 몫이고 진짜 도둑질할 마음은 그에게 말려 들어간 당신이 문제라는 말입니다.

사랑이라는 욕심들이 가면을 쓰고 대낮에 담을 넘는 도둑들이 들끓는 세월을 사랑이란 두 글자가 가려 주고 있습니다. 하지만 하다 보니 이야기가 이상한 쪽으로 갔습니다. 일단 이것은 모두가 다 사랑이 아닙니다. 전부가 아닙니다.

사랑에 대한 올바른 생각이 잘못 만들어 낸 찌그러진 도자기일 뿐입니다. 시장에 쌓인 가득한 물건들이 전부 불량품이요, 모두가 다 가짜입니다. 사랑의 혁명이 일어나야 합니다. 그렇다면 이제 혁명을 위하여 묻겠습니다. 사랑의 본질은 무엇일까요?

네 번쨉니다. 사랑도 생각에서 나옵니다. 이 말은 닥치는 대로 무엇이든 다 생각에다가 끌어 붙이는 궤변이 아닙니다. 원리상 사랑의 발원처는 생각입니다. 생각만이 올바른 사랑의 꽃을 피웁니다.

그런데 여기서 또 기억해야 할 것이 있다는 것 아시지요? 욕심도 생각에서 나온다는 사실 말입니다.

그렇다면 욕심과 사랑은 어떤 관계라도 있는 것일까요? 먼저 사랑이라고 착각하기 쉬운 사랑 류(類)에는 어떤 것이 있는가를 생각해 보겠습니다. 그러나 類가 류에는 포함되어도 어디까지나 류일 뿐, 류라고 해서 모두가 사랑은 아니라는 것은 기억하셔야 합니다.

첫째가 욕심입니다. 욕심은 사랑의 보좌를 뺏고 자기가 사랑이라고 열변하는 녀석입니다. 그런데 이것을 사랑으로 밀어붙이는 사람들이 많기에 사랑이 아니지만 類에는 포함됩니다. 하지만 욕심은 곧잘 사랑을 태동시키는 동기가 되기도 합니다. 말릴 수도 있습니다. 처음에는 어떤 것이든 욕심이었습니다. 그런데 부렸던 욕심이 저는 죽고 사랑의 새싹을 발아시킨 것입니다.

다음은 생각은 변한다는 원리가 이 세상 최고의 가치인 사랑으로 나타난 경우입니다. 그러니 인간에게 있는 더러운 욕심도 이렇게 좋은 자식을 낳은 격입니다. 하지만 이 말은 역(逆)원리를 가리킵니다. 반대의 경우도 있다는 뜻입니다. 처음에는 욕심도 아니었습니다.

그런데 사랑으로 출발하고 욕심으로 변했습니다. 생각이 바뀐 것이 정확한 말인데 마음이 바뀐 결과로 나타났고 사랑이 변했다고 말하는 경우입니다.

사랑 類에는 집착(執着)이라는 것도 포함됩니다. 물고 늘어지는 거머리처럼 끝까지 쫓아다니면서 사랑하기 때문이라고 말합니다.

욕심과 집착은 비슷하게도 보이지만 다릅니다. 그게 문제가 아니니까 계속하겠습니다. 집착도 사랑을 낳을까요? 이것도 본론과는 좀 거리가 있습니다. 생략하고 사랑이 무엇인가를 계속합니다.

이런 것은 사랑이 아니라고 하는 것에는 자질구레한 다른 말들이 많이 떠올라 있습니다마는 그것도 여러분이 생각하시라 하고 역시 사랑의 본질 탐구를 계속합니다.

다섯 번째입니다. 바로 동정(動靜)입니다. 동정과 사랑이 좀 까다롭습니다. 사랑이 있어야 동정이 일어난다? 맞습니까? 동정을 사랑하는 것으로 보지 마라? 맞습니까? 제가 말씀드리겠습니다. '동정은 사랑의 아들'이라고 비유하겠습니다.

사랑이 없으면 동정은 세상에 태어나지 못합니다. 자주 사랑이 있어야 거기에서 동정이 나옵니다. 하지만 동정은 동정이고 사랑은 사랑이기에 동정을 남녀 간의 사랑으로 얽어매려 한다면 이건 아닙니다. 남녀 간의 사랑은 어머니와 아들과의 사랑하고는 다르기 때문입니다.

어쨌든 이렇게 생각합니다. 만일 사랑이라는 단어 사용 금지령이라도 내려진다면 남녀문제는 별도로 정하되 그 자리는 꼭 동정이 차지해야 마땅하다고 생각합니다. 비슷하다고 하기에는 거리가 더 먼

다른 것 중에는 구제(救濟)와 자비(慈悲)와 적선(積善)이 있습니다.

이 또한 본론에서 멀기 때문에 더 생각지 않아도 되겠습니다. 그리고 이제 곧바로 방향을 바꾸려고 합니다. 바로 오해와 사랑입니다.

만나서 나를 보고 웃은 여자가 있다고 칩시다. 식당 옆자리에 자기들끼리 와서 밥을 먹다가 웃었다든지 아니면 그 장소는 어디라도 좋고 좌우간 나를 보고 웃는 여자가 있다고 치잔 말입니다. 이것이 사랑의 정당성과 어떤 관계있나요? 속절없는 사랑의 징조들을 생각해 보자는 말씀입니다.

노래방에서 만나서 정이 들었다, 기차 안에서 만나서 눈이 맞았다, 차 한잔하자니까 따라왔다, 알려 달라니까 휴대전화 번호를 알려 주더라…… 입에 담기에 점잖지 못한 속된 말들이 있습니다.

문제는 이런 것들도 사랑의 보좌를 넘본다는 말입니다. 쓰레기가 어찌 밥상에 오를까요? 그런데 더럽다 하지 말아야 합니다. 이럴 때 뭐라고 하든 딱 맞는 비유를 한 가지 들어야겠는데 뭐라고 할까요? 오줌독에 빠진 놈이 사랑이라는 거죽을 걸치고 들어오려고 넘실거립니다. 와 보니까 똥독에 빠진 녀석이 똥 묻은 몸뚱이(욕심)에 진한 향수를 바르고 그 위에다 거죽을 걸치고는 '내가 사랑입네' 하고 안방을 차지하고 있습니다.

오줌을 뒤집어쓴 놈이 뭐라고 할까요? '나도 좋은 향수를 사서 뿌리고 와야겠다.' ― 물론 똥 묻은 개와 겨 묻은 개라는 말을 제가 약간 각색을 해 본 것입니다.

여섯 번쨉니다. 이제 사랑이 무엇인가를 말할 때가 되었습니다. 먼저 양해를 구하겠습니다. 사랑이라는 통속성 진부한 주제를 새삼 들어 보시라 해서 죄송합니다. 그러나 제가 진정한 사랑이 무엇인가를 명확하게 아니까 좀 떫고 너절하다 싶어도 계속 들어주시기를 바랍니다.

진부한 이야기부터 시작합니다. 한마디로 말하면 사랑이란 주는 것입니다. 유행가 가사에도 있는 이 어처구니없는 말을 하려니까 대단히 죄송하단 말이지요. 그 가사를 쓴 사람이 얼마만큼 깊이 생각해서 이런 말을 썼느냐는 차치합시다. 요는 그게 정답은 맞다고 하는 사실입니다.

그러나 문제는 이게 나와는 상관없는 경우입니다. 무엇을 주느냐? 욕심을 채울 뿐인 경우가 아니냐는 말씀입니다. 사랑한다는 말은 차지한다는 말이 아니라 주고 있다는 말입니다. 과연 주고 있는가? 그러나 과연 주려고 하는데 받지를 않아서 본질상 사랑이 앓는 고통을 받는 것이냐?

저는 아닌 경우가 거의 전부라고 생각합니다. 괴로움이란 채워지지 않는 욕심 때문인 경우라고 생각합니다. 잠 못 이루는 아픔과 애간장이 녹는 아픔— 저는 과연 저들이 그래서 우는가를 생각해 보았습니다. 그랬더니 저의 경험으로 볼 때는 주지 못하는 아픔이 아니라 채워지지 않는 욕심으로 인한 아픔이더라고 하는 것이 답이었습니다.

그러니까 사랑은 그에게 유익해야 합니다. 그가 행복한 것을 내가 줄 때에 사랑이란 단어를 써야 합니다. 나는 바닥나고 없어져도 그에게 유익하다면 말 그대로 아낌없이 줄 수 있어야만 그것을 사랑이라고 말할 수 있습니다.

그러나 아낌없이 준다는 그 '아낌없이'가 월척을 낚아 올리기 위한 떡밥인데 욕심을 충족시키기 위해 미끼를 달면서 아낌없이 주겠다고 하는 것은 이치에 안 맞습니다.

낚시를 달지 않고 넓은 호수에 조건 없이 그냥 떡밥을 뿌려 주나요? 그렇다면 그것마저 사랑이라고 해도 됩니다.

일곱 번쨉니다. 사랑에는 근원이 있습니다. 사랑의 근원은 생각이 아니라 하나님입니다. 사랑은 하나님께 속한 것이라는 성경의 말씀이 생각의 근원이 하나님이라는 것과 같은 원리입니다. 그러므로 모든 사랑은 하나님의 사랑과 똑같은 혈액형에 똑같은 순도를 가져야 합니다.

피는 핀데 색깔만 같다고 해서 그것도 사랑이라고 할 수는 없습니다. 그러니까 하나님의 사랑의 피에 대하여 바르게 알지 못하는 사람은 사랑을 논하고 말할 자격 자체가 못 됩니다.

그런 사람은 생각도 내게서 나오고 사랑도 내 속에서 내가 꺼내서 내가 준다고 말합니다. 그렇다면 그것은 인간의 사랑입니다.

인간의 사랑도 사랑은 사랑이라고 하면 그것은 억지입니다. 왜냐하면 인간이란 환경의 동물이며, 인간은 이기적 동물이며, 인간은 물리적 동물이기 때문입니다.

그런데 여기서 말하는 인간의 사랑이란 영혼을 떼어 내놓고 하는 말이거나, 아니면 영혼을 인정하여도 그 영혼마저도 내 몸처럼 내가 만들고 내가 주장한다고 하는 못 말리는 현실주의자이기 때문입니다.

현실주의자는 현실이 바뀌면 자신도 바뀝니다. 나이 들고 늙으면 젊었을 때니까 사랑했지만 이젠 늙었으니까 못 하겠다고 바꾸는 것에 아무런 꺼림이 없습니다. 다시 말하면 사랑의 고귀한 가치를 이해 도 못 할뿐더러 이 고귀한 가치를 지키지도 못한다는 말입니다.

생각해 보십시오. 어린아이에게 억대의 보석을 맡겨도 되겠습니까?

억대보다 더 귀한 사랑은 사랑의 본질과 가치를 알며 사랑을 유지 하는 유지 관리의 원리를 알아야 실천이 따라 줍니다. 이와 같은 억 대의 보석보다 더 존귀한 사랑은 하나님의 사랑입니다.

성경은 '하나님은 사랑이시라'라고 누누이 말씀하십니다. 사랑은 하나님께 속한 것이므로 하나님을 아는 자는 사랑을 안다고 하셨습 니다. 그러면서 사랑의 본질을 명백하게 가르쳐 주십니다. 그 하나님 께서 우리를 사랑하신다고 몇백 번을 말씀하셨습니다. 그리고 사랑한 다는 그 증거가 우리의 죄를 대신하여 십자가에 돌아가셔서 죄와 짝 하고 하나님과 원수 된 우리들을 예수님이 화목제물이 되어 돌아가 신 바로 그것이라고 말씀하고 계십니다.

그리고 바로 이 대목에서 말씀하시기를 이게 바로 진정한 사랑이 라고 하신다는 사실입니다. 그러기에 성경은 이를 본받아서 아내를 그렇게 사랑하라고 하십니다.

여덟 번쨉니다. 그러니까 단언하여 하나님의 사랑을 모르는 사람 은 온전한 사랑을 말하지 말아야 합니다. 이는 하나님이 곧 사랑의 본체가 되시기 때문이며 그 사랑을 우리에게 나누어 생각이라는 창 고에 채워 주셨기 때문입니다. 그러나 이때 문제는 설령 하나님을 안 다고 해도 본질적인 사랑과는 무관한 사람이 많다는 점입니다.

이는 제15장의 『생각과 감정』과 제7장의 『자유』라는 제목으로 말 씀드렸다시피, 제아무리 생각의 창고에 가득 찬 것이 사랑의 실타래라고 하여도 그것을 뽑지 않고 잔뜩 욕심의 실타래에서만 자료를 뽑아내면 하나님의 사랑과는 아무런 상관이 없습니다.

그러다 보니 크리스천들도 사랑이 아닌 것을 사랑이라고 우깁니다. 불륜을 보고도 사람이 딱하다느니 착하다느니 하는 말로 둘러댑니다.

그러나 반대의 경우도 있습니다. 비크리스천이요 하나님의 사랑에 대하여 근본이고 원리고 아무것도 모르는 사람인데도 사랑은 그런 게 아니라 이런 것이라고 하면서 똑 떨어지는 하나님의 사랑을 말하고 실천하는 사람도 있습니다. 어찌 보면 이 소중한 사랑의 근본이 되는 사랑의 진리는 신 · 불신자의 영역도 소용이 없습니다.

심지어는 목사님도 어쩌고 뭘 그랬다는 말이 들리는가 하면 불교 신자의 방생과 자비를 갖춘 부부의 사랑이 오히려 더 아름답고 원칙에 맞는 하나님의 사랑과도 같이 무한한 열매를 맺는 경우도 수없이 보게 됩니다.

그러니까 온전한 사랑과 하나님을 믿는 믿음과는 때로 아무런 상관도 없게까지 보입니다. 다만 분명한 한 가지는 요지부동입니다. 바로 사랑은 하나님께 속한 것이요 하나님은 사랑이시라는 것과 그 사랑을 우리에게 주셨다고 하는 것 - 그리고 그렇게 네 아내를 사랑하고 형제를 사랑하고 이웃을 사랑하라고 하는 것이 원리라고 하는 사실은 요지부동입니다.

아홉 번쨉니다. 사랑은 그가 원한다고 주거나 원치 않는다고 주지 않는 것이 아닙니다. 그가 원하는 것이 욕심으로 포장된 사랑이라면 ·안 주고 제재하는 것이 사랑이며 그가 원하지 않아도 필경은 받아야 하는 것이라면 그것은 주어야 하는 것이 사랑입니다.

반대로 사랑은 내가 주고 싶다고 주는 것이 아니며 내가 주기 싫다고 안 주는 것도 아닙니다.

내가 주고 싶은 이유가 나의 욕심을 채우는 것이라면 주는 것 자체가 사랑이 아닌 욕심이 되고, 내가 주기 싫다고 주지 않으면 그것도 그 사람에게는 꼭 필요한 것이기 때문에 사랑의 실천을 하지 않는 경우가 되어 버립니다.

그러므로 사랑은 사랑의 원리를 알고 논해야 마땅합니다. 사랑의 발원처가 되시는 하나님의 사랑을 기억하고 그 사랑을 본받는 것이 올바른 사랑의 실천입니다. 그러므로 우리가 흔하게 쓰는 사랑한다는 말은 '사랑을 받는다'로 바꾸어서 써야 합니다.

'사랑받기보다는 사랑하며 살겠다'는 노래가 있는데 이것은 그저 노랫말에만 있을 뿐, 우리는 사랑받는 게 태반인데도 반대로 우리가 많은 사랑이라도 하는 척하고 있습니다.

이 시간 제가 저에게 물어봅니다. 나는 하나님이 사랑하신 그 사랑으로 누군가를 사랑했단 말인가? 특히 아내를 생각하며 내게 물을 때 나는 사랑 대신 욕심만 부렸습니다.

그러나 말은 그게 아닙니다. 내가 이만큼 사랑하는데 너는 왜 그만큼 주지 않느냐? 사랑을 거래화하고 흥정하고 계산기를 두드려댑니다. 분명히 말합니다. 계산기를 앞에 놓은 사람의 사랑은 거래일망정 사랑이 아닙니다.

마지막 열 번째입니다. '믿음, 소망, 사랑 중에 그중에 제일은 사랑'이라는 말은 성경입니다.

이 말은 일반인들도 다 아는 말입니다마는 원리는 완벽합니다. 문제는 이게 입으로만이요 실천과는 상관없는 것이 문제입니다. 그러나 반문하실 거다 치고 드릴 말씀이 있습니다. 지금까지 제가 드린 말씀은 이상(理想)은 될지언정 현실성은 없다고 하실 분이 계실 거다 싶은 부분입니다.

그렇습니다. 저 자신부터도 이와 같은 사랑의 본질을 놓고 볼 때 방금도 말했듯이 제일 먼저 제 아내에게 부끄러우니까요. 그러나 그러기에 힘주어 드릴 말씀이 있습니다.

절대 함부로 사랑을 말하지 말자는 것입니다. 오히려 깊고 깊은 생각에 잠기자는 말씀입니다. 사랑은커녕 우선 모든 것이 다 전부 욕심이라는 것을 알자는 말씀입니다. 욕심을 사랑으로 오해하고 네가 좋으니까 나도 좋아한다, 그러니 이게 사랑이 아니고 무엇이냐고 말하지 말아야 합니다.

좋은 것과 사랑은 본질상 다릅니다. 좋아도 원리에 반하면 사랑이란 포장지로 포장하고 가면 안 됩니다. 싫어도 원리상 그것이 사랑이라면 십자가도 지신 예수님의 사랑을 기억해야 합니다.

끝으로 아까 말씀드린 동정(動靜)과 긍휼(矜恤)입니다. 긍휼은 하나님이 우리를 보시고 느끼시는 표현인데 동정보다 더 진한 말입니다. 불쌍히 여긴다는 의미도 있으나 그보다도 더 진한 말입니다. 아까 '사랑이란 단어 금지령이 내려진다면?'이라고 할 때 동정이 어떠냐고 하다가 말았는데 이번에도 역시 긍휼이란 단어는 어떨까를 생각해 봅니다.

물론 또 아닌 것이 맞습니다. 다만 '긍휼은 사랑의 어머니'라고 비유하고 싶습니다. 동정이 사랑의 아들이라면 동정은 사랑으로만 나타납니다. 그런데 사랑에게는 딸도 하나 있는데 그 이름은 '긍휼'이라고 하려고 하다 생각하니까 맞다 싶으면서 아니다 싶은 겁니다.

'하나님은 늘 인간을 긍휼히 여기신다'라고 할 적에 말씀하신 이 긍휼은 세상에서는 별로 쓰지 않는 단어입니다.

그나저나 대체 이 긍휼이란 게 무엇일까요? '왠지 애처롭게 여겨지는'이라고 하는 뜻입니다. 이런 뜻풀이는 제가 풀은 낱말풀이입니다마는 바로 부모가 자식을 바라보고 남이 모르는 사랑으로 인하여 부모만이 느끼고 알기 때문에 그때 하는 표현이 긍휼입니다.

그래서 긍휼이 사랑을 낳는다고 하기로 하였습니다. 각색이다 그 말입니다. 바로 이 긍휼이라는 단어ー 사랑에 대하여 말하면서 긍휼로 마치려고 합니다.

남편을 긍휼히 여기십시오. '안 그래도 우리 남편 3년 전에 수술하고 보약도 한 제 못 먹고⋯⋯.' 입으로 말은 하지 않아도 가슴속에 들어 있는 진한 애처로움이 긍휼입니다.

싸울 때는 미워도 참 불쌍하다는 말도 긍휼을 닮은 말입니다. '몸도 약한데 정신문화연구시리즈 한다고 새벽까지 공부를 하니⋯⋯.' 부모의 가슴속에 남모르게 들어 있는 애틋한 그것이 긍휼입니다. 생각을 바꾸면 긍휼이 보입니다. '맞아, 딱하기는 딱해⋯⋯.'

내 가슴속에 이와 같은 긍휼이 떠오르면 그것이 곧 하나님의 사랑과 동질의 진하고 순전한 농도의 사랑의 피입니다. 놓치지 말고 한 시간 내내 전화도 받지 말고 이 줄, 사랑을 생산할 긍휼의 값진 줄을 잡고 사랑의 나라로 올라가시기 바랍니다.

제20장

사즉창의 (思卽創意)

잘 생각하라 그대로 산다

'사즉창의(思即創意)'란 '생각한 뜻을 만들게 된다' 또는 '생각이 나는 것은 만들고 싶다', 저자의 경우는 '글을 쓰고 싶은 생각이 나서 글을 씁니다'라고 하는 뜻의 신조어로 제가 만든 제20장의 제목입니다. 이 신조어는 제가 한문 전공자는 아니니 혹 더 좋은 제목이 있겠다 싶으시면 연락 주시기 바랍니다.

사람은 생각한다고 하는 값진 선물을 받고 태어났습니다. 받은 선물 생각은 결론이 되어 마음을 만들어 냅니다.

마음은 뜻입니다. '뜻을 낳기 위하여······' 생각은 바로 이것을 위하여 존재합니다. 뜻을 낳지 못하는 생각은 생각으로 존재할 가치가 없습니다. 아무런 성과를 거두지 못하는 직원은 월급을 받을 이유가 없는 것처럼, 생각은 끝없이 생각한 결과를 내어줍니다.

아니다 싶으면 내던지고 다시 생각합니다. "주인님 이건 어떠세요?" 마당쇠처럼 부지런히 움직이며 자꾸 내어놓습니다. 좋다. 아니다. 이거다. 저거다. 쓸 만한가······.

잠시도 쉬지 않고 생각한 결과를 제출하는데 그중에서 고르고 골라서 우리가 말하고 행동해야 할 것이 무엇인가를 찾고 꾸준히 만들어 내기 위한 생각으로 밤을 지새웁니다. 그러기에 부족한 저도 생각이 '써야 한다' 하기에 이 글을 써 갑니다.

첫 번쨉니다. 생각의 결과는 인생이 됩니다. 아내가 되고 가정이 됩니다. 사랑이 되고 미움이 됩니다. 미움이 되면 사람이 사람도 죽이지만 사랑이 되면 사랑하는 아내의 태 속에 아들딸을 잉태시킵니다.

초고를 쓴 그 당시 제 며느리가 첫 손녀딸 아이(천송경)를 임신한 중에 있었습니다. 출산예정일로부터 꼭 89일 전이었지요. 저는 달력에 연필로 며칠 전이라는 숫자를 써 놓고 기도했습니다. 매일 출산 일기를 제가 또 썼습니다.

할아버지가 써 가는 출산 일기니까 별나지요? 아들며느리, 그리고 그렇게 태어난 손녀딸이 아는지 모르는지는 저도 잘 모릅니다마는 썼드랬습니다. 그렇게 태어난 손녀 송경이가 어느덧 미국 센터빌 초등학교 2학년이 되었습니다.

둘째 송은이와 셋째 송연이까지…… 이제 세 자매의 엄마가 된 제 며느리는 어쩌면 싫기는 하지만 이 책이 출판되어 세상에 나와 날아다니게 될 2013년에는 넷째 손주를 제게 안겨 줄지도 모른다고 하는 할아버지성 기도를 하기도 하는 중입니다.

2015년이면 저는 아예 이민 가서 미국에서 살게 됩니다. 그때는 또 다섯째가 태어나겠지요? 신혼 초기의 말이 네다섯을 낳는다 했으니 저는 뭐든 우리 맘대로가 아니라 주시는 분 뜻대로여서 순종만 하면 된다 하였습니다. 이 말을 하는 것은 생각을 이야기하자는 뜻에서 하는 말입니다.

당시 제 생각들이 출산 일기를 쓰게 되면서 기도하라 하기에 그런다고 하고 그대로 날수를 세면서 써 갔습니다. 출산 전 115일 전부터 출산 후 115일까지의 일기는 전 후반부를 출산일기라고 하며 쓴 일이 있는데 지금 그때 쓴 초고를 이렇게 고치게 되네요.

그래서 이번에 출판되는 4권의 신개념정신문하연구시리즈(생각학 콘체르토, 부부학 콘체르토, 대화학 콘체르토, 품위학 콘체르토)는 제가 세상을 떠나면 온전하게 저작권을 우리 며느리 우리 하나님의 아들딸 낳느라 애쓴 것에 대하여 작은 거지만 선물로 시아버지 된 네가 며느리에게 주라는 응답도 받았습니다.

다시 또 넷째 출산을 앞두고(낳을지 않을지는 모르지만······) 써 가는 제 기도일기는 기실 사소한 일상의 이야기들입니다마는 이 말을 여기다 쓰는 것은 생각학 콘체르토에서 요구하는 필요성 때문입니다.

또 낳는다 하더라도 넷째는 손자가 될지 손녀가 될지 모르지만 장차 태어나게 될 우리 아기는 알지도 못할 것을 여기서 같이 사는 듯 읽어 보라고 쓰는 거니까 나중에 보고 않고의 문제는 별개로 손주에 대한 할아버지의 마음입니다. 마찬가지로 이미 태어난 세 명의 손녀들에게 남겨 들려주는 할아버지의 말이기도 하고요.

생각은 이렇게 이런저런 글을 쓰게도 합니다. 또 생각이 아기를 잉태하고 세상에 태어나는 사랑을 받게도 합니다. 생각이 공부를 하게도 하고 방해도 합니다.

생각이 인간의 모든 삶을 만들어 갑니다. 첫 손녀 송경이는 그때 대전시 동구 홍도동-작은 국민주택규모의 아담하고 4년 된 그 빌라에서 잉태되었고 2년 살다가 지금은 워싱턴 인근 버지니아에서 삽니다.

자- 이제 그럼 그때 쓴 초고 일부는 수정하지 않고 아래에 그대로 남겨 두겠습니다. 모두가 생각과 직접 관련된 내용이기도 하니까요.

낳기는 순풍산부인과에서 낳을 거래요. 5층에 산후 조리원이 있다는데 그 조리원에서 두 주간 산후조리를 하고 데려올 거랍니다. 우리가 사는 이 작은 빌라에서 경이로운 생명이 건너편에 꾸민 저 신방에서 사랑으로 맺어졌고 아들과 며느리의 생각이 사랑으로 결실된 부부의 산물이 되어 하나님의 형상을 본받아 태어날 날이 날로 가까이 다가오는 중입니다.

이런 생각 저런 생각, 출산에 대한 가상의 현실도 떠오릅니다. 집을 둔산 쪽으로 옮기고 싶다고도 하던데…… 방송기자가 직업인 아들은 아버지의 도움이라도 있었으면 한다 싶지만 나는 돈 능력이 없는 까닭에…….

그러나 자주 새로 가고 싶다는 둔산 쪽을 생각합니다. 아파트도 생각합니다. 교통기반시설이 좋고 아파트의 값은 비싸도 학군은 대전에서는 거기가 최고라고도 하고…….

유치원 때부터 만나는 아이들과 친구들도 달동네 같은 홍도동 하고는 다를 거니까. 그래서 둔산으로 가고 싶다 한다 싶습니다.

둔산은 대전의 강남입니다. 강남은 서울서도 부자동네라 아파트 값이 비싸기로 유명한 덴데 그보다도 둔산과는 비교도 안 되는 한국 최고의 학군이 강남이지요. 그래서 모두들 강남 강남하고 강남을 쳐다본다 싶습니다.

그러나 살기 좋기로 말하면야 강남은 공기가 어디 일산만 하겠습니까? 일산보다도 더 외진 곳으로 가면 공기와 물은 더욱 좋을 게 확실하고요. 그러나 그게 좋으면 또 교통이 불편하니 이게 문젭니다. 그래서 아예 아주 고급 차를 식구마다 한 대씩 사서 전원빌라에서 사는 사람들도 있습니다. 여기까지…….

결국 지금 그때는 생각지도 못한 미국으로 갔습니다. 해외 특파원처럼 지구촌을 돌더니마는, 또 며느리가 영문학 석사이고 그러다 보니 결국 청년시절 영어권을 그렸는지 영어의 나라 미국에서 사는 것입니다. 머지않아 뒤따라 저도 가게 되는 거고요.

두 번쨉니다. 이 모든 것은 사람에게 주신 제 아들 내외처럼 생각이 잉태시킨 자식에 해당됩니다.

사람이 자식만 낳지 않습니다. 사람이 차도 낳고 사람이 도로도 낳았고 사람이 아파트도 낳고 사람이 사람도 낳고…… 이 모든 것을 출산, 생산, 창조, 건조, 축조와 같이 산(産)과 조(造)를 쓰는 것은 같지만 결실(열매)은 다릅니다. 사람은 자기가 받은 생각으로 무엇인가 결정하고 결정한 대로 씨를 뿌리고 결정한 대로 가꾸어 갑니다.

사과씨(나무)를 심으면 맛은 사과 맛입니다. 그러나 배를 심으면 배 맛이 나고 고추를 심으면 맵습니다.

자동차를 생각합니다. 엔진, 핸들, 바퀴, 라이트 불빛…… 누가 이렇게 만들 생각을 어떻게 하였을까? 한 대의 자동차가 구르기까지 수많은 사람들이 수없이 했을 그 생각들의 수량을 어디다 담을 수 있을까요? 하고 또 하고 바꾸고 또 바꾸고…… 바퀴 하나만의 이치에도 만가지 생각들이 동원된 게 아닐까요? 아니, 하다가 버린 생각까지 합치면 백만 가지는 안 될까요?

너도 하고 나도 하였으니 생각한 사람의 수가 천 명, 만 명이라면 다시 곱하기를 해야 하니 그러면 억만 번이나 생각한 셈이 아닐까요? 그러니 엔진은 어떠하며 핸들은 또 어떻고 백미러니 헤드라이트니 의자며 문짝이며 유리며…….

한 대의 자동차가 이 세상에 태어나기까지 출두명령을 받아 유격훈련을 마치고 생각의 정병이 되어 아들처럼 손자처럼 이 땅에 태어나서 벌벌 기다가 설설 기다가 쌩쌩 달리는 자동차로 태어나 달리고 있으니 이것이 건강한 아들같이 되어 사람들을 태우고 다닙니다.

저 신비로운 산물의 자동차를 낳은(만든) 아버지는 누구일까요? 이때 자동차를 발명한 사람은 스티븐슨이라는 대답은 하지 마십시오. 전기를 발명한 사람은 에디슨이라고도 하지 마십시오. 생각이 정답입니다.

바로 우리 정신문화연구시리즈에서 이렇게 열심히 연구하는 그 생각이 낳았고 생각이 만들었다고 하는, 즉 산·창·조(産·創·造)가 근본입니다.

어떤 사람은 아파트를 만들고 어떤 사람은 장롱이나 가구를 만듭니다. 어떤 사람은 수도를 만들고 누군가는 하수구를 만들었습니다. 전봇대를 세우고 배선을 하고 누군가는 전등을 만들었습니다.

누가 보일러를 만들었을까요? 선풍기에 온풍기에 냉장고에 에어컨을 만들고 도배지에 장판에 카펫, 양변기를 만들고 타월을 만들고 비누, 치약, 샴푸, 린스…….

김치냉장고에 가루비누에 락스, 이것들은 누가 만들었을까요? 또 역시 이때도 사람의 이름을 말하지는 마십시오. 생각입니다. 생각이 이 모든 것을 만든 것입니다. 제 아들이 했던 생각은 미국이었습니다. 며느리가 했던 생각도 미국이고 워싱턴이었을 것입니다.

생각하며 생각을 고르고 다듬고 아니면 고치고 또 추가하고 하다가 보면 사람은 미국에서 살기도 하지만 달나라, 별나라, 우주로 이사를 가서 거기서 살게 될 날도 오게 됩니다. 이것이 곧 사즉창의가 아닐까요?

세 번쨉니다. 전자 칩이라는 요술 상자가 등장했습니다. 휴대전화가 야단법석인 정보통신 무한 전성시대를 살아갑니다. TV에 비디오에 인터넷으로 유비쿼터스니 나노니 뭐가 뭔지 도대체 어디까지 치솟아 올라갈 건가요? 무한한 생각의 세계가 무한대의 산·창·조(産·創·造)로 세상이 이와 같아졌습니다.

아- 정말 탄성이 터지는 이 놀라운 세상- 우리는 이런 세상에서 지금 살아가는데, 그 모든 산·창·조(産·創·造)가 전부 하나님이 주신 우리의 소중한 또 하나의 몸- 바로 생각에서 태어났습니다. 하지만 다 아실 것이니 한이 없는 말로 이 밤을 새울 생각은 없습니다. 그러나 한두 마디 말씀은 더 드리고 싶어요.

누가 만든 어떤 옷을 입으셨습니까? 누가 노랗게 만들고 누가 치수를 얼마라고 재고서 어떤 생각으로 어떤 모양으로 만든 옷을 입으셨습니까? 생각이 만든 옷을 타계한 앙드레김이 만들었다고 생각하면 정신문화연구시리즈 시험에서는 B학점을 받게 됩니다. A학점을 받으려면, A+을 받으시려면 생각이 만들었다고 대답하셔야 됩니다.

그래요, 맞습니다. 생각이 만든 헤어스타일이고 생각이 만든 란제리에 생각이 만든 반지, 목걸이, 귀고리를 하셨습니다. 생각으로 똘똘 뭉친 핸드백에 구두를 신고 생각이 가득 담긴 안경을 쓰셨습니다.

생각이 진한 립스틱보다 연분홍이 더 예쁘다고 그걸 선택했습니다. 그리고 생각의 자동차를 타고 생각이 만든 강변도로를 생각해 보고 붐비지 않는 날을 골라 팔당댐 호숫가 커피숍에 앉아서 경기도 이천산 도자기로 누가 기른 커피를 마시며 누구하고 지금 웃으며 마주 보십니까?

생각이 하자고 하는 대로입니다. 생각이 노래가 되고 사랑의 속삭임을 만들어 준 그대로입니다. 그러니 여기서 우리 다시 또 크게 한번 숨 쉬고 감탄합시다. 아− 정말 생각을 받은 것에 대하여 무엇으로 내 어이 보답하오리까?

문화도 생각이 만듭니다. 한글을 만들고 컴퓨터를 만들어 냈습니다. 종이가 없어지고 액정이 등장했습니다. 서재에 가득 찬 저 책들. 액정은 책장을 넘김보다 간단합니다. 전부 생각한 사람들이 낳아 놓은 산・창・조(産・創・造) − 바로 생각이요 생각의 아들이고 딸이랍니다.

이제 곧 이 책을 마치면서…… 그러나 생각이 전쟁을 만들고 싸움이 나게 한다는 것도 짚습니다. 생각이 결혼하여 부부로 살게 하였으나 싸우게도 하고 이혼도 생각이 하게 합니다.

여기냐, 저기냐, 이거냐, 저거냐…… 모든 것이 다 생각에 달렸습니다.

좀 더 이 모든 생각들을 하나하나 떠올려 봅니다. 머리가 깨지느냐? 바닥이 뚫리느냐? 생각의 바닥은 아무리 뚫고 내려가도 그 끝이 보이지 아니하는데…… 그런데 이렇게 만들기까지 그 많은 사람들은 생각이 얼마나 소중한지 알았을까 모르겠네요. 알았을 거예요. 아마 생각이 얼마나 귀한 선물인가를 알았을 거예요.

생각이 하늘을 납니다. 그래서 만들고 그래서 나는 비행기를 타고 유럽을 가고 미국도 가고 호주에 남미에 아프리카를 하루 만에 갑니다.

모두가 생각이 만듭니다. 여객선을 만들고 화물선을 만들고 잠수함을 생각이 만듭니다. 우주선을 만들었습니다. 달에도 가고 화성도 갈 거라 하고 금성도 갈 것이고 목성, 토성의 신비로운 얼음 띠도 촬영해 왔답니다. 생각이, 생각이 이런 산물을 열매 맺혀서 내 아들딸처럼 우리를 기쁘게 합니다.

생각은 이미 아주 오래전에는 칼과 창을 만들었습니다. 활을 쏘아 적군을 죽이고 나라의 영토를 넓혔습니다. 그러나 이제 총은 아무것도 아니고 탱크에 실린 대포도 장난감이 돼 버렸습니다.

항공모함에서 발진한 전투기가 쏟아붓는 불야성의 걸프전이나 이라크전도 생생히 보셨습니다. 몸은 여기 있는데 전쟁은 천리 밖에서 기계들끼리 싸우는 세월을 삽니다. 북한 핵 문제는 세계를 들썩거리는데 불과 100년 전만 해도 그때는 생각으로 만든 일본도가 우리 민족의 심장을 찔렀었군요. 그러나 이제 광복 67년의 현대는 우리가 일본보다 전자산업이 앞서 간대요.

전자 정보통신의 세월입니다. 그런데 전자무기가 얼마나 무서운지 아시지요? 이 또한 전부 생각입니다. 핵무기가 생각이고 미사일이 생각인 것은 옛날의 활이나 칼처럼 모든 게 전부 생각이 아버지요 생각이 어머니가 되어 죽고 사는 것을 만들어 휘두르고 터트리니 생각이 사람을 죽입니다.

네 번쨉니다. 생각만이 사람을 살립니다. 생각이 음식을 만들고 생각이 치료 약을 만들고 생각이 수술대를 만들어서 생각이 만든 수술 칼로 생각이 어디를 어떻게 가르고 봉하라고 의사를 시켜 사람을 낫게 합니다.

이 놀라운 생각은 자유라는 특성으로 김일성 김정일 부자로 하여금 이산가족을 만들어 낸 6·25를 일으켰는데 생각이 다른 것의 끝을 추적하니 죽기 아니면 살기입니다. 생각은 노래를 만들고 시를 만들고 연속극을 만들고 영화를 만들고 생각이 성악이 되고 예술이 되는데…… 그런데 생각을 모르고 덮고 살아도 되겠습니까? 이제 생각을 열어야 합니다.

이제는 생각입니다. 생각을 만지듯 자세히 보아야 합니다. 인체를 해부하고 들여다보는 의사처럼 생각의 성분과 조직과 흐름도도 보아야 합니다.

도면도 있을 겁니다. 생각도면 말입니다. 건축사가 그린 도면을 보면 생각을 줄로 옮겨서 허공에 자를 대고 그린 것을 알 수 있습니다. 그래서 이제는 초고층 건물들이 많이 들어설 거래요.

100하고도 17층이라던가요? 그리고 부산에도 100층이 넘는 게 계획되어 있다고도 하는데 그 건물설계도면은 컨테이너로 몇 대 분량이나 될까요? 그보다도 그걸 그리면서 얼마나 긋고 지웠을까요.

어느 한구석도 빠짐없이 평면도에 단면도에 정면과 후면 측면, 그리고 철골조 H빔 구조도면의 그 하중계산에 의한 깨알같이 써 놓은 치수표시 도면들……. 머리가 터질까 봐 나 같은 사람이 어디 감히 상상이나 하겠습니까? 역시 생각입니다.

생각을 하다 하다 생각학 콘체르토의 첫 문을 열었습니다. 어디가 머리고 어디가 꼬린지 도무지 생각의 바다는 아직 등대도 없고 나침판도 없습니다. 그러나 생각의 바다는 그러거나 말거나 그 끝이 보이지 않습니다. 놀라울 뿐입니다.

경기(驚氣)가 나는 일은 허다합니다. 서재에 꽂힌 책들을 보며 놀랍니다. 예를 든다면 제가 이 연구문 한 편을 쓰자면 쓰기 전에 전체의 골조공사를 한다고 하였지요?

그리고 살을 붙입니다. 여기까지 마치면 절반입니다. 그러나 이 절반 중에 기초공사가 되는 구상이 바닷가 모래처럼 그렇게 많습니다. 그리고 초고를 써서 일단 완고를 했지요? 이제부터 수정에 들어가는데……. 그런데 수정이라는 게 정말 끝이 없는 바다입니다.

처음에는 오타를 고칩니다. 그리고 문맥을 다듬습니다. 다음에는 내용을 통째로 빼고 넣습니다. 그러나 시작은 이제부터입니다. 사흘 후에 다시 읽습니다. 쓸 때와 사흘 후의 생각이 왜 또 조금씩 다를까요? 그래서 다시 수정에 들어갑니다.

이제까지 했던 과정을 다시 거칩니다. 수정은 매편 몇 차라고 정하지를 못합니다. 수정에 수정을 거듭한 후에 이제는 됐거니 하고 덮어놓고 다른 책을 본다거나 다음 차례의 글을 또 씁니다. 진짜 괴로운 문제는 이때가 절정입니다.

열흘이나 보름 후— 몇 차에 걸쳐 수정한 글을 다시 읽어 보노라면 마침내 심각한 갈등에 빠집니다. 이건 아니다 싶은 생각—.

그러니 이게 얼마나 힘들게 하는지 모릅니다. 이때 이 고비를 넘기지 못하면 그야말로 타불(도로아미)입니다. 그대로 처박힙니다.

미완성 교향곡이 이 경우일 거예요. 아예 내던지고 안 쓴 걸로 할 거냐? 아니면 다시 또 수정에 들어갈 거냐? 요는 이런 식으로 한 달 후가 다르고 두 달 후가 또 다르다는 사실입니다. 글은 이래서 어렵더군요.

세상에 태어는 났는데 출생신고를 않고 산 사람을 고려장하듯 냅다 처박아 버리면 그로부터 5년, 10년의 세월이 가 버리고는 이제 또 다른 쪽에서 같은 씨름을 한답니다. 그래서 글쟁이는 배고프다고 하는가요? 그렇다면 누가 이렇게 만듭니까? 생각이라는 보배가 너무 귀한 보석이 나를 이렇게 만듭니다.

다섯 번째입니다. 저는 저 스스로가 글재주란 정말 너무 형편이 없다고 자주 낙심을 합니다. 그러면서도 쓰고 다시 또 수정에 들어갑니다. 나이 들어 컴퓨터를 배운 이유가 수정 때문입니다. 육필 원고는 점점 수정으로 인하여 결국 들여다볼 수가 없더라고요.

처음에는 연필로 수정합니다. 다음에는 붉은 펜으로 수정합니다. 3

차는 녹색 펜으로 수정합니다. 이렇게 1차에 두세 번을 수정하기를 몇 번 계속하다 보면 그만 그 육필 원고는 걸레 조각이 되어 버립니다. 이런 걸레 조각같이 지저분한 원고를 어디다 내놓고 읽어 보라 하겠어요?

복사는 해도 해도 효용성이 없습니다. 아예 새로 처음부터 새로 다시 써야 됩니다. 되도록 연필로 쓰는 겁니다. 그러나 수정하면서 이 말을 여기에 넣는다는 표시 줄이 거미줄처럼 엉겨 붙으면 연필 아니라 암호로 써도 저도 몰라보는걸요.

끝도 없이 고치고 또 고치고 새로 쓰기를 반복하니 남들 1년 살 때 3년으로 늘려 산다면 모를까, 그러나 여전히 반복되는 것 - 아직도 여전히 쓴 걸 다시 또 수정해야 합니다. 절망의 탄식, 후유 - 내가 왜 글을 쓴단 말인가? 한두 번이 아닙니다. 이럴 때 내가 싫기도 하고 한심하기도 합니다. 얼마나 괴로운지 모릅니다. 생각이 이렇게 만들어요.

저는 30년간 작사하고 작곡하는 일을 했습니다. 그런데 다행히 작곡은 이와 달라서 한번 떠오른 악상은 수정이 안 돼요.

통째로 버리면 버리는 거고 잘났건 못난 건 단 한 줄을 타고 나오는 악상은 악보가 되어 그대로 부르는 노래가 됩니다. 그런데 글은 평생을 써도 수정 때문에 못 견딥니다. 이게 저만 그런 건지 아니면 다들 그런 건지? 그건 알아볼 이유도 꿈도 안 꿉니다마는…….

그러나 이제 컴퓨터가 생겨서 얼마나 편리한지 몰라요. 도대체 누가 이런 것을 만들었을까요? 이렇게까지 생각한 그 생각은 뇌가 보석으로 가득 찬 걸까요? 쓸 적마다 바뀌는 생각이 그렇게 괴롭히던 지저분함의 걸레 문제를 해결하였으니까요. 그런데 그래도 여전히 글한 편 쓴다는 게 힘겹습니다.

이젠 됐다고 깔끔하게 인쇄를 하면 번번이 후회합니다. 다음 날 보면 또 수정할 게 생기고 또 생기고…… 이러기를 언제까지 하느냐고요? 출판사에 간다고 생각한 전날 밤까지— 아닙니다. 아침까지입니다. 아닙니다. 보내고 인쇄하는 그날 아침까지…….

'에라— 다 때려치우자' 하다가 말아 버리고 다시 서재 맨 아래 칸 임시보관 창고로라도 가는 날에는 평생 거기서 못 나오고 무기징역이나 종신형에 처해집니다. 그러다가 마침내 거기서 그대로 죽고 끝납니다. 이런 게 생각이라는 말씀입니다.

여섯 번째입니다. 모든 말씀들은 전부가 생각이라는 것이 주제입니다.

어떻게 그 많은 생각들을 가리고 골라 지금까지 말한 그 많은 세상의 필요를 만들어 내셨답니까? 써 보니 글도 단번에 100점은커녕 50점도 안 나옵니다. 컴퓨터를 만든 사람도 그렇게 고치기를 얼마나 했을까요?

그러나 저는 글에 대하여 말하는 중입니다. 어떻게 글들을 쓰신 답니까? 저는 정말 미치겠다니까요. 자그마치 100번도 더 읽어야 수정이 완료되는데 여기서 절대 100%의 만족한 완료라는 말은 없다는 것입니다. 그래서 제가 누구보다도 존경하는 사람은 책을 펴내는 작가 선생님들입니다.

전문서적을 내어놓은 저자들입니다. 그 엄청난 수정의 과정을 거쳐서 출간을 하신다면 그 과정의 힘든 것을 잘 압니다. 그러나 그보다도 단칼에 무 자르듯 수정 없이 써 내리신다면 그런 사람은 천재 아니면 귀신이라고 존경합니다. 제가 근 60여 년 한평생을 쓴 글인데도 그런데도 저는 아직도 질퍽거리니까요.

삽질로 비유하면 만날 헛 삽질입니다. 축구로 비유하면 만날 똥볼 차기입니다. 당구로 비유하면 날마다 뻑사리입니다. 양궁으로 비교하면 화살이 어디로 날아간 건지…….

도대체가 참 왜 이러는지 모르겠을 때도 많아요. 생각이 짧거나 생각의 질이 떨어지거나 아니면 타고난 생각창고에 순전 불량품만 들어 있어서 그렇거나…….

고민이 많습니다. 그런데도 글만 씁니다. 제 키의 몇 배나 썼는지? 임시창고, 영구창고 – 그렇게 창고에서 썩어도 그래도 글을 씁니다.

이상한 것은 그런데도 얼마나 재미있는지 밥만 먹고 글만 쓰라면 그게 저의 소원입니다. 그 이유는 내가 언젠가는 글을 쓰되 시시한 게 아니고 아주 대단한 것을 쓸 것만 같은 바로 이 저의 생각(환상)이 문제입니다. 그래서 얼마나 신바람 나게 글을 쓰는지 여러분은 모르십니다.

열 장 스무 장 서른 장…… 차곡차곡…… 쓴 글들이 쌓여 갑니다. 기차를 타고 가고 버스를 타고 가고, 아니면 핸들을 잡고 운전을 하고도 갑니다. 그땐 무조건 쓴 글을 읽습니다. 신호등을 기다리는 시간에도 한 장을 수정하니까요.

절대 맥을 놓은 일이 없습니다. 만일 수정 없이 그냥 글을 쓰기만 하는 것이라면 하루에 수십 장도 거뜬키는 거뜬한데 드디어 문제는 백 장이 넘어가고 이백 장이 넘어가면 이제는 읽어야 할 분량도 너무 많고 수정도 큰 문제입니다.

읽기도 빨리 읽어야 하고 종일 수정도 하는 것도 문제입니다. 신문

두세 가지는 보아야지요. 종합뉴스는 봐야지요. TV로 교양프로 정도는 한 주간에 한두 편 봐야 되고요, 남의 책도 기본으로 몇 권씩 읽어야 하는데……. 점점 쓴 글이 쌓여 가면 수정만도 하루에 한 번 할 분량으로 너무 많으니까 시간은 항상 너무 아깝습니다.

쓸 거냐 읽을 거냐? 쓰기도 해야겠고 읽어도 봐야겠고……. 밤이 짧습니다. 금세 새벽이 와 버립니다. 둘 다 여간 맛있는 음식이 아닌데 생선이고 고기고 채소고 입에서는 녹는데 배가 부른 걸까요? 비유가 잘못됐는지도 모르겠군요. 역시나 생각을 말하는 중입니다.

문제는 또 있습니다. 각종 사전하고 싸워야 합니다. 아예 끼고 살아야 합니다. 옥편과 영어사전은 기본입니다. 다행인 것은 인터넷 검색이 그렇게 유용할 수가 없는 겁니다.

허나 그뿐이라면 누가 무슨 걱정일까요? 일주일에 한 번 아니면 두 주일에 한 번? 서점에도 나가야 합니다. 물론 한 달에 한 번을 못 갈 때도 있는데 그럴 땐 돈이 없는 경우― 서점에 가서 달랑 한 권을 사는 것도 아닙니다. 자주 비전공분야의 책도 사야 하는데 이를테면 공식기(부)호도 처음 듣는 생명공학이니 고분자학이니, 의서니 뭐 이런 책입니다.

사 온 것이니 이제 책도 읽어야 돼요. 대충 보는 것이란 저하고는 무관합니다. 최소한 두 번 이상을 깐깐하게 밑줄을 그어 가면서 야무지게 읽어 갑니다. 어떤 책은 열 번이 아니라 서른 번도 더 읽은 것도 있습니다.

그보다도 성경을 누벼야 합니다. 불경은 성경보다 어려워서 시간이 더 걸려요. 또 타 종교도 알아야 합니다. 끝도 없겠어서 이 정도만 하겠습니다.

그러니 한마디로 글 쓰면서 산다는 게 힘듭니다. 그러나 이건 누가 시켜서가 아닙니다. 저도 모르게 글과 책에 미쳤습니다. 매일 평생 써 오는 일기도 써야 합니다. 오랜 세월을 지나며 지금도 며느리를 대신한다는 마음으로도 일기를 쓰는데 수정할 게 없는 것은 딱 이것 한 가지, 일기는 수정이고 뭐고 없이 한번 쓰고 그냥 땡치고 넘어가 버립니다.

장황스러울 수도 있는 이와 같은 말씀들- 이것은 생각의 결과- 즉 생각의 산·창·조(産·創·造)- 생각이란 무엇인가를 만든다고 하는 말씀을 드리기 위해섭니다.

수많은 사람들이 생각으로 저 서재에 찬 많은 글을 쓰게 하였고 생각이 저 많은 책들을 만들었습니다. 누군가가 저보다 더 엄청난 수고로 생각의 핸들을 천만 번, 억만 번을 돌린 겁니다.

잠은 언제 잤을까요? 녹초가 된 몸이 따뜻한 이불 속에 들어가서 녹을 때의 그 펴지는 허리의 시원스러움- 그러나 몸은 누었어도 여전히 아직도 쉬지 않습니다. 생각이 그러라 하고, 일을 하라고 해서 그렇지요.

일곱 번쨉니다. 손으로 집어지지도 않는 어마어마한 저 엄청난 책들을 생각합니다. 하나씩 둘씩 생각들이 저 많은 글자가 되어 저렇게 모이기까지의 과정들을 생각합니다. 천재요 귀신같은 사람들이 저 많은 글자를 쓰고 도대체 몇 번의 수정을 거쳤으려나?

가슴이 놀랍니다. 나는? '그래 맞아, 나는 글 쓸 재목이 못 되는 게 맞다' 그런데 어찌하리오 글이 좋으니 이걸 어찌하리오. 남들은 날고 뛰는데, 그런데 저는 엉금엉금 깁니다. 언제 오르랴 언제 다 쓰랴? 여러분, 그러니 책이란 돈으로 평가할 게 아닙니다.

10년, 20년의 세월 동안 일주일에 5일씩 – 주일 빼고 사정 있는 하루를 빼면 제가 계획한 정신문화연구시리즈 84과목이나 되는 과제의 뿌리가 되는 이 생각학 콘체르토의 기초 골조공사는 이제 마감에 들어갑니다.

외국 대비 책값이 비싼 게 우리나란데 그러나 책값은 참 싸다고 봐요. 글을 써 보시면 압니다. 그러나 밥값은 고사하고 국값도 못 버는 게 작가라는 말도 듣습니다.

그런데도 저는 84개 과목에 이르는 연구문을 쓰려면 책을 몇 권이나 사서 읽어야 할까요? 문제는 몇 번씩을 읽어야 할까요?

더 큰 문제는 어떤 책을 사야 되는가의 문제입니다. 책을 사는 것보다 어려운 것도 없습니다. 그 많은 수고로 출판하신 책인데 따질 게 없이 그냥 사면 얼마나 좋으련마는…….

생각 속에는 지구도 들어 있습니다. 지구 속에는 우리가 먹을 양식이 들어 있습니다. 산과 들에도 강과 바다에도, 땅속에도 먹을거리가 자라나고 있습니다. 온통 가득 찬 것이 모두 다 생각이 만들어 놓은 것들입니다.

생각의 고속도로를 달려갑니다. 어두운 밤길을 달려가는 고속도로 – 산을 절개하여 자르고 성토로 구릉지를 메우고, 낮은 곳에는 배수로를 만들고 산자락에는 측구를 묻었습니다. 도로양쪽으로 쏟아지는 물이 흘러서 법면 쪽으로 모여라 하고 설치한 법면측구를 따라 배수구로 빠져나가는 고속도로 - 이것도 생각이 만들었습니다.

저의 생각들은 이글을 써 왔습니다. 밤길 고속도로를 달릴 적에 법면 무너질 걱정이나 성토부 걱정 않고 지나가듯 - 여러분의 인생길을 안전하게 인도하는 생각학 콘체르토가 되기를 기원합니다. 부족하나마 이런 생각을 주신 하나님과 독자 여러분께 이로써 제20장을 헌정(獻呈)합니다.

/제21장/

『곱 • 아 • 예 • 사

생각』

＃ 곱고 아름답고 예쁘고 사랑스러운 생각

생각은 번개(광속)보다 더 빠르게 좋고 나쁜 것을 찰나에 감지한다는 것 이미 잘 아셨습니다. 이 짧은 순간에 감지한 생각기관의 결정이 세상을 만들고 인생의 방향을 목적지로 인도한다는 것도 아셨습니다.

그런데 과연 생각들을 모아 놓고 품평회를 한다면 장원은 누구의 몫으로 돌아갈까요? 만일 제가 심사위원장이라면 당연 생각학 콘체르토 마지막 연구 제목인 『곱・아・예・사 생각』에게 주겠습니다.

『곱・아・예・사 생각』은 신세대가 많이 쓰는 형태를 본뜬 약어입니다. 『곱고』, 『아름답고』, 『예쁘고』, 『사랑스러운』 '생각'에서 머리 글자를 따온 것입니다.

저는 세상에서 많은 글자들을 만났지만 『곱・아・예・사 생각』 역시 조화를 이룬 말이라고 생각하는데 어떠십니까? 이게 중요한 것은 물론 아닙니다마는, 하여간 그래서 만일 짧은 저의 소견으로는 출판사가 됐건 간행물 표제 제호의 이름이 되었건 국내 최고의 제호를 뽑으라고 한다면 저는 또 이『곱・아・예・사 생각』을 대상으로 뽑겠습니다.

월간이든 주간이든, 잡지라거나 교양물 에세이, 또는 시집을 출간해도『곱・아・예・사 생각』은 어디에 내놓아도 장원감이다 싶습니다.

곱고도 아름답고 예쁘고 사랑스러운 생각으로 살기를 바라는 독자 여러분이 되시기를 바라는 마음을 담아 저의 곱고도 사랑스럽고 아름답고 예쁘고 사랑스러운 친손, 외손, 어린 손주들의 앞날을 축복하는 마음도 담아 지어낸 말입니다.

독자들의 후손들도 이런 축복으로 복된 미래를 펼쳐가기 기도하면서『곱・아・예・사 생각』의 뿌리와 기둥을 세웁니다. 바로 누가 볼 때『곱・아・예・사 생각』이냐고 하는 정답은 하나님이 보실 때, 보시고……를 가리킵니다.

저는 처음 이 생각학 콘체르토의 골조를 세울 때 마지막 제21장의 제목은 일찌감치『곱・아・예・사 생각』으로 정했습니다.

생각이 고와야 합니다. 생각이 아름다워야 합니다. 생각이 예쁘고 생각이 사랑스러워야 합니다. 부모가 볼 적에 그러며 이웃친척이 볼 때 그래야 하고 친구들이나 선후배가 볼 때도 마찬가지입니다.

전 인류 누가 보아도 곱다, 아름답다, 예쁘고 사랑스럽다. 얼굴도 곱・아・예・사지만 특히 생각이 곱・아・예・사 생각이라고 하는 인정을 받되 반드시 하나님이 보시기에 곱・아・예・사 생각이라는 인정을 받아야 한다는 것입니다.

첫 번쨉니다. 『곱·아·예·사 생각의 이념』이란 무엇이냐? 네 글자로 『모두에게』라는 전제 후에 『곱·아·예·사 생각』이 그 뒤에 이어져야 진정한 『곱·아·예·사 생각』이라고 생각합니다. 물론 『곱·아·예·사 생각』이라고 당당히 외친다는 것은 정말 어려운 주문이라 생각합니다. 내가 좋으면 네가 싫고 네가 좋으면 내가 싫은 인생은 대상과 이해가 부딪치고 감정이 부딪치고 생각이 부딪치는데, 두 사람도 아니고 어찌 감히 『모두에게』라는 전제를 요구하느냐고 물으면 답변이 궁해집니다. 그래서 꼬리를 내려야 한다고 하면 그래서 이념(理念)이라고 했다고 할 수밖에 없습니다.

두 번쨉니다. 『모두에게 곱·아·예·사 생각』이 너무나 광대한 하나의 추상적인 이상(理想)에 그칠지 모른다고 본다면 다른 말로 바꿔서 이번에는 『상대에게도』라는 말을 추천하겠습니다.

그런데 상대(相對)란 단어는 한문체라서 자연스러운 어울림이 부족하다 할 수 있으므로 그렇다면 『너에게』라고 하겠습니다. 『곱·아·예·사 생각』이란 『나에게만』일 때는 오히려 나쁜 생각이 되고 맙니다. 『너와 내가 곱·아·예·사 생각』이라고 하면 얼마나 아름다울까요?

세 번쨉니다. 곱·아·예·사 생각에는 원리가 있습니다. 원리는 한글로 말하면 『떳떳함』이고 한문으로 말하면 『정당(正當)함』이라고 자의적으로 해석하렵니다. 이미 곱·아·예·사 생각이란 말에는 100% 이와 같은 정신을 근본으로 하였을 때를 뜻하기 때문에 한마디를 부연하면 正當은 『모두에게』라는 조건부입니다.

네 번째입니다. 『곱·아·예·사 생각』은 떳떳함이 생명입니다. 어디에 내어놓아도 떳떳해야 그것이 곱·아·예·사 생각입니다. 그런데 만일 떳떳함을 밀치고 『아름다움』이 제일 맨 윗자리에 앉아 있다면 아름다움보고 두 번째 자리로 내려오라고 해야 합니다. 아름다움은 최고의 가치로 손색이 없다 하겠는데 이는 현대인의 의식사조(意識思潮)의 문제입니다.

다섯 번째입니다. 아름다움보다 떳떳함이 상석이요 떳떳함보다 윗자리는 『곱·아·예·사 생각』입니다. 물론 곱·아·예·사 생각 위에는 더 이상 윗자리가 없다 하겠습니다.

여섯 번째입니다. 『곱·아·예·사 생각』이 가지고 있는 정신은 제1떳에서 제5떳까지가 있습니다.
먼저 제1떳 정신은 『아내에게 떳떳한가?』입니다. 아내는 남편이나, 부부에게라는 말로 바꿔도 됩니다. 왜 부부간에 떳떳함이 제1떳일까요? 가까운 사람에게 떳떳한 것이 가치의 첫째이기 때문입니다.
아내에게 떳떳치 못하면서 부모나 아들딸, 또는 친구나 이웃에게 떳떳한 거라면 하위법이 상위법을 앞서지 못한다는 원리 위반입니다. 가령 이때에 영국인이나 남미인이나 진짜 별나라 사람들에게는 떳떳하다고 우긴다면 그것은 논리도 아니고 원칙과도 먼 이야기기이기 때문입니다.

일곱 번째입니다. 제2떳은 『자식에게 떳떳한가?』입니다. 아내에게는 떳떳하여도 자식에게는 떳떳치 못하다면 역시 이것도 『곱·아·예·사 생각』은 아닙니다. 가령 네가 바람을 피웠으니 나 또한 바람을 피운들 네게 부끄러울 것이 무엇이냐 한다면 제2떳의 자식에게 문제가 됩니다.

여덟 번쨉니다. 제3떳은 『부모에게 떳떳한가?』입니다. 부모가 소외되는 세태는 좋은 세태가 아닙니다. 누구나 부모가 되는 까닭에 떳떳함은 아내와 자식에게 떳떳하고 부모님께 효도하여야 진정한 떳떳이며 이것이 『곱・아・예・사 생각』의 가치라 하겠습니다.

아홉 번쨉니다. 제4떳은 이제야 비로소 『이웃에게 떳떳한가?』입니다. 이웃에게 옳지 못한 것은 『곱・아・예・사 생각』이 아닙니다. 그래서 나와 이웃과 우리와 이웃에게 아름답고 곱・아・예・사 생각을 가져야 합니다.

열 번째는 제5떳입니다. 크리스천인 저는 이를 제1떳에 놓아 마땅한 줄 알면서도 여기는 교회가 아님으로 이 자리에 내려놓았습니다. 실은 제1떳보다 이게 상석입니다. 바로 『하나님께 떳떳하냐?』라고 하는 것입니다. 저와 같은 크리스천이 아닌 분들은 '부처님께'로 생각하시던, 아니면 '조상님께'로 생각하셔도 좋고 제 몇 떳의 자리에 놓으셔도 좋습니다.

열한 번쨉니다. 『곱・아・예・사 생각』에 이어지는 떳떳에는 또 어떤 것이 있을까요? 법에도 법 아래에 영(시행령)이 있고, 령 아래에 칙(시행규칙)이 있습니다. 곱・아・예・사 생각 정신이 법이라면 곱・

아·예·사 생각에도 '영'이 있습니다. 제1령은 『상대가 편한가?』입니다. 상대가 편하냐고 묻는 이유가 있습니다. 아무리 좋다고 생각하고 말해도 상대가 불편하면 모처럼 제시한 『곱·아·예·사 생각』은 힘을 잃고 돌아서야 합니다.

열두 번쨉니다. 제2령은 『깨끗한 진실』입니다. '깨끗한 진실'이란 단순한 거짓 진실의 의미만이 아닙니다. 생각학 콘체르토 제1장에서 제20장까지의 전체 연구에는 생각들이 가진 깨끗한 진실이 담겨 있습니다. 한 예를 들면 '욕심'이나 '배려', 그리고 바르게 분석된 생각이면서 또한 제대로 만들어진 도자기와 같은 감정에 이르기까지의 종합적인 생각의 결과로 결실된 열매라야 이것이 『곱·아·예·사 생각』이라는 말씀입니다.

열세 번쨉니다. 제3령은 『복스러움』입니다. 복스럽다는 말은 좋다는 말에 버금가기에 곱·아·예·사 생각의 필수 덕목입니다.

열네 번쨉니다. 이제 『5멋』, 『3령』에 이어서 『칙』이라 하고 우리들의 삶의 7칙을 예를 들어 말씀드리려고 합니다.

제1칙은 『사람은 누구나 늙는다』라는 것입니다. 젊음보다 값진 것은 없습니다. 젊음은 그 젊음 하나만으로도 무엇과도 비교되지 않습니다. 돈도 명예도 지식도 젊음만 같지 못합니다.
젊음은 무한한 가능성을 가졌기에 그의 내일을 오늘만 보고 평가하면 안 되기 때문입니다. 그러나 젊음은 늙음의 반대말인 것처럼 반드시 늙는다는 조건에 의해서 잠시 받은 것이기에 젊은 것은 한때요 젊음의 때는 잠깐 흘러가는 것이라고 하는 사실입니다. 그래서 『곱・아・예・사 생각』은 『사람은 반드시 늙는다』는 사실을 제1칙으로 인정할 때 비로소 『곱・아・예・사 생각』이고 『좋은 토양』이라 할 수 있습니다.

열다섯 번쨉니다. 그러나 『곱・아・예・사 생각』은 무순이며 요지부동이 아니므로 정하여 이런 거라고만 단정하면 안 됩니다. 『곱・아・예・사 생각』은 규정된 틀 속에 가두지 말아야 합니다.

또 좋은 것이란 무한하여서 누구도 이것으로 완전하게 다 말했다고 해도 아니 됩니다. 『곱・아・예・사 생각』은 끝없는 원유 띠를 찾듯 곱・아・예・사 생각을 캐내되 캐도 캐도 그 끝이 없는 생각들을 오랜 세월 내내 발굴해야 합니다. 다시 말하면 『곱・아・예・사 생각은 무한(無限)』이라고 하는 것이 제2칙입니다.

열여섯 번쨉니다. 곱・아・예・사 생각은 『생각을 비치는 광명』입니다. 생각에도 흑암과 광명이 있습니다. 그래서 곱・아・예・사 생각의 반대말은 『나쁜 생각』이라고 해야 하겠지만 저는 『어두운 생각』으로 이해합니다. 왜냐하면 곱・아・예・사 생각은 생각을 환하게 비쳐 주는 『생각의 광명』이기 때문에 생각의 광명에 반대는 『생각의 흑암』인 까닭입니다.

그러므로 세상을 비추는 빛을 발하는 것이 곱・아・예・사 생각입니다. 특별히 생각을 밝게 비쳐서 생각에게 태양열에서 발생하는 에너지를 공급할 수 있어야 합니다. 생각의 제3칙이었습니다.

열일곱 번쨉니다. 곱·아·예·사 생각에는 등위(等位)가 없습니다. 등위는 서열(序列)로서 1등도 없고 2등도 없다는 뜻입니다. 그러므로 등위를 뽑지 말거나, 아니면 이와 유사한 제도를 채택하려면 생각에 생각을 거듭하고 지혜롭게 추진해야 한다고 생각합니다. 『곱·아· 예·사 생각에는 등급이 없다』 이것이 제4칙입니다.

열여덟 번쨉니다. 『곱·아·예·사 생각』은 크고 작음이 없습니다. 사람은 곱·아·예·사 생각이 미치는 효과나 규모와 가치를 곧잘 평가하려고 하는 경향이 있습니다. 많이 좋은 것과 조금 좋은 것을 가리고 상주고 벌주는 것에 대하여도 생각해 볼 만합니다.

조금 좋은 것이라고 과소평가하고, 많이 좋다고 하여 높이 평가하는 것은 단순 교육적 차원에서는 그럴 수도 있겠지만 본질에서는 그렇지 않습니다.

이것은 나쁜 경우에도 똑같이 적용되어서 살인자는 사형으로 다스리고 좀도둑은 훈방 조치합니다. 아무리 신상필벌(信賞必罰)이 장수의 무기라지만 악을 다스리고 죄를 묻는 것과는 다르다고 보는 것이 『곱· 아·예·사 생각』의 제5칙입니다.

열아홉 번쨉니다. 『곱·아·예·사 생각』은 『죽지 않는(無限) 생명력』을 가집니다. 그래서 곱·아·예·사 생각을 하는 사람은 곱·아· 예·사 생각의 무한한 생명력을 무한대로 발산하게 하고자 하며 이에 더욱 정진할 때 이를 『곱·아·예·사 생각』이라고 말합니다. 꼬리에 꼬리를 물고 샘물처럼 솟아오르는 곱·아·예·사 생각이 값진 곱·아·예·사 생각의 제6칙입니다.

스무 번째입니다. 열아홉 번째와 유사하나 분리합니다. 곱·아·예·사 생각의 제7칙은『성장의 원칙』입니다. 무한대의 생명력은 성장의 원칙과 동일하나 여기서 말하는 성장이란 본질을 일컫는 것이 아닙니다. 생각을 다스리고 분석하며 그 결과를 얻기 위한 자기 노력을 어떻게 효율화하느냐의 논제를 말하며, 자라나다가 사라지는 생각들을 죽음으로부터 지키는 생각이 제7칙입니다.

스물한 번째입니다. 곱·아·예·사 생각에도 오륜(五倫)이 있습니다. 이는 오권(五勸)이라고도 하겠습니다. 오권이란 다섯 가지 권고입니다. 먼저 제1륜 제1권은『천륜(天倫)』입니다. 천상에는 천상의 운행법칙이 있고 지상에는 지상의 자연법칙이 있습니다. 천상운행법칙이 천륜입니다. 우주와 태양계와 지구라고 하는 오늘날 들끓는 환경문제는 천륜입니다.

하늘의 법도 아래서 우주의 작은 존재로 살아가는 인간은 곱·아·예·사 생각으로 제1륜 제1권에 충실할 것을 권장하는 생각에 충실해야 합니다.

스물두 번째입니다. 천륜이야기가 나오면 당연 뒤따르는 인륜(人倫)입니다. 인륜은 생명존중이며 사랑입니다. 이 인륜에는 인간답게 사는 원칙이 들어 있습니다. 얽히고설킨 인륜 중에는 부모공경이 상석에 앉아서 군사부일체(君師父一體)라는 스승존경도 들어 있습니다. 그러기에 곱·아·예·사 생각은 인륜을 중시하고 인륜을 인륜답게 드러내는 인간이 살아가는 맛이 들어 있어야 하는데 이를 제2륜 제2권이라 하겠습니다.

스물세 번짼니다. 제3륜 제3권입니다. 『곱·아·예·사 생각은 상식이다』입니다.

법보다 상식이란 말은 상식이 법 위에 있다는 뜻이며 이는 근간 관습헌법이란 말로 유명해진 바도 있습니다. 분명 『법의 태반, 즉 법을 낳은 모태는 상식』입니다. 상식에 부딪히는 법은 개정하는데 개정하기 이전에 미리 상식과의 충돌을 막았어야 했다고 봅니다.

스물네 번짼니다. 제4륜 제4권은 『순리(順理)』입니다. 순리는 상식과 유사하지만 상식은 상충하나 순리는 상생(相生)한다는 점이 다릅니다. 너도 좋고 나도 좋다면 이것은 순리적이기 때문입니다. 순리의 반대는 무리나 역리(逆理)입니다. 중국고전에서 말하는 『상선(上善)은 물이다』라는 말은 최선이요 가장 착하다는 것은 물 흐르듯 한다는 뜻인데 바로 이 순리를 가르칩니다.

스물다섯 번짼니다. 제5륜 제5권은 『상득(相得)』입니다. 상득이 무엇인가는 설명을 생략합니다. 상호(相好)라고 바꿔 쓸 수도 있습니다. 아무리 제1륜에서 제4륜에 부합하고 제1권에서 제4권에 부합하여도 제5륜과 제5권에 배치되면 곱·아·예·사 생각이라 할 수 없습니다.

스물여섯 번짼니다. 곱·아·예·사 생각에는 7거(拒)가 있습니다. 칠거란 칠거지악(七去之惡)이라고 할 때의 '거(去)'자가 아닙니다. 거절(拒絶)이나 거부(拒否)라고 할 때의 '거(拒)'자입니다.

제1거는 제7거에 앉혀야 하는데 세월이 하도 무너져 내리는 까닭에 상석에 올렸습니다. 음거(淫拒)입니다. 음거는 부정한 행음을 가리 킵니다. 현대를 일컬어 '소돔고모라'에 빗대는 탄식 소리가 많이 들립 니다. 네 아내도 없고 내 아내도 없다는 말도 듣는데 정말 종장의 제 목 『곱·아·예·사 생각』이란 단어에 먹칠을 하는 말 같아서 죄송 합니다. 음심과 음행을 거부하는 음거가 제1거입니다.

스물일곱 번쨉니다. 제2거는 독쾌(獨快)입니다. 독쾌는 혼자만 갖는 쾌락입니다. 무한대로 좇아가는 쾌락은 일신을 망치고 가정과 사회를 무너트립니다. 특히 육체의 쾌락은 용서받지 못할 하나님의 진노의 대상입니다. 독쾌는 독버섯입니다.

스물여덟 번쨉니다. 제3거는 독낙(獨樂)입니다. 독락정(獨樂亭)이라 는 정자가 있다지요? 이때의 독락과 제3거의 독낙은 다릅니다. 거기 서 말하는 독락은 '스스로를 달랜다'는 의미가 담긴 낙향선비의 무욕 에 의한 독락인데 여기서 말하는 독낙은 자기만의 향락(享樂)입니다. 향락은 원래 아름다운 뜻을 가진 말인데 현대에서 이 말은 유흥과 오 락이나 도박과 같은 잡기로서 『혼자 즐긴다』라는 의미입니다. 이때의 혼자는 '하나님이 싫어하시는', '아내가 싫어하는' 이라고 하는 의미 입니다. 곱·아·예·사 생각이란 독락을 거부합니다.

스물아홉 번쨉니다. 제4거는 『추(醜)함』입니다. 추한 것의 상석에는 노년에 이르러 젊은 여인에게 추파를 던지는 것이 앉아 있습니다. 그 러나 젊은이들도 얼마든지 추할 수 있습니다. 향락을 위한 추함도 있 고 정욕을 따르는 추함도 있습니다. 더러운 것은 언제 누구에게나 스며듭니다. 세수를 하고 반나절만 지나면 먼지가 앉는 것과 같은 이치입니다.

서른 번쨉니다. 제5거는 모사(謀事)요 『잔꾀』입니다. 잔꾀는 찰라에 튀어나와서 곱·아·예·사 생각을 자릅니다. 문제는 끝까지 잔꾀를 부리는 사람들이 있습니다.

서른두 번쨉니다. 제6거는 『옹졸과 치졸』입니다. 사람이 좋다는 말은 너그러움이며 요즘은 넉넉하다고들 바꿔 쓰더군요. 자주 돌아보아야 하는 것이 옹졸함입니다. 곱·아·예·사 생각을 결실하려 하면서 자칫 치졸한가의 진찰을 잊기 쉽습니다.

서른세 번쨉니다. 제7거는 교만(驕慢)이라고 하는 『우쭐』입니다. 우쭐은 대개가 착각이 되어 곤란함으로 나타납니다. 『곱·아·예·사 생각』은 겸손합니다.

서른네 번쨉니다. 『곱·아·예·사 생각』에는 맛이 있어서 이를 삼미(三味)라 하겠습니다. 제1미(味)는 인간미로서 이는 살맛(살아가는 맛)입니다. 살아가는 즐거움과 기쁨은 인간만이 낼 수 있는 고귀한 맛입니다. 인간미(人間味)가 없는 사람은 상대할 이유가 없듯이 『인간미』는 『곱·아·예·사 생각』 3미의 제1미입니다.

서른다섯 번쨉니다. 제2미는 성미(姓味)입니다. 남자에게는 남자다운 맛이 있고 여자한테는 여자다운 맛이 있습니다. 또한 어른은 어른다우며 학생은 학생답고 아내는 아내답고 부모와 자식은 각각 그에 맞는 참다운 맛이 있습니다. 곱·아·예·사 생각에서 맛은 절대적입니다.

서른여섯 번째입니다. 곱·아·예·사 생각의 제3미는 『착하고 겸손하며 아름답고 똘똘하며 신선함』입니다. 한 예로 아이스크림은 참 부드럽고 맛이 있습니다. 곱·아·예·사 생각은 보드라운 아내의 가슴처럼 거슬림이 없습니다.

끝으로 모가 나지 않는 것은 동그라미입니다. 동그라미는 지구의 모양이며 하나님이 창조하신 완벽한 모형입니다. 동그라미는 360도입니다. 반쪽은 180도입니다. 『곱·아·예·사 생각』이 『곱·아·예·사 생각』으로 흠결이 없으려면 360도의 완벽한 동그라미를 갖추어야 하는데 이제 말씀드린 것은 36가지로서 이는 360이라는 숫자의 10분지 1에 지나지 않습니다. 그러나 이보다 훨씬 더 많은 것을 갖추어야 하는 것이 마땅하지만 그와 같은 곱·아·예·사 생각의 기대에 못 미쳐도 최소한 위에서 말씀드린 10분의 1에 해당하는 36가지 이상은 갖추어야 곱·아·예·사 생각이라 할 것이라고 생각합니다.

모쪼록 『곱·아·예·사 생각』으로 복되고 보람찬 나날이 계속되시기를 기도합니다.

지금까지 애독해 주신 여러분께 깊은 감사를 드립니다. 다시 한번
『생각학 콘체르토』에 보다 많은 관심과 사랑을 부탁드립니다.

천광노

장로교 신학교 졸업
한국정신문화(더 잘 세움)연구원장
현) Q・R News(구 충청시대) 주필
　토요신문(민주일보) 논설 고문
　(사) 교통장애인재활협회 고문
　대전 제일장로교회 집사

歷史다큐小說『민족의 스승 月南李商在』(전 5권)
『基督敎讚揚學』
『敬歡讚詩』(전 5권)
『생각學』
『對話學』
『稟位學』
『잃어버린 세월』(전 5권)
『江華旅記』
『場生草』
『逆說사랑學槪論』

찬양(성가)집 레코드 & 카세트테이프 제1집~제11집까지 출반
(작사 및 작곡 약 150여 곡)
고신・합동・통합・합동보수, 전국 총회 및 노회 특별출연 찬양선교
1984년 한국기독교100주년 선교대회(100만 성도 회집) 특별출연 2회
(여의도 광장 빌리 그레이엄 목사 설교 전 특별찬양)
일본선교여행 2개월 20여 교회순회 찬양 선교(일본어판 찬양집 출반)
전국 도시, 농・어촌, 섬, 기도원 등 1,500여 교회 순회 찬양선교
기독교 청주방송・부산방송 찬양학 방송강의
대전 극동방송 찬양학 강의, 장애우를 위한 교양칼럼・크리스천 교양칼럼 방송강의
울산 극동방송 크리스천 교양칼럼 방송강의

kclc1000@naver.com
H・P: 011-401-3639

지금 생각하는 대로 산다

생각학 콘체르토

초 판 인 쇄 | 2012년 10월 19일
초 판 발 행 | 2012년 10월 19일

지 은 이 | 천광노
펴 낸 이 | 채종준
펴 낸 곳 | 한국학술정보㈜
주   소 | 경기도 파주시 문발동 파주출판문화정보산업단지 513-5
전   화 | 031) 908-3181(대표)
팩   스 | 031) 908-3189
홈 페 이 지 | http://ebook.kstudy.com
E - m a i l | 출판사업부 publish@kstudy.com
등   록 | 제일산-115호(2000. 6. 19)

ISBN   978-89-268-3835-8 04330 (Paper Book)
        978-89-268-3836-5 05330 (e-Book)
        978-89-268-3833-4 04330 (Paper Book Set)
        978-89-268-3834-1 05330 (e-Book Set)

이담 Books 는 한국학술정보(주)의 지식실용서 브랜드입니다.